仲秋月 著

小学数学教师基本功

成就卓越的六项修炼

U0823698

苏州大学出版社
Soochow University Press

图书在版编目(CIP)数据

小学数学教师基本功：成就卓越的六项修炼 / 仲秋月著. —苏州：苏州大学出版社，2021.7
ISBN 978-7-5672-3643-1

Ⅰ. ①小… Ⅱ. ①仲… Ⅲ. ①小学数学课一教学研究 Ⅳ. ①G623.502

中国版本图书馆 CIP 数据核字(2021)第 141028 号

小学数学教师基本功
——成就卓越的六项修炼
Xiaoxue Shuxue Jiaoshi Jibengong
——Chengjiu Zhuoyue de Liu Xiang Xiulian
仲秋月 著
责任编辑 吴昌兴

苏州大学出版社出版发行
（地址：苏州市十梓街 1 号 邮编：215006）
镇江文苑制版印刷有限责任公司印装
（地址：镇江市黄山南路 18 号润州花园 6-1 邮编：212000）

开本 700 mm×1 000 mm 1/16 印张 16.25 字数 292 千
2021 年 7 月第 1 版 2021 年 7 月第 1 次印刷
ISBN 978-7-5672-3643-1 定价：55.00 元

图书若有印装错误，本社负责调换
苏州大学出版社营销部 电话：0512- 67481020
苏州大学出版社网址 http：//www.sudapress.com
苏州大学出版社邮箱 sdcbs@suda.edu.cn

序

2018年，仲秋月老师在江苏省基础教育青年教师教学基本功比赛中获得一等奖；2019年，仲老师代表江苏在华东六省一市的小学数学课堂教学观摩研讨活动中执教《复式统计表》一课，赢得与会者的一致好评，再获一等奖。作为教研工作者，我在每次基本功比赛或者优秀课评比活动之后，总会习惯性地追问：优秀的教师何以成就？仲秋月老师的这部《小学数学教师基本功——成就卓越的六项修炼》，让我至少得出了这个问题的部分答案。

我们举办基本功比赛，本意是想通过比赛的形式推动广大教师重视自身教学基本功的磨炼，夯实自己从事教学工作的基础，而非以此进行选拔和甄别。在由校到县(区)、由县(区)到市、由市到省比赛活动逐步开展的过程中，从教学管理者到每一位教师都在研究基本功，都在思考并实践着提升基本功的路径与策略。阅读仲老师的这本书，我们不仅看到她对上述问题的思考，更能看到她成为省基本功比赛一等奖获得者的成长历程。从某种意义上说，这部书稿也是她对自己这段成长历程的特别记录。

与一般研究者不同的是，仲老师这本书是在实践中向实践学习的产物。多年的数学教育实践让她更懂得一线数学教育工作者需要怎样的知识、技能和理念，这样的知识、技能和理念应该通过何种方式获得，她把这个求真学问、练真本领、悟真理念的过程称为“修炼”。尽管这个“修炼”的过程在职前就已经开始了，但这一阶段的“修炼”更偏重于理论层面。真正走上讲台之后，角色转变带来的是新奇、困惑和迷茫，这一阶段的“修炼”主要是实践层面的适应和模仿。逐渐胜任教学工作之后，若要成为一名优秀教师，自身的责任意识和职业理想就会成为“修炼”进阶的深层推动力。然而，更新观念并非易事，以先进的教育教学理论观照自己的教学实践，从更为理性的层面剖析教学的优劣，实为知易行难，但唯其如此，才能逐步形成自身的独特教学风格。仲老师以其成长历程，诠释了如何走向卓越。

21世纪以来，课程改革已经进行了两轮，在此期间不断涌现出一些新理念、新思想，新理念也好，新思想也罢，最终都要落实到课堂教学之中，落实到学生的数学学习之中。怎样吃透课程改革的实质，踏踏实实地做一名先进教学理念的践行者，而不为各种“潮流”所轻易左右，最终还是取决于教师多年修炼而成的基本素质。教学基本功应该是教师坚持不懈、不断修炼的“真功夫”，简言之，即备好课、上好课；细究之，则包含理解数学内容、设计儿童活动、实施教学过程，具体又可以表现为教案设计、课件制作、语言表达、活动组织、板书呈现等。教学基本功最重要的特点在于其“基本性”。这个基本性有三层含义：一是“必需”。教学基本功是从事教学工作所必需的，从逻辑上讲是必要条件，虽然有了它不一定行，但没有它一定不行。二是“基本”。教师的专业知识与专业技能是一个复杂的体系，而只有其中具有生成能力，并可以影响其他因素的，才能称其为基本功。三是“与时俱进”。教学作为一种社会活动，是随着社会的变化而变化的，教学基本功也将随着社会的发展、科技的进步而不断地变化。20 年前，人们不可能把信息技术辅助课堂教学作为一项基本功提出来，而今天伴随着现代教育技术的进步，它已成为教师必须掌握的一项基本功。

显然，就上述的这些“真功夫”而言，进一步需要注意的是，“头脑中拥有的关于教学的知识”不能简单地等同于“能够胜任具体的教学工作”，“知道”和“做到”之间存在着差距。数学教师既应具备“头脑中的知识”——学科知识和教育理论知识，也应具备良好的“外在的教学行为”——教学能力，还应掌握“如何将头脑中的知识转化为外在的教学行为”——学科教学知识。仲老师的这本书在结构上很好地体现了上述逻辑关系。

读罢仲老师的这本书，脑中不禁浮现出她的课堂，以及和她一次次研课的场景。回到“优秀的教师何以成就”这一话题，似乎已没有什么秘密可言。不妨从仲老师给我们的启示中，做一些也许并不完全的归纳。首先，优秀教师应具有良好的知识结构，这里的知识当然是指向教学实践的广义概念；其次，优秀教师应具备对自身的教学行为不断反思的精神，这是教学水平提升的不竭动力；再次，优秀教师的成长需要良好的教研氛围，仲老师的成长离不开苏州市、苏州工业园区小学数学团队多年形成的教研文化；最后，优秀教师往往具有一颗热爱教育、热爱儿童的心，这是之所以能够成就优秀的底色，而且是落实在行动中的。

仲老师在获得教学比赛的殊荣之后，并没有停下脚步，于是有了这本《小学数学教师基本功——成就卓越的六项修炼》。我坚信，仲老师将会继续走在“成就卓越”的道路上，这已然成为她的习惯！不仅如此，她还试图让这些也成为她的同伴们的习惯！让我们期待！

郭庆松

2021 年 5 月

前言

教学是一门科学,也是一门艺术。称其为科学,是因为教学内在蕴含规律,教师必须遵循教学规律进行教学;称其为艺术,是因为教学富有创造性,教师唯有把握好教学中的各种关系,方能使教学技艺炉火纯青。

教师职业具有极强的专业性。1966 年联合国教科文组织在《关于教师地位的建议》中指出,教师工作应被视为一种专业职业,这种职业需要教师经过严格而持续不断的研究获得,并维持专业知识和专门技能。正如布莱克曼所言:不论时代如何演变,不论是自发的还是受影响的,教师始终都是持续的学习者,这种学习就是专业发展。教师发展是作为社会职业人的教师从接受师范教育的学生,到初任教师,到有经验的教师,到成为卓越教师的持续过程。这是一个终身学习的过程,是一个不断解决问题的过程,是一位教师的职业理想、职业道德、职业情感及社会责任感不断成熟、不断提升、不断创新的过程。

教学基本功是教师从事教学工作所必须掌握的基本的知识和技能,是一位教师的安身立命之本。林崇德教授把教师专业知识分为三类:本体性知识、条件性知识和实践性知识。本体性知识是指教师所教学科知识;条件性知识是指教育学、心理学和学科教学论等方面的知识;实践性知识是教师真正信奉的,并在其教育教学实践中实际使用和表现出来的对教育教学的认识。美国密西根大学学者 Ball 及其研究团队提出的"教学需要的数学知识"(Mathematical Knowledge for Teaching,简称 MKT),是指数学教学中所需要的、能用于教学的、有益于教学的数学知识。他们认为,"学科内容知识"(Subject Matter Knowledge,简称 SMK)和"教学内容知识"(Pedagogical Content Knowledge,简称 PCK)对数学教育同样重要。在实际教学中,教师更好地掌握 SMK 和 PCK,才能够把科学形态的数学知识有效转化为教育形态的数学知识。

每一位热爱教育事业的教师都渴望走向卓越,这就需要教师在运用专业知识创造性地解决问题的过程中，逐渐凝结符合学科特质的教育智慧。数学课堂上，教师的一举一动、一言一行牵动着儿童的思维，精心创设的情境和引发思考的问题诠释着数学知识生成的脉络，丰富有趣的数学活动和发人深省的感悟思辨让儿童一步步走进数学的殿堂。可见，数学学科知识、教育教学理论知识是数学教学的基石，教学设计、课堂教学理所当然成为数学教师必备的基本功，而课件制作是课堂教学不可或缺的组成部分，评课演讲不仅能展现数学教师对知识的掌握情况，也能很好地反映其教育教学能力与教学研究能力。本书从小学数学教师基本功修炼的六个方面展开论述，第一章为学科认知（本体性知识），第二章为专业修为（条件性知识），第三至六章分别从教学设计、课件制作、课堂教学和说课评课这些方面阐述小学数学教师必备的实践性知识。

教学基本功可谓是教育智慧金字塔之基。正如苏霍姆林斯基所说，教师上好一堂课要做毕生的准备。于我而言，上好每一堂课就是一生必修的基本功。我身为一线教师，虽有一些教学实践经验，也曾在省小学数学青年教师基本功大赛中获得一等奖，但在数学教育理论方面还很欠缺，书中所述的各个方面都有待进一步思考和完善，敬请广大读者不吝赐教。

仲秋月

2021 年 5 月

目录

第一章

学科认知

——数学学科知识

1

万物皆数。　　——毕达哥拉斯

数学是科学的大门和钥匙。

——罗杰·培根

数学是符号加逻辑。

——伯特兰·罗素

数学是一种精神，一种理性的精神，能够使人的思维得以运用到最完美的程度。

——M.克莱因

作为数学教师，首先要对“教什么”有清晰的认识，这样才能准确地理解教学内容、深刻地把握教学过程、适当地选用教学方法。而教师自身对学科认知的不足将直接影响学生理解性数学学习的能力。因而，掌握数学学科知识是数学教师首要的基本功。数学学科知识包括数学理论知识、数学本体知识、数学思想方法的知识和数学史知识。显然，这里面最核心的成分是数学理论知识，其他三种知识依附于数学理论知识。对于数学学科知识，还要分为两个层面来看：一个层面是作为科学的数学，另一个层面是作为教育的数学。作为教育的数学，即教材上的数学，不对严谨性和系统性有很高的要求，主要考虑学生的量力性。作为数学教师，应当掌握科学的数学而不是停留于教育的数学层面。①

数学，是人类思维的表达形式，是人类对事物的抽象结构与模式进行严格描述的一种通用手段，因而数学属于形式科学。从传承和发展人类文明的角度来看，数学也是研究数量、结构、变化、空间及信息等概念的一门学科。从数学的表现形式看，数学是符号；从数学的思维价值看，数学是方法论；从数学的应用对象看，数学是数和形；从数学的学科结构看，数学是公理体系。在人类历史发展和社会生活中，数学发挥着不可替代的作用，同时也是学习和研究现代科学技术必不可少的基本工具。

人们对于数学本质的看法或者认识，通常被称为“数学信念(认识)”(张侨平，2010；喻平，2013)或者“数学观”(黄毅英，2002)。作为数学教师，必须认识数学，热爱数学，对数学的对象、特点和价值有正确的观念，才能更好地教授数学知识，传递数学思想与理性精神，传承数学文化这一人类文明的瑰宝。正如米山国藏所说：科学工作者所需要的数学知识，相对来说是不多的，而数学的精神、思想与方法却是绝对必需的；数学知识可以记忆一时，但数学精神、思想与方法却永远发挥作用，可以受益终身，是数学与能力之所在，是数学教育根本目的之所在。

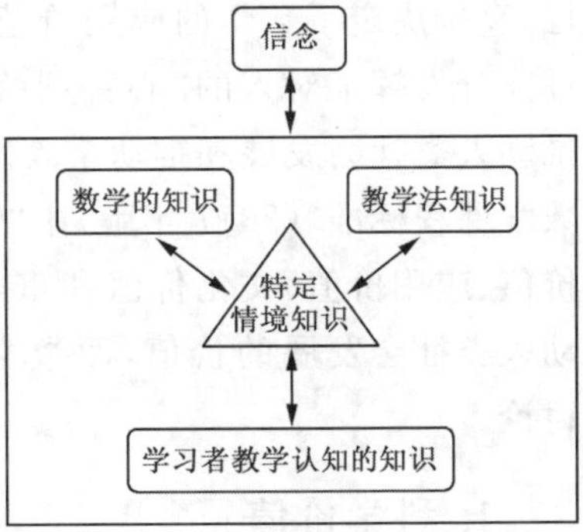

图 1-0-1　在特定教学情境中发展的教师知识(Fennema，Franke，1992)

许多关于教师信念的研究表明，教师对于数学本质的信念和数学如何教的信念影响着他们的教学方式(图 1-0-1)。“教师

① 喻平.数学教育基本问题研究[M].南京：南京师范大学出版社，2019：235.

们宣称的数学观与他们表达数学内容的典型方式存在着一致性，这有力地说明了他们对于数学的看法、数学的信念及偏好的确影响着自己的教学实践。”(Thompson，1984)因而，作为数学教育工作者，我们有必要建立并增强正确的数学信念，了解数学发展的来龙去脉，感受推动数学发展的思想力量，并将这种力量带到数学教育工作中去。提高数学教师本身的数学观，我们可以从数学的意义和特征、数学的研究对象、数学方法和数学思想及数学简史等方面入手。

第一节　数学的意义

理解数学的意义是教师富有创造性地开展数学教育工作的内在动力源。美国数学家柯朗(R.Courant)在其与罗宾(H.Robin)所著的《什么是数学》中写道：“数学，作为人类智慧的一种表达形式，反映生动活泼的意念，深入细致的思考，以及完美和谐的愿望，它的基础是逻辑和直觉，分析和推理，共性和个性。”①

量与形是物质和事物的基本属性。它们是数学研究的对象，这决定了数学的价值和意义。数学关注的是量与形的数学规律，是现实世界的一个反映，也是自然规律和社会规律中最实质的一部分。总体而言，数学的意义在于两个方面：一方面，由数学的经验性和实践性衍生出来的数学应用的广泛性，直接决定了数学的应用价值；另一方面，数学以严谨的演绎思维、逻辑推理充分发挥了对人的“心智训练”的功能(曹一鸣，2005)。因而，我们可以从推动人类社会发展和推动个人发展两个方面来讨论数学的价值。《普通高中数学课程标准》(2017 年版)中“课程理念”指出：不断引导学生感悟数学科学价值、应用价值、文化价值和审美价值。这四个方面充分体现了数学对于推动人类社会发展的价值，而数学对于推动个人发展的价值将在下一章进行讨论。

1. 科学价值

数学的科学价值，是指数学对自然科学的产生与发展的作用和意义。②

① R.柯朗，H.罗宾.什么是数学[M].左平，张饴慈，译.4 版.上海：复旦大学出版社，2017：1.
② 杨骞，涂荣豹.略论数学教育的科学价值[J].中国教育学刊，2002(4)：33.

德国哲学家康德在其《纯粹理性批判》一书中指出："任何一门自然科学，只有当它能应用数学工具进行研究时，才能算是一门发展渐趋完善的真实科学。"①毋庸置疑，数学对于探究自然起着极其重要的作用。如果没有数学，哪怕是最简单的自然现象也难以理解和说明，而深入探究自然之奥秘，更是离不开数学。数学——这一科学逻辑之"巨钳"让牛顿(I.Newton，1643—1727)看到月球只不过是试图落到他头上的更大的苹果，让看不见的行星——海王星在亚当斯(J.C.Adams，1819—1892)的头脑中闪闪发光，告诉瑞利(J.W.Rayleigh，1842—1919)化学家们一直在呼吸大量的氩气却一无所知，向门捷列夫(Mendeleyev，1834—1907)指明未知的化学元素的位置。通过亥姆霍兹(H.L.F.von Helmholtz，1821—1894)及其学生赫兹(H.R.Hertz，1857—1894)，她又给了我们勒纳德射线、伦琴射线、镭及基于赫兹波的无线电电报技术。(哈尔斯蒂德，1907)这段话充分说明了数学对于物理学、天文学和化学发现的重要作用。

自然现象最显著的特征是变化，而数学中最重要的一个分支——微积分——就是研究变化的学科。17 世纪，科学家们利用微积分探寻自然规律，取得了斐然的成就。对微积分的初步了解，让人们在探索自然规律所取得的成果中感受到数学的魅力。自然完全是数学化的，一些更精密的自然科学，特别是天文学和物理学，在理论阶段基本上都有着数学的特征。当其他科学由于现象的复杂性和数据的不精确性而被迫停留在描述性和经验性上时，天文学和物理学却沿着数学发展的道路向愈来愈精确演进。可见，如果没有数学，理解自然科学将是非常困难的。

不仅如此，数学也是其他科学探究自然现象的基础和延伸。美国著名数学教育家杨格(J.W.A.Young，1865—1948)认为，数学在处理符号方面所给予的训练为其他科学做了很好的准备。数学符号的出现使数学成为抽象化的科学，而符号作为一种传播思想的媒介在众多学科的研究中发挥了不可或缺的作用。在物理学、化学和天文学等众多学科中都有着数学的影子，学生在学习其他科目时便能够体会到数学的科学价值。反过来，理解自然、研究自然科学也同样推动着数学的发展。深入探寻自然奥秘的尝试促进了数学理论和方法的不断发展。数学上的许多概念、命题、思想、方法和理论，从最简单的到最抽象的，都是出于研究自然的需要而产生的。这样的例子比比皆是。比如，三角学源于天文计算和航海的需要，而历法的编制导致了许多数

① 康德.纯粹理性批判[M].蓝公武，译.北京：商务印书馆，1960：576.

学成果的诞生，如分数运算、勾股测量术、剩余定理、内插法、高次方程理论等。又如，生物学的发展离不开分析和探索遗传规律，此时就需要用到丰富的数学理论。显然，自然研究中的新问题催生了新的数学工作；反过来，新的数学发现又应用于自然科学的新的研究，促进着自然科学的发展。[①]

2. 应用价值

数学作为普遍的科学语言和工具，在人类生活中有着不可替代的实际应用价值。数学是理论思维的重要手段，是衡量科学技术发展水平的标志之一。当前，现代数学方法正在渗透到科学技术的各个领域和社会生活的各个方面，成为一种具有普遍意义的方法。数学作为工具的意义的提升不是偶然的，这是现代技术发展的要求。客观存在的一切事物都是质和量的统一体。考察事物既要考察其质的规定性，也要考察其量的规定性，而且在考察事物的规定性时，也只有通过对该事物量的研究，才能准确地把握其质的规定性。

各门科学技术的数量化和计量化已经成为当今科学技术发展的重要趋势，而当代自然科学与工程技术领域的创新在本质上都依赖于数学研究的进展。科学技术和社会科学中所涉及的数学分支越来越多，而且许多极其抽象的数学理论都得到了重要的应用，甚至几千年来一直作为纯理论研究的数论，它的许多结果如今也在计算方法、代数编码、组合论、计算机科学等领域得到了广泛的应用。数学不仅为科学研究提供了一些数值解法和计算方法，还提供了抽象、概括、逻辑推理的工具，用来表达和概括研究对象的质的特点，探求新的规律。例如，经济数学不再限于运用数学方法进行数学统计，而是试图运用数学工具来探求一些经济规律。

除此之外，数学的思维方式在现实生活中也有着广泛的应用。数学教学应充分重视数学的应用价值，并将数学应用的情景拓展到学生易于理解的现代工业、商业和科学问题之中。对于学生而言，他们热衷于探索能激起他们好奇心的问题，并从中找出相应的问题解决策略，而更重要的是，这些策略能在日常生活中找到用武之地。

3. 文化价值

数学的特点决定了数学文化的多元性。打开数学历史的画卷，相关的例

① Young J W A.The teaching of mathematics in the elementary and the secondary school[M]. New York:Longmans,Green & Co.,1907:11,16,52,15.

子比比皆是:勾股定理先后为古代的巴比伦、中国、埃及和印度人所发现;一元二次方程的解法为古代的两河流域、印度和中国人所熟知;二项式系数表(算术三角形)分别出现于中世纪的中国、印度、阿拉伯和欧洲数学文献中;古希腊数学家阿基米德(Archimedes,前 287—前 212)发现并证明了球体积公式,但 5 世纪中国数学家祖暅、17 世纪德国数学家开普勒(J.Kepler,1571—1630)、意大利数学家卡瓦列里(B.F.Cavalieri,1598—1647)、日本数学家关孝和(约 1642—1708)等相继独立推导出同样的公式;人们常常说起 18 世纪德国数学家高斯(C.F.Gauss,1777—1855)的等差数列的倒序求和法,殊不知 13 世纪中国数学家杨辉早已用几何方法解决了同样的问题。

数学对人类精神文明有着深刻的影响。众所周知,日心说曾长期遭宗教的压制而被禁止传播。日心说地位的真正确立是在牛顿等利用微积分等数学工具将太阳系的运动严格地推演出来之后,而依靠精确的数学计算导致的海王星的发现,则给顽固维护地心说的宗教势力以最后的致命一击。在现代,相对论使人们的时空观和宇宙观又发生了巨大的变革,如果没有从高斯、鲍耶(J.Bolyai,1802—1860)、罗巴切夫斯基(N.I.Lobachevsky,1792—1856)到黎曼(G.F.B.Riemann,1826—1866)的非欧几何学,这种变革是难以想象的。以博弈论数学为基础的纳什均衡理论使“双赢”概念深入人心,改变了人们的竞争观念……数学精确的计算与严密的推理对人们世界观与生存观的变革具有重要的意义。

数学作为具有悠久历史的文化活动,反映了思维活动和对善与美的追求。数学记载着人类数学思维的卓越成果,可以给人以巨大的精神享受。数学定下了所有心智活动所追求的客观真理的标准,并且被科学研究的实践所证实。数学思想为人类所共有,因而是不同文明互相交流的工具,为不同文化背景下的人们相互尊重、理解和包容创造了条件,这正是数学文化价值的体现。

4. 审美价值

数学的美——简单、对称、紧致、完整,即使是儿童,也有足够的鉴赏力,能感受到数学之美。数学有其自身的美,即通过对过程和方法的精确调整使得结果没有冗余——简洁之美。歌德把一座高贵的大教堂称为“凝固的音乐”,这是一种恰如其分的表达,但也许更恰当地应称之为“石化的数学”。确实,无论是建筑中的图案还是音乐中的音符,无不需要抽象的符号语言来表达内容。数学一直是艺术家们取之不尽、用之不竭的宝贵的创造源泉。从斐波那契数列和圆周率的小数部分数字,到四面体和莫比乌斯带,都可以作为艺术家创作的灵感。在绘画中，世界名画《最后的晚餐》就是以几何图形为基础而设计画面的，其中还利用了等边三角形和透视学原理；在建筑中，举世闻名的古希腊帕特农神庙的建造比例就用到了数学中黄金分割的方法；在版画中，作品《红蚁》就用到了莫比乌斯带的数学知识，将空间之美展现得淋漓尽致；在音乐中，乐章中三和弦的不同音符的频率共同构成了一个等比数列；在园林设计中，点、线、面、体等要素的排布就需要用到数学中的拓扑学概念，然后对空间进行建模分析。数学以其独特的对称美、抽象美、简洁美等美学要素，融入世界的各个角落之中，在世界艺术宝库中占据一席之地，有着极高的审美价值。可见，数学与美学关系密切、联系深刻，彼此之间互相汲取精神的养料，提升思想的境界，可谓相辅相成、相得益彰。①

由此，数学教学中应关注数学知识的科学性、应用性，渗透文化价值和审美价值。当学生在科学审美的实践活动中具备一定的科学鉴赏力，他们便可以凭借数学中的审美原则和美学方法洞察世界，发现世界里独具特色的巧妙之处。在这样的感染和熏陶下，学生便会一步步地迈入神圣的学术殿堂，最终达到人格气质的升华。

第二节　数学的研究对象

在上一节中，我们谈到数学关注的是量与形的数学规律，于是乎，许多数学教育工作者便将数学的研究对象简单地界定为“数”与“形”两个方面。事实上，数学研究对象的内涵极其丰富，且在不同历史时期有着不同的界定。首先，基础教育阶段数学学科的研究对象除了“数”和“形”两个领域以外，还包括“统计与概率”和“综合与实践”这两个重要的部分；其次，数学教育所要教授的除了数学的结果以外，更重要的是让学生经历数学结果形成的过程，发展数学思维能力和数学思想方法，比如数感、符号意识、空间观念、运算能力、推理能力等。因而，作为教师本身，除了应掌握必要的数学知识以外，也应当特别重视数学的研究对象及数学知识形成的过程，以便能够更好地引领学生实现“数学的再创造”，发挥数学教育对学生数学思维发展的特定价值。

在古希腊亚里士多德时代，认为数学是一门“计量的科学”。康德认为，

① 王海雯，汪晓勤.美国数学教育家杨格的数学价值观[J].教育研究与评论，2020(1)：44－46.

严格的数学命题永远都是先天的判断,而非经验的判断,因为它们具有不能来自经验的必然性。罗素认为,数学是这样一种科学,在其中我们不知所论的是什么,也不知谈论的是否真实。自发的唯物主义者、著名的物理学家爱因斯坦也认为,根据公理法只有逻辑形式才是数学的对象,而其他一切……与数学无关。

恩格斯(F.Engels,1820—1895)认为:如果说在纯数学中理性所涉及的只是自身的创造和想象,那是完全不对的。数和形的概念不是从任何地方来,而应视从现实世界中得来的。人们用十个指头算数目,这十个指头可以表示一切事物,但并不是理性的自由创造物。计算时不仅要有被计算的对象,还要有这样的抽象能力——无关其他特性,而仅仅是一个数。这种抽象能力,是长期的依据于经验之上的历史发展的结果。和数的概念一样,形的概念也完全是从现实世界而来,不是从头脑中纯粹的思维中产生出来的。要能达到形的概念,应当先存在具有一定形状的物体,而且应把这些形状拿来做比较。纯数学是以现实世界的空间形式和数量的关系——这是非常现实的材料——为对象的。这些材料表现于非常抽象的形式中,这一事实只能表面地掩盖它的来自现实世界的根源。恩格斯更概括地提出,和其他一切科学一样,数学是从人的需要上产生出来的,是从土地面积和物品容量的测量、从时间和力学的计算等中产生出来的。他进一步阐述,从一开始游牧民族和农耕民族需要根据天文学来确定季节,然后天文学借助于数学得以发展。之后,从农业到手工业的发展,以及航海和战争,都需要数学的帮助,因而推动了数学的发展。可见,数学和其他科学一样,是由于客观实际的需要而产生的,绝非人们"头脑里所固有的""先验的"。

大致说来,数学分为初等数学与高等数学两大部分。初等数学主要包含两部分:几何学与代数学。几何学是研究空间形式的学科,而代数学则是研究数量关系的学科。初等数学基本上是常量的数学;高等数学含有非常丰富的内容,以大学本科所学为限,它主要包含:解析几何、线性代数、高等代数、微积分、概率论与数理统计。对于小学数学教师而言,系统地了解数学研究对象,能够站在更为宏观的角度理解数学,把握数学知识的生长脉络,建立正确而丰富的学科观。

1. 从1说起

"1"是什么? 这似乎最简单不过了。就算牙牙学语的幼儿,也知道"1",如一个皮球、一块积木、一个苹果……

但是，“1”究竟是什么呢？是一个皮球吗？是一块积木吗？是一个苹果吗？

都不是。如果它是一个皮球，就不能又是一块积木。可是我们使用它的时候，它既可以是一块积木，也可以是一个皮球，它还可以是一个别的什么东西。

因而，“1”是高度抽象的结果，是舍弃了皮球的颜色、积木的材质、苹果的大小等这些事物的具体特征，舍弃了皮球、积木、苹果等这些具体的东西，而留下的一个赤裸裸的“1”。我们对它知道得更少了，它不是一个皮球、一块积木或一个别的什么，它是纯粹的“1”。

然而我们对它的性质还可以有所了解。因为一个皮球和一个皮球在一起是两个皮球，一块积木加上一块积木是两块积木，一个苹果添上一个苹果是两个苹果，舍去了皮球、积木、苹果之后，我们就得到了关于纯粹的“1”的纯粹的数量关系“1＋1＝2”。

当然，我们还要同样地从具体事物中抽象出 2，抽象出“＋”和“＝”。

因为“1＋1＝2”是纯粹的数量关系，所以它可以普遍地运用。它可以表示一个人和一个人是两个人，可以表示一颗星和一颗星是两颗星。它什么都不是，因为可以什么都是。

作为赤裸裸的数“1”，它仍有很多性质，比如：任何数乘 1 仍得该数，如 6×1＝6、1×9＝9 等。

我们发现，在向量的加法中，任何向量加 **0** 向量不变；在矩阵乘法中，任何矩阵乘单位矩阵不变；在函数复合运算中，任何函数与 $f(x)=x$ 复合不变。

于是，数“1”、**0** 向量、单位矩阵及恒等函数 $f(x)=x$ 都是相应运算下的“1”，即单位。

数学概念就是这样一层一层地抽象出来的。各门科学都要进行抽象，只是数学抽象得最厉害。数是抽象的，形也是。①

世世代代以来，数学家一直把他们研究的对象，如数、点等，看成实实在在的自在之物。但是，准确地描述这些实体的种种努力总是被这些实体自身给否定了。从而 19 世纪的数学家逐渐开始懂得，要问当作实体的这些对象究竟是什么，这是没有意义的，即使有的话也不可能在数学范围内得到解决。所有适合它们的论断都不涉及这些实体的现实，而只说明数学上“不加定义的对象”之间的相互关系，以及它们所遵循的运算法则。至于点、线、数“实际

① 张景中，彭翕成.数学哲学[M].北京：北京师范大学出版社，2010：80－81.

上”是什么，这不可能也不需要在数学科学中加以讨论。“可验证”的事实只是结构和关系：两点决定一直线；一些数按照某些规则组成其他一些数等。基本的数学概念必须抽象化，这一见解是近代公理化发展中最重要和最丰富的成果之一。①

2. 数学王国的基石——自然数

“上帝创造了自然数，其余是人的工作。”在这句话中，克隆尼克(L.Kronecker，1823—1891)指出了建立数学结构稳固基础的条件。因而，数是近代数学的基础。

由人类智慧所创造的数，可用来数各种集合中的对象的个数，它和对象所特有的性质无关。例如，数“6”是从所有包含六个物体的实际集合中抽象出来的，它不依赖于这些对象的任何特殊性质，也不依赖于表示它所采用的符号。只有在智力发展到一个比较先进的阶段，数字概念的抽象性才变得清楚。对儿童来说，数通常总是和实际的对象连在一起的，如手指或小棒。自然数是指用以计量事物的件数或表示事物次序的数，即用数码 0、1、2、3、4、…所表示的数。自然数由 0 开始，一个接一个，组成一个无穷的集体。自然数有有序性和无限性，分为偶数和奇数。

3. 作为度量工具的有理数

自然数是从计算有限集合的元素个数的过程中抽象出来的。但在日常生活中，人们不仅要数单个的对象，而且也需要度量像长度、面积、质量和时间这样的量．如果要能够自如地度量这种能任意细分的量，就必须把算术的范围扩展到自然数的范围之外。第一步是把度量的问题变为计数的问题。首先任意地选择一个度量单位(米、克或秒等)，并规定它为“1”。然后数一数被度量的那个量包含多少个单位。某一块积木可能正好是 54 克。但是一般说来，算单位的个数的过程，其结果不一定是“正好算完”，即给定的量不一定恰好是我们所选择的单位的整数倍。我们可以说，在大多数情况下它是介于这个单位的两个相邻倍数之间，如在 53 克和 54 克之间。遇到这种情形时，我们将进行下一步：通过把原单位分成 n 等份，引进一个新的小单位。在通常的语言中，这个新的小单位可以有专门的名称，例如，1 克分为 1 000 毫克，1 米分为 100 厘米，1 小时分为 60 分，1 分钟分为 60 秒等。但在数学的符号

① R.柯朗，H.罗宾.什么是数学[M].左平，张饴慈，译.4 版.上海：复旦大学出版社，2017：5.

系统中，把原来一个单位分为 n 等份而得到的小单位，用符号$\frac{1}{n}$来表示；而且如果一个给定的量恰好包含 m 个小单位，它的度量将用符号$\frac{m}{n}$来表示。这符号称为分数或比（有时记作$m:n$）。经过了若干世纪的摸索，人们才有意识地采取了下一个具有决定性的步骤，即：符号$\frac{m}{n}$脱离了它同测量过程及被测量的量的具体关系，而被看作是一种纯粹的数，它本身作为一个实体与自然数有同样的地位。当 m 和 n 是自然数时，符号$\frac{m}{n}$称为有理数。[①]

因而，有理数是整数（正整数、0、负整数）和分数的集合，具有稠密性，但不具有连续性。自然数的算术基本规律在有理数的范围内仍然成立。

4. 不可公度线段和无理数

在比较两条线段 a 和 b 的长度时，可能 b 恰好包含 a 的正整数 r 倍。在这种情况下我们可以用 a 来表示线段 b 的度量，说 b 的长度是 a 的 r 倍。也可能出现 a 的整数倍不等于 b 的情形，这时我们把 a 分为 n 等份，每一个长为$\frac{a}{n}$，使得线段$\frac{a}{n}$的某个整数 m 倍等于 b，即

$$b=\frac{m}{n}a \tag{1}$$

当形如式(1)的等式成立时，称两个线段 a 和 b 是可公度的，因为它们有一公共度量线段$\frac{a}{n}$，它的 n 倍等于 a，而它的 m 倍等于 b。与 a 可公度的所有线段，其长度总可以用式(1)（选择适当的整数 m 和 n($n\neq 0$)）来表示。在图 1-2-1中，如果选 a 为单位线段，则与单位线段可公度的线段将对应于数轴上的全体有理点$\frac{m}{n}$。

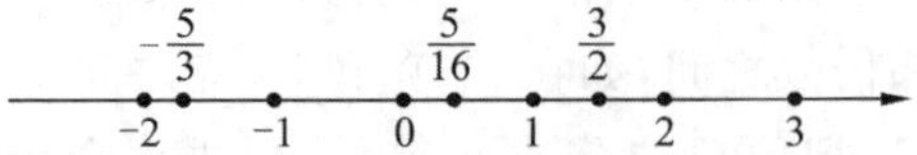

图 1-2-1　有理点

就度量的所有实际目的来说，有理数完全够用。即使从理论上看，由于

① R.柯朗，H.罗宾.什么是数学[M].左平，张饴慈，译.4 版.上海：复旦大学出版社，2017：64－65.

全体有理点稠密地布满整个直线，似乎直线上所有的点都是有理点。如果这是真的，则任何一线段将和单位长线段可通约。但是，情况绝不这么简单，这是早期希腊数学(毕达哥拉斯学派)最惊人的发现之一。实际上，存在着不可公度线段，或者说，如果我们认为每一线段都对应着借助于单位长度而给出的一个数，则存在无理数。这个发现是科学上极其重要的事件，很可能标志着数学上严格推理的起源。肯定地说，从古希腊辉煌的时代直到今天，它一直深刻地影响着数学和哲学。

比如，一个正方形的对角线与它的边是不可公度的。我们可以假设，给定的正方形的边是选定的单位长，而对角线的长为 x。根据勾股定理，我们有

$$x^2=1^2+1^2=2$$

(可以用符号$\sqrt{2}$表示 x)现在如果 x 与 1 是可公度的，就能找到两个整数 p 和 q，使 $x=\dfrac{p}{q}$，则

$$p^2=2q^2 \tag{2}$$

我们可以假设$\dfrac{p}{q}$已经是不可约的了，因为分子和分母的任一公因子在一开始即可约去。因为 2 是右边的一个因子，所以p^2是偶数，故 p 本身是偶数，因为奇数的平方只能是奇数。于是可以写出 $p=2r$。这时等式(2)变成

$$4r^2=2q^2 \quad 或 \quad 2r^2=q^2$$

由于 2 是左边的因子，则 q 必须是偶数。这样一来，p 和 q 同时可以被 2 整除，这和 p,q 没有公因子的假设矛盾。因此等式(2)不成立，且 x 不是有理数。

此结果可以表述为：没有等于$\sqrt{2}$的有理数。

以上讨论表明，一个很简单的几何作图(图 1-2-2)就能产生一个与单位长不可公度的线段。如果用圆规在数轴上标出这样一条线段，则这样作出来的点不可能与任何有理点重合：有理点全体虽然是处处稠密的，但不能覆盖整个数轴。按照平常的想法，稠密的有理点集合不能覆盖整条直线，这当然显得很奇怪，而且表面看来是荒谬的。在“直觉”中，没有任何东西能帮助我们“看到”无理点和有理点有什么不同。这便不难理解，为什么不可公度线段的发现使希腊的哲学家和数学家激动不已，以致到今天，对爱思考的人来说，它仍保留着使人激动的魅力。

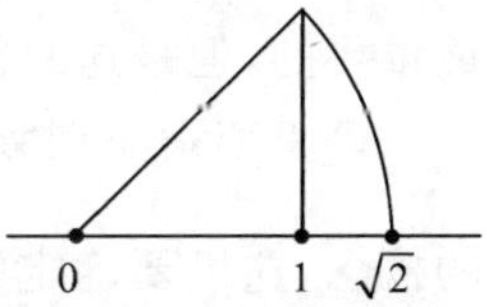

图 1-2-2　$\sqrt{2}$的作图

我们可以很容易作出许多与单位长不可公度的线段。如果在数轴上以 0 为起点把这些线段标出来，则它们的端点称为无理点。引进分数的指导原则

是用数来度量长度,现在在处理与单位长不可公度的线段时,我们将保持这个原则。如果我们要求以数为一方,以直线上的点为另一方,在它们之间有一个相互对应的话,就必须引进无理数。

无理数,也称为无限不循环小数,不能写作两整数之比。若将它写成小数形式,小数点之后的数字有无限多个,并且不会循环。常见的无理数有非完全平方数的平方根、π 和 e(其中 π,e 均为超越数)等。数的连续统或实数系是全体无限小数,其中有理数是循环小数,无理数是非循环小数。无理数的发现是体现数学理论在揭示自然规律和现象的威力与深刻性的一个典型例子。没有数学,很多的现象和规律是无法认识的。

5. 数概念的扩展——复数

有许多原因使得数的概念必须越出实数连续统而引进复数。我们必须认识到,在数学发展史上,于数学思想的发展过程中,所有这种推广和新的发明绝不是个别人努力的结果。它们是具有继承性的逐步演化的过程的产物,而不能把主要功劳归于某个人。为了便于作形式计算,需要用到负数和有理数。它们并不像自然数那样直观和具体,直到中世纪末,数学家们在用到这些概念时才开始失去不舒适的感觉。直到 19 世纪中叶,数学家们才完全认识到,在一个扩充的数域中的运算,其逻辑和哲学基础本质上是形式主义的;这扩充的数域必须通过定义来创造,这些定义是随意的。但是,若不能在更大的范围内保持在原来范围内通行的规则和性质,则它是毫无用处的。这些扩充有时可以和“实际”对象相联系,通过这种方式为新的应用提供工具。这是最重要的,但是这只能提供一种动力而不是扩充的合理性的逻辑证明。

最早要求应用复数是为了解二次方程。我们回忆一下线性方程 $ax=b$ 的概念,这里要确定的是未知量 x。方程的解是 $x=\frac{b}{a}$。如果要求每一个带有整数系数 $a\neq 0$ 和 b 的线性方程有解,必须引进有理数。像

$$x^2=2 \tag{3}$$

这样的方程,在有理数域内不存在解 x。这促使我们构造一个更广的实数域,使得在这个域中有解。然而即使实数域也没能足以提供二次方程的完整理论。像

$$x^2=-1 \tag{4}$$

这样一个简单的方程没有实数解,因为任意实数的平方不可能是负的。

我们或者满足于宣称这个简单的方程不可解,或者按照所熟悉的扩充数

的概念的途径引进使得这个方程可解的数。当我们用定义 $i^2=-1$ 引进新的符号 i 时，正是这样做的。当然，对于把数作为计数手段这样的概念来说，这个符号 i 是“虚单位”，是不起作用的。这纯粹是一个符号，它服从于基本规则 $i^2=-1$。通过引进符号 i，我们把实数域扩充到符号 $a+bi$ 的域，在这个域中，特殊的二次方程

$$x^2=-1$$

有两个解 $x=i$、$x=-i$。

6. 数学分支

在中小学数学中，从自然数开始到复数集的建立，数系经历了四次扩充，主要是逐步添加元素并强调运算可施行，其扩充过程如图 1-2-3 所示。

自然数 $\xrightarrow{\text{添正分数}}$ 非负有理数 $\xrightarrow{\text{添负有理数}}$ 有理数 $\xrightarrow{\text{添无理数}}$ 实数 $\xrightarrow{\text{添虚数}}$ 复数

图 1-2-3　数系的扩充

数系的每一次扩充，都扩大了数的应用范围。分数的扩充，使对一个物体进行切割与分配时，整体中的“部分”无法用自然数表示时，有了刻画“部分”的方式；分数的扩充，也使类似于 $3\div5$ 的计算，无法用自然数表示计算的得数时，有了刻画这类除法运算结构的方式。负数源于对生活中完全相反的事物数量的刻画而产生的，引入负数以后，有理数就是一切形如 $\frac{m}{n}$（$m,n\in\mathbf{Z}$，$n\neq0$）的分数，一切分数都可以化为有限小数或无限循环小数。

事实上，由此出发，数学已经建立了一个庞大而复杂的体系，如表 1-2-1 所示。

表 1-2-1　数学分支

数学	数论	初等数论、解析数论、代数数论、超越数论……
	代数学	初等代数、线性代数、抽象代数……
	几何学	欧氏几何学、非欧几何学、射影几何学、解析几何学……
	分析学	微分学、积分学、级数论……
	拓扑学	点集拓扑学、代数拓扑学、几何拓扑学……
	概率论	几何概率、概率分布、随机分析……
	数理统计学	
	运筹学	
	……	

纵观数学的全部历史，我们可以达成这样的共识：尽管经过由古至今的漫长发展，现代数学已是一个分支众多的庞大的知识系统，但整个数学始终是围绕着“数”与“形”这两个基本概念而发展的，数学在各个领域中千变万化的应用也是通过这两个基本概念而进行的。

7. 小学数学的主要学习内容

小学数学的学习内容是数学学科中最基础的、能够数学化的、会广泛迁移的、可以解决实际问题的知识。除了打好知识基础以外，作为小学生学习内容的数学应与学生生活紧密联系，应能体现数学知识的形成、发展和应用过程，应发挥其在培养人的思维能力，特别是理性思维、数学能力及情感态度等方面不可替代的作用。《义务教育数学课程标准》(2011 年版)(以下简称《数学课程标准》)将数学课程内容分为四个部分：“数与代数”“图形与几何”“统计与概率”“综合与实践”。

“数与代数”的主要内容包括：数的认识、数的表示、数的大小、数的运算、数量的估计、字母表示数、方程等。

“图形与几何”的主要内容包括：平面基本图形的认识，图形的性质、分类和度量，图形的平移、旋转、轴对称，图形的位置和运动等。

“统计与概率”的主要内容包括：收集、整理和描述数据，包括整理调查数据、绘制统计图表等；处理数据，包括计算平均数等；从数据中提取信息并进行简单的推断；简单随机事件及其发生的概率。

“综合与实践”是一类以问题为载体、以学生自主参与为主的学习活动。在学习活动中，学生将综合运用“数与代数”“图形与几何”“统计与概率”等知识和方法解决问题。“综合与实践”内容设置的目的是培养学生综合运用有关的知识与方法解决实际问题，培养学生的问题意识、应用意识和创新意识，积累学生的活动经验，提高学生解决现实问题的能力。

具体内容参看《数学课程标准》之“课程内容”。

值得注意的是，数学核心内容是构成学生数学素养的基础部分，能聚焦数学学习的主要内容，体现数学的本质及思想，并能集中反映数学课程的目标。因而，小学生数学学习的内容应从数学整体的视角出发，凸显不同领域的核心内容，聚焦蕴含在具体数学内容之中的核心概念，并把这些核心概念置于重要地位，抓住关键，体现每一具体内容对于学生素养形成的教育价值。例如：在数学概念方面，应突出整数、小数、分数的意义和性质的教学，注重学生数感的形成。在数的运算方面，运算律是基于运算意义存在的客观规律，应突出运算定律的有序渗透和及时揭示，突出对学生进行初步运算能力的培养。在常见的量方面，应重视学生对量的实际大小的表象建立和应用。在解决实际问题方面，紧紧抓住四则运算的意义和常见的数量关系，突出解决问题策略，促进学生提高发现和提出问题、分析和解决问题的能力。在图形与几何方面，应重视学生初步空间观念的培养和感受几何直观的作用。在统计方面，应突出数据在统计过程中的地位与作用，让学生在经历统计活动的全过程中，认识到数据中蕴含着信息，利用数据能有效地分析和解决问题，发展数据分析观念。

8. 小学数学基本概念

在 PCK 的构成要素中，教学内容知识聚焦于学科基本概念，并从三个方面进行评估：① 教师是否掌握了该学科的核心概念；② 在该学科里，这些概念是怎样联系在一起的；③ 在学习过程中，这些概念通常的认知顺序是怎样的。可见，对数学基本概念的准确理解与把握是学生走进数学大门、认识数学现象的重要基石，也是数学教师的基本功。

数是对数量的抽象，而数量是对现实生活中事物量的抽象。数学的本质是，在认识数量的同时认识数量之间的关系，在认识数的同时认识数之间的关系。数量关系的本质是多与少，抽象到数学内部就是数的大与小。最初，人们用对应的方法比较数量的多少。从零开始，依据数之间的大小关系就产生了自然数，表示自然数的关键在于十个符号和数位。在形式上，自然数去掉了数量后面的后缀名词；在实质上，自然数去掉了数量所依赖的实际背景。自然数的抽象过程深刻地表明，数学不是研究某一个有具体背景的东西，而是一般的规律性的东西。反过来，人们又可以把一般性的结果应用于某一个具体的事物，这就体现了数学的价值。[①] 小数则是十进制计数法在另一方向上对于数域的扩展。分数表示自然数之间的两种重要关系：一种是整体与等分的关系，一种是整数比例关系。

在定义自然数的同时也定义了加法运算。在加法运算的基础上，产生了减法、乘法和除法运算，统称为四则运算。其中，减法是加法的逆运算，除法是乘法的逆运算。在运算中，符号“＝”的本质含义是符号两边的量相等；加法运算的本质特征是加上一个自然数比原来的数大；减法运算的本质特征是

① 史宁中.基本概念与运算法则——小学数学教学中的核心问题[M].北京：高等教育出版社，2013：6.

减一个自然数比原来的数小。自然数集合对于加法运算、进而对乘法运算是封闭的。为了保证减法运算的封闭性，数的集合就从自然数集合扩充到整数集合；为了保证除法运算的封闭性，数的集合就从整数集合扩充到有理数集合。

混合运算中有两个基本法则：有括号，先计算括号中的算式；没有括号，先乘除后加减，这两个法则均来源于现实计算。在日常生活和生产实践中，人们遇到的大量计算都是估算。精算在本质上是对于数的运算，估算在本质上是对于数量的运算。

符号表示数是数学发展的重要转折，使得数学由算数走向代数。一方面，符号可以像数那样用于运算和证明；另一方面，通过符号的运算和证明得到的结果具有一般性。可以利用符号表示未知的量，方程的本质是描述现实世界中的等量关系。等式两边表达的是与数量有关的两个部分，这两个部分有一个共同点，在这个共同点上，两个部分的数量相等。

模型是构建数学与现实世界的桥梁。小学数学“数与代数”部分在本质上只有两种模型。

一种是基于加法的总量模型：

总量＝部分量＋部分量

一种是基于乘法的路程模型：

距离＝速度×时间

小学数学中的所有应用问题几乎都是由这两种模型派生出来的。

时间和空间是人们认识世界最为基础的概念：通过时间可以分辨事物之间的先后关系，得到事物的顺序差异；通过空间可以分辨事物之间的位置关系，得到事物的性质差异。因此，空间是一个关于物体存在形式的基本概念，人们从物体的存在形式中抽象出关于图形及图形关系的概念，构成数学的研究对象。人们还构建出空间的度量方法来研究这些概念的位置关系和变化规律，而几何学就是研究如何构建空间度量方法的学科。人们根据度量方法的不同称谓不同的几何空间。

在日常生活中，人们看到的物体都是立体的，所谓点、线、面、体、角都是抽象出来的概念。这种抽象不仅舍去了物体的颜色、构成材料等物体的本质要素，还忽略了所占空间：点不分大小，线不分宽窄，面不分薄厚。这些抽象了的概念本身不是现实的存在，只是一种理念上的存在。

在欧几里得集合空间中，两点间的直线距离是本质的，通过两点间的直线距离可以定义线段的长度。而在小学阶段数学教学中，关于点、线、面这些数学概念只能给出描述性定义。比如，关于线段的概念，只能先画出一条线段，然后定义：称这样的图形为线段。在所有描述性定义的教学中，阐述图形的性质格外重要，比如，在给出描述性定义之后需要进一步叙述：线段有两个端点；线段的一边无限延长则称为射线，射线有一个端点；线段的两边无限延长则称为直线，直线没有端点。角由两条线段所夹部分组成，这两条线段的一个端点重合，角的大小与边长无关。两条直线平行是指两条直线之间的距离处处相等；平行四边形就是两组对边长度分别相等的四边形。

长度、面积、体积这三个概念都是对图形的度量：长度是对一维空间图形的度量，面积是对二维空间图形的度量，体积是对三维空间图形的度量。这三种度量的基础都是直线段的长度，直线段长度的基础是两点间的直线距离，即度量的基础是两点间的直线距离。要度量就必须确定度量单位，而所谓的度量就是计算所要度量的图形包含多少个度量单位。面积和体积度量单位的基础是一维空间的长度单位，这个长度单位是人为规定的。

平移、旋转、轴对称是小学数学“图形与几何”的内容中最为生动的部分，是在“图形的运动”这样的标题下给出的。运动是需要参照物的，平移和旋转的参照物都是一条射线，轴对称的参照物是一条直线。平移是沿射线的方向移动相同的距离的运动；旋转是相对射线移动了相同的角度的运动；轴对称是图形翻转到直线的另一侧，对应点到直线距离相等、对应点连线与直线垂直的运动。这类运动有一个共同的特点就是运动之后保持两点间距离不变，这样就保证了物体运动之后形状不变，称这类运动为刚体运动。

在小学阶段，与“图形与几何”的内容密切相关的核心概念是“空间观念”和“几何直观”。空间观念是对空间中物体的位置及位置之间关系的感性认识；几何直观是指能够利用图形描述和分析问题，或借助图形对事物的直接判断。

与数学不同，统计学研究的基础是数据，是通过对数据的分析得到产生数据背景的信息。因此，在“统计与概率”的教学过程中一定要强调数据，强调数据分析观念。

数据分析大体可以分为两种情况：一种情况不考虑数据的随机性，称为描述统计；一种情况考虑数据的随机性，称为推断统计。在推断统计中也经常会用到描述统计的方法。描述统计只是针对调查的数据本身进行表述，推断统计则希望推断调查的数据以外的信息。现代统计学主要研究推断统计，其核心是通过样本推断总体，即通过经验过的事物推断未曾经验的事物，得到的结果是或然的。

在“统计与概率”的教学内容中涉及三种统计图:条形统计图、扇形统计图和折线统计图。这三种统计图的共性是都可以直观地表述数据,使得数据的信息一目了然。但就信息表述的功能而言,这三种统计图还是有所区别的:条形统计图更有利于表述数量的多少,扇形统计图更有利于表述数量所占的比例,折线统计图更有利于表述数量的变化。虽然各种统计图的功能有所不同,但只分“好坏”而无“对错”,教学中应引导学生选取合适的表述方式,学会确立判断事物好坏的准则,学会基于准则进行判断。

通过样本得到的数据具有随机性。这里所说的随机性与不确定性有所区别:为了数据分析科学性的需要,随机性要求数据的获取尽可能地排除人为干扰的影响,排除系统误差的影响。估计是推断统计的重要手段,估计的方法可以是多样的,在义务教育阶段介绍的是被称为最大似然估计的方法。

如果仅就数学而言,平均数只是一个包含了加法和除法的算式,实在是无足轻重,但平均数在统计学中确实是一个非常重要的概念。通过误差模型可以看到使用平均数进行估计的合理性,也可以看到对随机性的两个要求(排除人为干扰的影响,排除系统误差的影响)是必要的。

概率是指随机事件发生可能性的大小,在一般情况下这个可能性的大小是未知的。虽然概率是未知的,但经验告诉我们:可以认为概率是一个非负的、不大于1的数。除了估计的方法之外,还可以不借助数据而直接根据背景定义概率,这是关于随机事件发生可能性大小的一种度量。度量就必然要涉及模型,在义务教育阶段主要介绍的是古典概率模型(简称为古典概型),即要求随机事件出现的可能结果是有限的、出现每一种结果可能性的大小是一样的。现实世界的大多数事件都是以随机形式出现的,因此在义务教育阶段的数学教育中学习“统计与概率”的内容是必要的,是培养学生基本数学素养的需要。

然而,小学数学教学内容所包含的数学知识,对于数学教师来说是远远不够的。作为小学数学教师,必须具有扎实的初等数学知识、一定的高等数学知识及一些数学史知识。只有掌握这些知识,对数学学科的本源性知识有较为深刻的理解,才能透彻地分析小学数学教材体系,准确地把握数学知识的结构体系,服务于学生的数学学习活动。因而,教师专业发展的首要任务是加强对学科知识的理解。正如英国学者欧内斯特在《数学教育哲学》一书中指出的:数学教学的问题并不在于教学最好的方式是什么,而在于数学是什么……如果不正视数学的本质问题,便解决不了关于教学上的争议。为此,除了钻研教材,研读教师用书,还应该广泛地阅读相关的专业书籍。例如，人民教育出版社出版的李润泉、曹侠、陈国盛主编的《小学教师之友·数学卷》，上海教育出版社出版的顾汝佐、叶季明、王明欢编著的《小学教学全书·数学卷》，江苏教育出版社出版的金成梁编著的《小学数学疑难问题研究》，高等教育出版社出版的史宁中主编的《基本概念与运算法则——小学数学教学中的核心问题》等，这些都是小学数学教师应备有的工具书。①

第三节　数学的特征

数学是研究现实世界空间形式和数量关系的科学。它的对象是非常现实的材料。为了能够从纯粹的状态中研究这些现实材料的形式和关系，必须使它们完全脱离自己的内容，把内容作为无关紧要的东西放在一边，从而使这些材料以极度抽象的形式出现，保证数学得以通过逻辑运算，去获得精确的新的结果。数学的研究对象和它的本质属性，决定了数学的基本特征：科学的抽象性、推理的精确性（包含了逻辑严谨性、结论的不可辩驳性）和应用的极端广泛性，除此之外，还应包含一般性、过程性和数学美。

数学教师只有清楚数学的这些特征，才能更好地把握数学教学，将抽象的数学知识转化成形象生动的学习素材（教学化），从而帮助学生经历从形象到抽象的知识建构过程（数学化），促进学生在运算和解决问题过程中掌握严谨科学的推理方法，并感受蕴含在数学知识中的独特美感。

1. 科学的抽象性

抽象是数学最基本的特征。数学知识是人们对现实世界抽象的结果，甚至是对抽象的对象进一步抽象的结果。数学知识的抽象性反映在数学对象、数学方法、数学符号等诸多方面。数学的抽象性来源于数学思维的逻辑严密性的要求。当研究对象的任何非本质的因素会妨碍逻辑思维时，数学就很自然地抛弃了非本质的因素。数学所关注的只是事物和现象的量性特征，但却完全舍弃了对象的质的内容。数本身就是抽象概念，几何图形也是抽象概念，数学的所有概念都具有这一特征。例如，几何中的直线就只剩下“形式”

① 王凌.教师教学首先应该深刻理解学科知识——“教学失误及其改进”系列研究之十二[J].教育研究与评论，2019(1)：78.

的意义，而抛弃了线的粗细、质地、大小、长短等与研究角度（直线的形式，即其空间形式）无关的这些非本质的因素。罗杰·彭罗斯（R.Penrose，1931—）说："数学命题的真理性实际上可用抽象的论证决定，这是数学（也许是唯一的学科）最令人印象深刻的特征。"①但是需要指出，所有这些抽象度更高的概念，都有非常现实的背景。相对于 $1+2=2+1$ 这样的具体数量关系式而言，$a+b=b+a$ 显然是诸多类似关系式在更高层次上的一个概括。正如著名哲学家怀特海（A.N.Whitehead，1861—1947）所指出的："在代数中，思想上限于特定数的限制取消了。我们写'$x+y=y+x$'，在这里，x 和 y 是任何的两个数。这样，对模式的强调增强了。"

不过，抽象不是数学独有的特性，任何一门科学都具有这一特性。因此，单是数学概念的抽象性还不足以说尽数学抽象的特点。数学抽象的特点在于：第一，在数学的抽象中只保留量的关系和空间形式而舍弃了其他一切；第二，数学的抽象是一级一级逐步提高的，它们所达到的抽象程度大大超过了其他学科中的一般抽象；第三，数学本身几乎完全周旋于抽象概念和它们的相互关系的圈子之中。不只是数学概念，数学方法也更趋抽象。例如，从古希腊时代起数学就使用的特有的逻辑推理法则，现今已发展为系统的现代公理化方法，将数学的严密性推向更高的层次。

小学数学中最基础的数与形的概念都是抽象的结果。因此，在数与形的认识过程中都要引导学生联系已有的生活经验和知识，逐步抽象出数与形的概念。比如，认识自然数是在数数的过程中，逐渐抽象出数字符号表示的数。学生通过数具体情境中的各种实物得到不同的数，用数珠表示数，这是对实物的抽象，摆脱了实物的自然属性；再用数字符号表示数，对数珠进一步抽象，将具体的对象抽象为数学符号。再如，小学生对图形的认识依赖于大量的直观感知，引导学生在生活场景中通过观察发现图形，使其在直观感受的过程中建立表象；教师在实物图上标注出几何图形，完成初步抽象；在此基础上，学生还需通过操作、探究、分类、想象等活动形成对几何图形的整体认知，完成抽象过程。

2. 推理的精确性

数学的精确性表现在数学定义的准确性、推理的逻辑严谨性和数学结论的确定无疑与不可辩驳性。数学概念是明确定义的，它的理论是按照严格的

---

① 罗杰·彭罗斯.皇帝新脑[M].许明贤，吴忠超，译.长沙：湖南科学技术出版社，2007：559.

逻辑法则推得的。这种推理对每个懂得它的人来说都是无可争辩和确定无疑的。所以，数学结论具有逻辑的必然性和量的确定性。爱因斯坦（A.Einstein，1879—1955）曾这样描述数学：为什么数学比其他一切科学更受到特殊的尊重？一个理由是，它的命题是绝对可靠和无可争辩的，而其他一切科学的命题在某种程度上都是可争辩的，并且经常处于会被所发现的事实推翻的危险之中。这种认识事物的方法符合唯物辩证法的认识论。数学认识的过程必须经历这样的过程：从外部引入（感觉阶段）—将材料加以整理和改造（概念、判断、推理阶段）。只有感觉的材料十分丰富（不是零碎的、不完整的）和合乎实际（不是错觉），才能根据这样的材料创造出正确的概念和定理来。显然，由数学命题的提出，到命题的论证，是完全符合由感性认识到理性认识的规律的。不过，这种严谨性也和人们认识事物一样，不可能一次就完全获得整个客观世界真理性的认识，而是逐步深入的辩证的过程。推理的本质功能在于推出新结论、生成新知识，因此它至关重要。

可以说，没有推理，就没有今天的数学。同样可以说，没有推理，就没有真正的数学学习（曹培英）。《数学课程标准》指出，在解决问题的过程中，合情推理和演绎推理这两种推理功能不同，相辅相成：合情推理用于探索思路，发现结论；演绎推理用于证明结论。小学数学学习合情推理多于演绎推理，但应重视演绎推理，“猜想→实验→说理”过程能使合情推理与演绎推理相辅相成。

3. 应用的极端广泛性

应用的极端广泛性也是数学的特征之一。现实世界中任何一种物质系统及其运动形式都有其质的规定性，又有其量的规定性，而且质一般要通过一定的量来表示。由于数学是在不同性质的事物中抽取出其共性——数量关系与空间形式来研究，因而所得的结论便可以在不同性质的事物中广泛地应用。例如，物理学中从量子力学的公理化，到广义相对论与统一场论都离不开数学基础；现代化学为了描述化学过程已少不了微分方程和积分方程；生物统计应用微分方程建立生物模型，抽象的拓扑纽结论与概率论、组合学帮助生物学家解开复杂的 DNA 结构之谜等。

除了自然科学，在经济学、社会学、历史学等社会科学中，数学方法也在大显身手：经济学是数学化取得最明显成效的社会科学学科，获得诺贝尔经济学奖的成果大部分涉及数学方法的应用；语言学家使用数理统计的方法分析语言资料以得出有关语言规律或文化悬疑的重大结论等。一般来说，数学的应用是两个方面的：一是直接为生产生活服务，如计算、线性规划、数理统计等；一是间接为生产生活服务，如以物理、化学、生物及其他科学技术成果的形式推动人类进步。正如已故著名数学家华罗庚教授曾指出的：宇宙之大，粒子之微，火箭之速，化工之巧，地球之变，生物之谜，日用之繁，数学无处不在。

由此，我们看到，一方面，数学的核心领域正变得越来越抽象；另一方面，数学的应用也变得越来越广泛。这恰恰揭示了数学理论在极其抽象的外表下与客观现实世界之间的深刻、复杂而又奇妙的联系；说明现代数学理论前沿的推进蕴含着比以往更为丰富多彩的、难以预见的应用机遇。数学逐渐成为一种普遍的科学语言与工具。在小学数学教学中运用真实问题情境连接现实世界和数学世界，能有效地激发学生的学习动机，在促进学生数学概念建构的同时提升数学素养，使学生有机会经历问题解决的全过程，体会数学的抽象性、推理的精确性和应用的极端广泛性，同时提高解决问题的能力。无论他们将来在数学之路上走得远或近，每个学生都必须经历有意义的数学活动，从而更好地认识和把握现实世界，智慧地走向未来世界。

4. 数学研究的一般性

抽象了的事物不是具体的存在，而是一种理念的存在，或者说，是一种抽象的存在。比如，我们看到钟面，看到水的涟漪，便在头脑中形成圆的概念，这个概念就是一种抽象的存在，因为这种存在已经脱离了具体的钟面和水的涟漪。借助这种抽象的概念，我们可以谈论圆，可以在黑板上画出圆，甚至还可以定义圆，可以研究圆的性质，这种抽象的存在就构成了数学研究的基础。这种抽象的存在是至关重要的。一方面，这种抽象的存在摆脱了现实的存在性，使得数学的研究具有了普遍性。正如古希腊哲学家亚里士多德(Aristotle，前384—前322)所说：如果它们是普遍的，那么就不会像实体那样存在，因为没有一个共同的东西能表示这个存在，共同的东西表示的是一个类，只有实体才能表示这个存在。另一方面，这种抽象的存在摆脱了思维的个别性。从表面上看，这种抽象的存在似乎是个人心理活动的结果，事实上，这种存在具有理念的客观性。

由此可见，数学研究的是那些普遍存在的事物：既不是某个具体存在的事物，也不是某个单独存在的事物。正是因为有了这种普遍性，才使得通过数学推理得到的命题和定理具有一般性，才使得数学具有广泛的应用性。

5. 数学知识的过程性

一般而言,知识分为陈述性知识和程序性知识。陈述性知识是“关于事实的知识,是人们所知道的有关事物状况的知识”。而程序性知识则是“关于人们怎样做事的知识,即由完成一件事所规定的程序、步骤及策略等组成的知识”。简言之,陈述性知识是关于“是什么”的知识,程序性知识是关于“怎么办”的知识。数学中包含大量的程序性知识,如运算法则、解题方法和解题策略等。即使是陈述性知识,如数学概念(代数式、方程、函数等)、数学命题(勾股定理、正弦定理等)的形成过程一般也要经过活动阶段、过程阶段、对象阶段、图示阶段。许多数学知识都具有过程和对象的双重属性,即数学知识既表现为一系列的算法、步骤,又表现为对象、结构。希伯特和卡彭特把数学知识分为概念性知识和方法性知识。概念性知识是那种关系丰富的知识,一个单元的概念性的知识不是作为孤立的一个信息储存起来的,只有当它是一个网络的一部分时,它才是概念性的知识。另一方面,“方法性的知识是一系列的动作”①。在数学中,许多知识既表现为一种过程操作,又表现为对象,这样的例子在数学中处处可见。例如,加法既表示两个集合中的元素合并或添加起来的过程,又代表合并或添加后的结果;轴对称既代表图形关于给定直线的翻折过程,又代表一组图形间所具有的特定性质或位置关系;数列极限既代表序列变化趋势的过程,又代表发展变化的结果。数学知识的过程性与对象性告诉我们,数学知识的学习往往要经历由过程到对象的认知过程。②

经历过程是数学素养形成的关键所在。③ 在丰富的体验性活动中理解数学知识和方法,在自主探索的过程中经历知识的形成过程,在解决问题的过程中形成良好的数学思维习惯,增强数学应用意识,提高解决问题的能力,从而最终指向数学素养的形成。

6. 数学的优美性

罗素(B.Russell,1872—1970):数学,如果正确地看,不但拥有真理,而且也具有至高的美。数学美除了表现在形式美的方面以外,更多地表现出一种思维和逻辑的美——智慧的美,因而,数学美有自己的特质。数学美在形式

---

① D.A.格劳斯.数学教与学研究手册[M].陈昌平,等译.上海:上海教育出版社,1999:161.

② 胡典顺.数学:意义的领域——数学教育的哲学审视[D].武汉:华中师范大学,2009:29.

③ 郭庆松,侯正海.经历过程:数学素养形成的关键所在——2016 年江苏省小学数学优秀课评比暨课堂教学观摩活动(第一学段)述评[J].小学数学教育,2017(Z1):101.

上体现出清晰、简洁;在内涵上体现出深刻、意蕴;在思辨上体现出条理、巧妙。

比如,“黄金分割是最美的分割”。古希腊雅典卫城的帕特农神庙(图 1-3-1)的正立面的高与长之比,近似于 0.618。这一比例称作“黄金分割比”或“黄金分割数”。除此之外,中外许多举世瞩目的经典建筑中都蕴藏着黄金分割之美,比如巴黎圣母院、北京太和殿、埃及金字塔、印度泰姬陵等。五角星中也隐含着黄金分割之美(图 1-3-2),因而,在两千多年前,古希腊毕达哥拉斯学派把五角星当作学派最神圣的徽章。

图 1-3-1　帕特农神庙

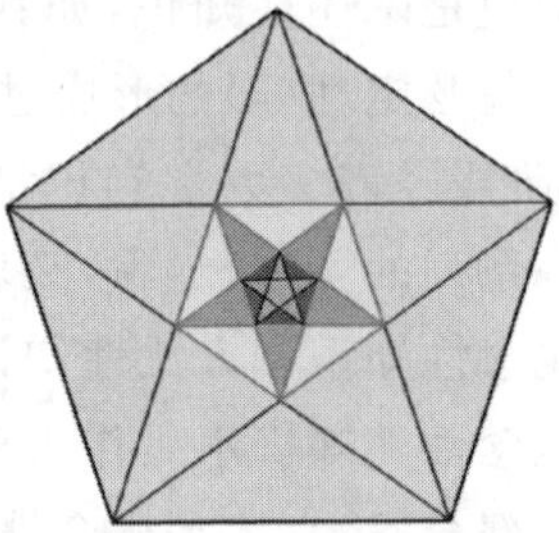

图 1-3-2　黄金五角星

“美产生于度量与比例。”利用比例和数列的规律进行图形的分割,形成富有节奏感的构图,体现了数学美在设计领域中呈现的形式美感。斐波那契数列在趋向无穷大时,前一项与后一项的比值无限逼近黄金分割数 0.618。自然界中的松果(图 1-3-3)、向日葵(图 1-3-4)等植物,因为隐藏着斐波那契数列而展现出一种别样的序列美。

图 1-3-3　松果中的数列

图 1-3-4　向日葵中的数列

再如,数学图形中的对称,体现出和谐美。从数学到生活,从自然到建筑,对称给人以圆满而匀称的美感与享受(图 1-3-5)。对称之美可谓无处不在,在数学中对应于平面几何中的“轴对称”和“中心对称”等。中外古代建筑以对称为主(图 1-3-6),建筑中对称的结构能传递秩序、沉稳、庄严等心理感受,并能给人以深刻的美学享受。

图 1-3-5 对称的蝴蝶

图 1-3-6 对称的天坛

除此之外,还有很多堪称完美的定理和证明。

数学中著名的"五朵金花",即 0(来自算术)、1(来自算术)、i(来自代数)、π(来自几何)、e(来自分析学),竟同时绽开在一个公式

$$e^{i\pi}+1=0$$

中,这就是著名的欧拉公式。

1750 年,欧拉(L.Euler,1707—1783)在给哥德巴赫(C.Goldbach,1690—1764)的一封信中列举了多面体的一些性质。其中,有一条是:如果用 V、E、F 分别表示闭的凸多面体(图 1-3-7)的顶点数、棱数和面数,则有

$$V+F-E=2$$

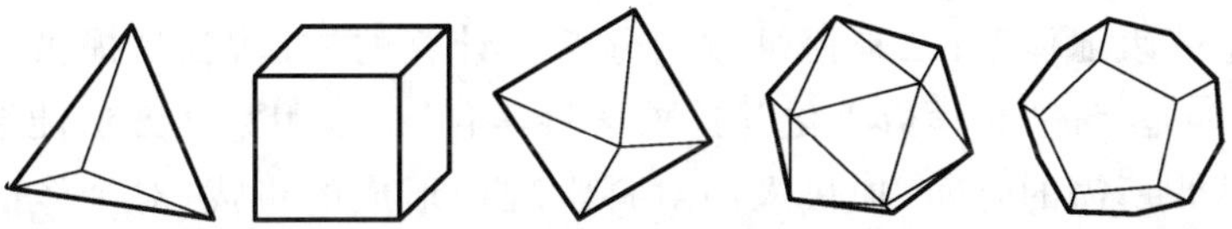
图 1-3-7 闭的凸多面体示例

1862 年,瑞士数学家斯坦纳(J.Steiner,1796—1863)证明了七圆定理(图 1-3-8)。先在大圆中间画一个小圆,然后依次画圆与大、小圆相切,并与前一个新圆相切。在一般情况下,最后一个圆与第一个圆相切,这个圆链是闭合的。

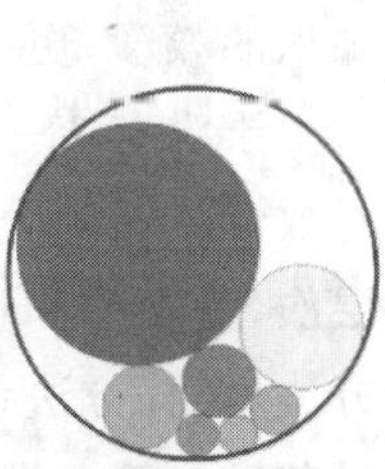
图 1-3-8 斯坦纳圆链

古希腊数学家毕达哥拉斯(Pythagoras,前 580 至前 570 之间—约前 500)曾说过:一切立体图形中最美的是球体,一切平面图形中最美的是圆形。除此之外,美的图形不胜枚举——正多边形、正多面体、抛物线、双曲线、滚动曲线、包络曲线、锥体、星体、蜂巢结构、晶体结构……数学构成美的世界,数学就是美的世界。一个数学家在理解数学的美学价值方面绝不会是外行,正是对真理的追求,对数学

的美妙、数学的力量、数学的优雅的神往，驱策并激励着数学家。数学教学活动同样是一个求真、求善和求美的过程。真，体现在数学学科的真理性；善，体现在真实地面对学生数学学习的过程；美，体现在对数学价值的最高追求。

第四节　数学方法

莱布尼茨(G.W.Leibniz，1646—1716)曾断言：数学的本质不在于它的对象，而在于它的方法。所谓方法，是指人们为了达到某种目的而采取的手段、途径和行为方式中所包含的可操作的规则或模式。数学方法即用数学语言表述事物的状态、关系和过程，并加以推导、演算和分析，以形成对问题的解释、判断和预言的方法。人们通过长期的实践，发现了许多运用数学思想的手段、门路或程序。同一手段、门路或程序被重复运用了多次，并且都达到了预期的目的，就成为数学方法。

数学方法在科学技术研究中具有举足轻重的地位和作用：一是提供简洁精确的形式表征体系；二是提供数量分析及计算的方法；三是提供逻辑推理的工具；四是促进“科学数学化”与“数学科学化”。运用数学方法能缩短对事物本质认识所需的时间，加快人们对科学理论形成的步伐，对个体的发展具有导向与辐射功能，是发明创造的关键和动力。因而，数学教学不仅仅是数学知识的教学，更应重视数学方法的及时提炼和迁移应用。

由于没有统一的分类标准，研究者对数学方法的分类各有分说。张奠宙等对数学方法的分类是按照层次进行的。他们认为数学方法有四个层次：第一层次，基本的和重大的数学思想方法，如模型化方法、微积分方法、概率统计方法、拓扑方法、计算方法等。它们决定着大的数学学科方向，构成数学的重要基础。第二层次，与一般科学方法相应的数学方法，包括类比联想、分析综合、归纳演绎等一般科学方法。这些方法用于数学时有它自己的特点。第三层次，数学中特有的方法，如数学等价、数学表示、公理化、关系映射反演、数形转化等方法。这些方法主要在数学中产生和应用，当然也可以部分地迁移到其他学科。第四层次，中小学数学中的解题技巧。因为它的内容是初等数学，规律比较明显，又易于解剖，所以具有特殊重要意义。不过，由于各种解题技巧内容十分丰富，变化无穷，所以要概括起来也相当困难(张奠宙等，

1996)。根据小学数学教育教学的特点,本书梳理出以下对小学生数学学习最有价值的11个数学方法。

1. 最基本的数学方法:观察、比较和分类

数学思考是从观察开始的,主要观察事物的数量、观察图形的形状、观察变化的规律等。如果是漫无目的的,那只是“看见”,而“观察”则具有目的性和计划性、系统性和可重复性。如果观察者能够调用自己的感官,按照一定顺序、完整而清晰地观察数学对象,从中有所发现并能表达出来,这样,“观察”就能成为研究数学的一种重要方法。比较,就是通过观察和分析,找出数学对象的相同点和不同点。它是认识事物的一种基本方法,也是分类的前提。通过比较,根据一定标准进行分类,在“类”的基础上抽象出事物之间的共同特征,从而产生数学概念。

2. 分析与综合

要证明一个命题正确,为了寻找正确的证题方法或途径,我们可以先设想它的结论是正确的,然后追究它成立的原因,再就这些原因分别研究,看它们的成立又各需具备什么条件,如此逐步往上溯求,直至达到已知的事实,这样一种思维方法就叫作分析法,即“执果索因”。证明一个命题是否正确,我们先从已知的条件出发,通过一系列已确定的命题(如定义、定理等),逐步向前推演,最后得到要证明的结果,这种思维方法称为综合法,即“由因索果”。

3. 猜想与归纳

先猜,后证——这是大多数的发现之道(G.波利亚)。“猜想”是一种重要的思维方法,对于确定证明方向、发现新定理,都有重大意义。

比如,3、5、7、11、13、17、19都是素数,素数之间有什么关联呢?观察以下等式:

$$3+2=5、5+2=7、11+2=13、17+2=19、\cdots$$

可以归纳出一个特点,即3和5、5和7、11和13、17和19是成对的素数,它们的差都是2,可以说是一对对双胞胎,它们叫作孪生素数。所谓孪生素数指的就是这种间隔为2的相邻素数,它们之间的距离已经近得不能再近了,就像孪生兄弟一样。

最小的孪生素数是(3,5),不难验证,100以内的孪生素数有8组,还包括

(5,7)、(11,13)、(17,19)、(29,31)、(41,43)、(59,61)和(71,73)。随着数的增大,孪生素数的分布会变得越来越稀疏,寻找孪生素数也会变得越来越困难。那么,会不会在超过某个界限之后就再也不存在孪生素数了呢?我们知道,素数本身的分布也是随着数的增大而越来越稀疏,不过幸运的是,早在古希腊时代,欧几里得(Euclid,约前 330—前 275)就证明了素数有无穷多个。长期以来,人们猜测孪生素数也有无穷多组,这就是与哥德巴赫猜想齐名、集令人惊异的简单表述与令人惊异的复杂证明于一身的著名猜想——孪生素数猜想,即存在无穷多个素数 p,使得 $p+2$ 也是素数。

通过观察若干具体实例,发现存在于它们之中的某种似乎带规律性的东西,我们相信它具有普遍意义,对更多、更一般的实例同样适用,从而把它当成一般规律或结论,这种发现规律或结论的方法叫作归纳法。归纳法的三个步骤:观察实例—归纳猜想—证明猜想。

4. 数学归纳法

正如“多米诺骨牌现象”:推倒头一块“骨牌”,它会带倒第二块,再带倒第三块……直到所有“骨牌”全部倒下。在证明一个与正整数有关的命题时,可采用下面两个步骤:

① 证明:$n=1$ 时命题成立;

② 证明:如果 $n=k$ 时命题成立,那么 $n=k+1$ 时命题也成立。

由①②作依据,根据①,知 $n=1$ 时命题成立;再根据②,知 $n=1+1=2$ 时命题成立;又由 $n=2$ 时命题成立,依据②,知 $n=2+1=3$ 时命题成立。这样延续下去,就可以知道对任何正整数 n 命题成立,这样的证明方法叫作数学归纳法。

5. 枚举与筛选

在解决问题时,把所有可能的情况不重复又不遗漏地一一列举出来,称为枚举。在这个过程中,重复的和不合要求的要除去,遗漏的要找回来,称为筛选。

比如,我们要找出 100 以内的所有素数,可以先列出如下百数表,然后按照顺序,分别将 2、3、5、7 的倍数(这 4 个数本身保留)从中去除,就像“筛子”一样把合数筛掉了,剩下来的就是 100 以内的素数表(图 1-4-1)。

1	2	3	4	5	6	7	8	9	10
11	12	13	14	15	16	17	18	19	20
21	22	23	24	25	26	27	28	29	30
31	32	33	34	35	36	37	38	39	40
41	42	43	44	45	46	47	48	49	50
51	52	53	54	55	56	57	58	59	60
61	62	63	64	65	66	67	68	69	70
71	72	73	74	75	76	77	78	79	80
81	82	83	84	85	86	87	88	89	90
91	92	93	94	95	96	97	98	99	100

⇨

	2	3		5		7			
11		13				17		19	
		23						29	
31						37			
41		43				47			
		53						59	
61						67			
71		73						79	
		83						89	
						97			

图 1-4-1　100 以内的素数表

这种造素数表的方法称为埃拉托色尼筛选法。枚举与筛选的方法虽然古老简单、朴实无华，但它在近代科学研究中仍然闪烁着耀眼的光芒。当我们面临的问题存在大量的可能的答案（或中间过程），而暂时又无法用逻辑方法排除这些可能答案中的大部分时，就不得不采用逐一检验这些答案的策略，也就是利用枚举与筛选的策略来解题。采用枚举与筛选解题时，重要的是应做到既不重复又不遗漏。

6. 类比法

类比是推理的一种，是从人们已经掌握的事物的属性，推测正在研究中的事物的属性，它以旧有认识为基础，类比出新的结果。比如，加法运算中具有交换律和结合律，那么乘法运算中是否有这两种运算定律呢？运用类比推理的一般步骤如下：首先，找出两个类比对象之间可以确切表述的相似性；然后，用一类对象的性质去推测另一类对象的性质，从而得出猜想；最后，检验猜想。

类比是数学发现与数学解题的重要手段之一，著名哲学家康德曾指出：每当理智缺乏可靠的论证思路时，类比这个方法往往指引我们前进。在数学中，常可以由命题的条件相似，去猜想结论的相似；由命题的形式相似，去猜想论证推理方法的相似。

7. 数形结合

数形结合百般好，隔离分家万事休。（华罗庚）“数”具有概括性、抽象化的特点，而“形”则具有具体化、形象化的特点，两者之间没有不可逾越的鸿沟。数形结合是数学解题的基本策略之一。通过画图可以将复杂的数量关系直观化、显性化，反映出原来隐含其中、不易被发现的信息与关联，帮助人们解决问题。越是复杂的数学问题，越能体现数形结合的优越性。通过平面直角坐标系既可使几何问题转化为代数问题，又可使代数问题转化为几何问题；既能发挥代数的优势，又可充分利用几何直观，借助形象思维获得出奇制胜的精巧解法。

8. 假设法与反证法

当某一因素的存在形式有多种可能时，假设该因素处于某种情况，并以此为条件进行推理，如果没有推出矛盾，则假设为真；如果推出的信息跟已有的信息矛盾，则假设不成立。这种方法称为假设法，它也是科学研究中的重要方法，是一种创造性的思维活动。

反证法就是运用此思想：在证明一个命题时，从命题结论的反面入手，先假设结论的反面成立，通过一系列正确的逻辑推理，导出与已知条件、已知公理、定理、定义之一相矛盾的结果，肯定了“结论反面成立”的假设是错误的，从而达到了证明结论正面成立的目的。运用反证法的关键在于归谬，因此，反证法又称为归谬法。

9. 递推法

递推法是一种简单的算法，即通过已知条件，利用特定关系得出中间推论，直至得到结果的算法。递推法分为顺推和逆推两种。从已知条件出发，逐步推算出要解决的问题的方法叫顺推。从已知问题的结果出发，用迭代表达式逐步推算出问题的开始的条件，即顺推法的逆过程，称为逆推。递推法的一般步骤如下：

① 求初始值；

② 建立递归关系；

③ 利用递归关系求解。

在建立递归关系遇到困难时，可列举简单情形寻求启示，这可与求初始值同步进行。

10. 整体分析与局部调整

解数学题，常常化“整”为“零”，使问题变得简单，以利于问题的解决。不过有时则反其道而行之，需要由“局部”到“整体”，站在整体的立场上，从问题的整体考虑，综观全局研究问题，通过研究整体结构、整体形式来把握问题的本质，从中找到解决问题的途径。比如，我国著名数学家苏步青教授，有一次去德国，遇到一位有名的数学家，这位数学家在电车上出了一道题目让苏教授做。这道题目是：

> 甲、乙两人同时从两地出发，相向而行，距离是50千米。甲每小时走3千米，乙每小时走2千米，甲带着一只狗，狗每小时跑5千米。这只狗同甲一起出发，碰到乙的时候它就掉头往甲这边跑，碰到甲时又往乙这边跑，碰到乙时再往甲这边跑……直到甲、乙两人相遇为止。问：这只狗一共跑了多少千米？

如果设狗从甲出发第一次碰到乙时所用的时间为 t_1，所走路程为 S_1；再往回跑遇见甲所花时间为 t_2，所走路程为 S_2；这样依次有 t_3、S_3、t_4、S_4、…，直到甲、乙两人相遇为止。显然狗所花时间为 $t_1+t_2+t_3+t_4+\cdots$，所走路程为 $S_1+S_2+S_3+S_4+\cdots$。利用等比数列求和可算出最终结果。苏步青教授略加思索，就把答案告诉了这位高斯故乡的同行。这位数学家满意地笑了。苏步青教授是这样思考的：狗不断地跑，从出发到甲、乙相遇为止，这样狗就以每小时5千米的速度整整跑了 $50\div(3+2)=10$（小时），答案是

$$5\times10=50\text{（千米）}$$

这就是著名的“疯狗问题”。苏步青教授的高明之处就在于着眼于“狗不断地跑”这个全过程，抓住“直到甲、乙相遇为止”这个整体去分析，这就把局部看来十分烦琐的问题变得十分简便了。整体分析能站得高、看得远，有利于把握问题的本质，找到内在规律，从而使问题得到解决。

局部调整是一种怎样的方法？说来大家并不陌生。为了把一群人从矮到高排成一列，常常是先让这群人任意排成一列，然后着手进行调整：每次让其中顺序不合要求的某两人对换位置，其余的人暂时保持不动。经过若干次调整，整个队列就符合要求了。每个调整过程即为局部调整的过程，所用的方法即为局部调整法。

局部调整法的基本做法如下：对于问题涉及的多个可变对象，先对其中少数对象进行调整，让其他对象暂时保持不变，从而化难为易，使问题的解决在局部获得进展。经过若干次这样局部上的调整，不断缩小范围，最终导致整个问题的圆满解决。无疑它是研究数学乃至其他问题卓有成效的一种基本思想方法。

11. 化归法

解题——就意味着把所要解决的问题转化为已经解过的问题（雅诺夫斯卡娅）。化归法就是把所要解决的问题转化为已经解决的问题，或容易解决的问题。同原问题相比，化归后的新问题必须是已经解决或较为熟悉、简单

的问题。它是数学最重要、最基本的思想之一。小学数学的学习中常常要使用化归法，比如小数乘除法转化为整数乘除法、平行四边形转化为长方形推导面积公式、n 边形的内角和分解为若干个三角形加以解决等，因而化归法也称为“转化法”。学生掌握这一方法后，就能将一个非基本的问题通过分解、变形、代换或平移、旋转、伸缩等多种方式，化归为一个熟悉的基本的问题，从而求出解答。例如，解一元二次方程就是通过因式分解等方法，将它化归为一元一次方程求解。而解特殊的一元高次方程时，又是化归为一元一次和一元二次方程求解的。再如，对一般圆锥曲线的研究，是通过坐标轴平移或旋转，化归为基本的圆锥曲线（在新坐标系中）来实现的。

总之，化归的原则是以已知的、简单的、具体的、特殊的、基本的知识为基础，将未知的化为已知的，复杂的化为简单的，抽象的化为具体的，一般的化为特殊的，非基本的化为基本的，从而得出正确的解答。

当今世界，数学方法不仅是解决科学、技术和生产问题的基本方法，而且在社会科学、人文科学中也得到了广泛应用，数学方法已成为科学文化发展的重要理论工具。通过数学学习，学生在探究发现和解决问题的过程中理解和掌握数学方法，学会“数学地思维”，是数学教育的重要价值之一。作为数学教育工作者，掌握数学方法，不仅能够提高解题能力，提升教师学科素养，也能帮助我们更加智慧地开展数学教育工作。

第五节　数学思想

《数学课程标准》的课程总目标指出，通过义务教育阶段的数学学习，使学生能获得适应社会生活和进一步发展所必需的数学的基础知识、基本技能、基本思想、基本活动经验（简称“四基”），可见数学思想在数学教育中的重要性。

思想是客观存在反映在人的意识中经过思维活动而产生的结果。它是从大量的思维活动中获得的产物，经过反复提炼和实践，如果一再被证明为正确，就可以反复被应用到新的思维活动中，并产生出新的结果。数学思想是指现实世界的空间形式和数量关系反映到人的意识之中，经过思维活动而产生的结果，它是对数学事实与数学理论的本质认识。① 数学思想是系统化、

① 蔡上鹤.数学思想和数学方法[J].中学数学，1997(9)：2.

理论化的数学知识，是对数学科学研究的本质及规律的深刻认识。

在数学思想中，有一类思想是体现或应该体现于基础数学中的具有奠基性和总结性的思维成果，这些思想可以称为基本数学思想。基本数学思想可以概括为三个方面，即“符号化与变换的思想”“集合与对应的思想”“公理化与结构的思想”。对于小学而言，数学思想大致可细分为十个方面，即对应思想、符号思想、化归思想、类比思想、分解思想、参数思想、数形结合思想、归纳思想、演绎思想和模型思想。这样看来，似乎数学思想与数学方法是相似的，正如张奠宙所说：数学思想与数学方法是同一数学成果的两种表现形式，同一个数学成就从某一侧面可视为数学思想，而从另一侧面可视为数学方法。当用其去解决问题时，就称之为方法；当评价其在数学体系中的自身价值和意义时，就称之为思想。有时两者往往不加区别。

进一步比较，我们可以发现，数学思想是数学观念的系统化，具有概括性和普遍性，它帮助人们在数学活动中确立正确的观念、方向和依据，使数学活动沿着有效的思维轨道运演，指导方法的运用；而数学方法指向数学实践活动，是数学思想的表现形式和得以实现的手段，具有操作性和具体性，为数学问题的求解和数学知识的获取提供了可能。数学思想在数学活动中起决策作用；数学方法在数学活动中起工具作用。数学思想是内隐的，而数学方法是外显的。数学思想比数学方法更深刻、更抽象地反映数学对象间的内在关系，是数学方法的进一步概括和升华。

因而，史宁中教授认为，人们通常所说的等量代换、数形结合、化归法等，只是数学思想方法而不是数学思想。基本数学思想不应当是个案的，而必须是一般的。这大概需要满足两个条件：一是数学产生及数学发展过程中所必须依赖的思想；二是学习过数学的人所具有的思维特征。他认为，数学发展所依赖的思想在本质上有三个，即抽象、推理、模型，其中抽象是最核心的。通过抽象，人们把外部世界与数学有关的事物抽象到数学内部，形成数学研究的对象，其思维特征是抽象能力强；通过推理，人们得到数学的命题和计算方法，促进数学内部的发展，其思维特征是逻辑能力强；通过模型，人们创造出具有表现力的数学语言，构建了数学与外部世界的桥梁，其思维特征是应用能力强。

1. 抽象

抽象，是从众多的事物中抽取共同的、本质性的特征，而舍弃其非本质的特征的过程。具体地说，抽象就是人们在实践的基础上，对于丰富的感性材料通过去粗取精、去伪存真、由此及彼、由表及里的加工制作，形成概念、判断、推理等思维形式，以反映事物的本质和规律的方法。抽象是思维的基础，只有具备了一定的抽象能力，才可能从感性认识中获得事物（事件或实物）的本质特征，从而上升到理性认识。这是一个获取知识的过程，也是一个研究的过程，这个过程对于所有学科的学习都是非常重要的。就抽象的深度而言，大体上分为三个层次：① 把握事物的本质，把繁杂问题简单化、条理化，能够清晰地表达，我们称其为简约阶段；② 去掉具体的内容，利用概念、图形、符号、关系表述一类事物，我们称其为符号阶段；③ 通过假设和推理建立法则、模式或者模型，并能够在一般的意义上解释具体事物，我们称其为普适阶段。[①]

对于数学，抽象主要包括两方面的内容，即数量与数量关系的抽象、图形与图形关系的抽象，其中关系是至关重要的。正如亚里士多德所说：数学家用抽象的方法对事物进行研究，去掉感性的东西剩下的只有数量和关系；对于数学研究而言，线、角或者其他量，不是作为存在而是作为关系。

通过抽象，人们把日常生活和生产实践中遇到的数量及数量关系、图形及图形关系形成数学的基本概念，从而把现实生活中的一些与数量和图形有关的东西引入数学的内部。这些基本概念包括：表述研究对象的定义，描述研究对象之间关系的术语，刻画研究对象之间运算的方法。显然，这种抽象是一种从感性具体上升到理性具体的思维过程。针对数学而言，抽象的过程并非到此终结，这种程度的抽象只能称为第一次抽象，我们可以称这种形式的抽象为概念抽象。在概念抽象的基础上，人们还能凭借想象和类比进行第二次抽象，进而得到那些并非直接来源于现实世界的数学概念和运算方法，比如实数的概念和高维空间的概念，极限的运算和矩阵的运算等。可以看到，第二次抽象与第一次抽象的出发点是不同的。第二次抽象是从此理性具体扩充到彼理性具体的思维过程，其特征是符号表达，为此，我们可以称这种形式的抽象为符号抽象。可以看到，把两次抽象分别称为概念抽象和符号抽象针对的是抽象的表现形态，如果针对抽象的思维形态，我们也可以把第一次抽象称为感性抽象，把第二次抽象称为理性抽象。无论如何，从数学的发展过程中可以看到，这两种不同形式的抽象是存在的。在这个意义上，数学并非仅仅研究那些直接来源于现实世界的东西。[②]

---

① 史宁中.数学思想概论——数量与数量关系的抽象[M].长春：东北师范大学出版社，2008：3.
② 史宁中.数学思想概论——自然界中的数学模型[M].长春：东北师范大学出版社，2012：2-3.

2. 推理

抽象和推理是数学的显著特征，与这两个特征关联的思想也就成为数学的核心思想。虽然抽象与推理密不可分，但是，二者对于数学发展的功能和作用各有侧重：通过“抽象”把外部世界引入数学，通过“推理”促进了数学本身的发展。

数学推理是一种逻辑推理，因而属于逻辑思维的范畴，这与形象思维和辩证思维是有区别的。所谓推理是指由一个命题判断到另一个命题判断的思维过程，其中命题是指可供是否判断的语句；所谓逻辑推理，是指推理所涉及的命题内涵之间具有某种传递性。数学中的推理一般包括合情推理和演绎推理。

合情推理是命题内涵由小到大的推理，是一种从特殊到一般的推理。因此，通过合情推理得到的结论是或然的。合情推理包括归纳法、类比法、简单枚举法、数据分析等。人们借助合情推理，从经验过的东西出发推断未曾经验过的东西，“看”出数学结果。“看”出的数学结果不一定是正确的，但指引了数学研究的方向。

演绎推理是命题内涵由大到小的推理，是一种从一般到特殊的推理。因此，通过演绎推理得到的结论是必然的。演绎推理包括三段论、反证法、数学归纳法、算法逻辑等。人们借助演绎推理，按照假设前提和规定的法则验证那些通过推断得到的结论，这便是数学的“证明”。通过证明得到的结论是正确的，但不能使命题的内涵得到扩张。

数学的结论之所以具有类似真理那样的合理性，或者说数学具有严谨性，正是因为数学的整个推理过程严格地遵循了这两种形式的推理。因此，这两种推理形式都是非常重要的，都应当在数学教育中得到充分的重视。

3. 模型

模型是用数学的概念和原理描述现实世界所依赖的思想。数学模型使得数学走出数学的世界，搭建了数学与外部世界的桥梁，通俗地说，数学模型是借用数学的语言讲述现实世界的故事（史宁中，2013）。因此，数学模型的价值取向不是数学本身，而是描述现实世界所起到的作用。关于模型思想的意蕴及其学科育人价值，《数学课程标准》已有相当清晰的阐述：模型思想的建立是学生体会和理解数学与外部世界联系的基本途径。建立和求解模型的过程包括：从现实生活或具体情境中抽象出数学问题，用数学符号建立方程、不等式、函数等表示数学问题中的数量关系和变化规律，求出结果并讨论结果的意义。这些内容的学习有助于学生初步形成模型思想，提高学习数学的兴趣和应用意识。

可以看到，我们所说的数学模型与人们通常所说的数学应用是有所区别的。数学应用涉及的范围相当宽泛，甚至可以泛指应用数学的概念、原理和计算方法解决实际问题。虽然数学模型也属于数学应用的范畴，但更侧重于用数学的概念、原理和思想方法描述现实世界中规律性的事物。在这个意义上，数学模型的出发点不仅仅是数学，还包括现实世界中的那些规律性的事物。我们必须清楚，要把桥梁建筑在哪里。并且，数学模型的研究手法也不是单向的，而是需要从数学和现实这两个出发点开始，规划研究路径，构建描述用语，验证研究结果，解释结果含义，从而得到与现实世界相容的、可以描述现实世界的结论。

正因为数学模型具有数学和现实这两个出发点，那么数学模型就不完全属于数学的范畴。事实上，大多数应用性很强的数学模型的命名，都依赖于所描述的学科背景，比如，生物学中的种群增长模型、基因复制模型等；医药学中的专家诊断模型、疾病靶向模型等；气象学中的大气环流模型、中长期预报模型等；地质学中的板块构造模型、地下水模型等；经济学中的股票衍生模型、组合投资模型等；社会学中的人口发展模型、信息传播模型等。在物理学、化学这些传统的自然科学领域，各类数学模型更是百花齐放。因此，就事物的本质而言，数学模型的价值取向往往不是数学本身，而是对所描述学科起到的实际作用。比如，那些获得诺贝尔经济学奖的理论中的数学模型，人们关注的并不是模型的数学价值，而是应用价值。当然，在人们构建数学模型和实际应用的过程中，必然会从数学的角度汲取“创造数学的”灵感，从而促进数学自身的发展。

数学的基本思想，即抽象、推理、模型，为数学由现实到数学—数学内部发展—由数学到现实提供了思维功能，理性地把握这些功能对数学的教学是有益处的。虽然现代数学的特征是符号化、形式化和公理化，但其本质是为了更好地描述数学的成果。正如阿蒂亚(M.F.Atiyah，1929—2019)所说：严格数学论证的作用在于使得本来是主观的、极度依赖个人直觉的事物，变得具有客观性并能够加以传递。因此，为了更好地让学生理解数学，为了让学生建立数学的直观，在数学的教学过程中还需要反其道而行之：针对对象的符号化要讲物理背景，针对证明的形式化要讲直观，针对逻辑的公理化要讲归纳。

第六节　数学简史

数学的发展历史悠久。一般认为数学作为独立的有理论的学科出现于公元前600年至公元前300年，欧几里得的《几何原本》(约公元前300年)是一个光辉的典范。它采用公理化体系系统整理了古希腊人的数学成就，其体系、数学理论的表述方式和书中体现的思维方式对数学乃至科学的发展影响深远。数学教师不仅需要拥有丰富的数学知识(是什么)，还需要拥有数学教学所特有的知识和技能，如概念产生和发展的过程、定理的推导或证明方法等(为什么)。这类知识往往源于数学史，比如，古希腊哲学家泰勒斯(Thalēs，约前624—约前547)通过拼图发现三角形内角和定理，以及圆周率的发现、三角形面积公式的证明等。再者，数学的历史是一面镜子，前人在数学概念理解过程中所遇到的困难和障碍，往往也是数学课堂上学生会遇到的困难和障碍。从数学理解的意义上说，了解历史，也就了解了学生。并且，数学史中富含取之不尽、用之不竭的教学素材和思想养料，是数学教师的重要教学资源。因而，数学史是小学数学教师专业发展不可或缺的一部分，能使数学课堂洋溢数学文化的芬芳，体现数学背后的人文精神和历史厚度①。正如大数学家庞加莱(H.Poincaré，1854—1912)所说：若想预见数学的将来，正确的方法是研究它的历史和现状。法国人类学家施特劳斯(C.Levi-Strauss，1908—2009)说：如果他不知道他来自何处，那就没有人知道他去向何方。因而，我们需要知道，我们现在何处，我们是如何到达这里的，我们将去何方。数学史将告诉我们来自何处。

1. 数学发展的四个时期

数学的发展史大致可以分为四个基本上本质不同的阶段。

(1) 第一个时期——数学形成时期

在这一时期，人类经过漫长的时间，才建立了最基本的数学概念——数和直线，这是人类认识自然的一个飞跃。刚开始，人们对数的观念是与具体的物品联系在一起的，如一棵树、一块石头、两个人、两条鱼等。随着时光流

① 汪晓勤.数学史与小学数学教师专业发展[J].云南教育(小学教师)，2017(Z1)：13.

逝，人们逐渐领悟到一棵树、一块石头等具体物体具有共同的数字属性，数的抽象概念形成了。同样，人们对线的观念是和树、树枝、绳子、物体的边沿等具体的线的形状联系在一起的。之后人们逐渐意识到，直的树、拉紧的绳子、某些物体的笔直的边沿等具体物体具有共同的形状属性，直线的抽象概念就形成了。所以，数学的抽象性不是空洞的，而是通过长期的实践，概括了某些普遍的性质，从而具有广泛的应用性。理论应用广泛的可能性取决于其中所概括的原始材料的广泛性。然而，抽象自有它的局限性：应用到具体对象时仅反映了对象的一方面；不能无限制地到处应用抽象概念。例如，一只羊和一头狼加在一起、一升水和一把泥土混在一起都不是算术一加一应用的地方。真理是具体的，数学是抽象的。抽象应用到具体常常是一种艺术和技术。

数学的产生和发展是实际生活推动的。人类从数数开始逐渐建立了自然数的概念、简单的计算法，并认识了最简单的几何形式，逐步形成了理论与证明之间的逻辑关系的“纯粹”数学。算术和几何最早都是在古巴比伦和古埃及发展起来的。由于税收、丈量土地、贸易、建筑、天文等的实际需要，产生了算术。几何就是通过经验总结出来的一些公式，例如，求三角形、长方形、梯形、圆等的面积公式，长方体、球等的体积公式。古埃及人用来计算圆面积的公式 $A=(8d/9)^2$（其中 d 是直径）在当时是惊人的。几何问题在计算上也是算术问题。算术与几何还没有分开，彼此紧密地交错着。古巴比伦人和古埃及人那时应该未意识到他们的算法和规则需要根据，或能够通过演绎从一些结论推出另一些结论。他们所得到的公式或法则都是互相没有联系的，从而不成系统。古希腊人去古埃及和古巴比伦做贸易、游历，学习数学和科学。古埃及人和古巴比伦人的算术与几何就这样大约在公元前 7 世纪传到古希腊。随后进入数学发展的第二个时期，这是一个群星闪耀的时期。

(2) 第二个时期——初等数学(常数数学)时期

这个时期的基本的、最简单的成果构成现在中小学数学的主要内容。这个时期从公元前 5 世纪开始，也许更早一些，直到 17 世纪，大约持续了两千年。在这个时期逐渐形成了初等数学的主要分支：算术、几何、代数、三角。

按照历史条件不同，可以把初等数学史分为三个不同时期：希腊时期、东方时期和欧洲文艺复兴时期。

希腊时期正好与希腊文化普遍繁荣的时代一致。到公元前 3 世纪，在最伟大的古代几何学家欧几里得、阿基米德、阿波罗尼奥斯(Apollonius，约前 262—约前 190)的时代达到了顶峰，而终止于公元 6 世纪。当时最光辉的著作是欧几里得的《几何原本》。古希腊人对数学的最重大的思想贡献包括：数学研究抽象概念，一切数学结果必须根据事先明确规定的公理用演绎法推出。

希腊人不仅发展了初等几何，并把它导向完整的体系，而且得到许多非常重要的结果。例如，他们研究了圆锥曲线：椭圆、双曲线、抛物线；证明了某些属于射影几何的定理，以天文学的需要为指南建立了球面几何，以及三角学的原理，并计算出最初的正弦表，确定了许多复杂图形的面积和体积。

在算术与代数方面，希腊人也做了不少工作。他们奠定了数论的基础，并研究丢番图方程，发现了无理数，找到了求平方根、立方根的方法，知道算术级数与几何级数的性质。

在几何方面，希腊人已接近"高等数学"。阿基米德在计算面积与体积时已接近积分运算，阿波罗尼奥斯关于圆锥曲线的研究接近于解析几何。

应该指出，当时我国的算术和代数已达到很高的水平。在公元前 2 世纪到 1 世纪已有了三元一次联立方程组的解法。同时在历史上第一次利用负数，并且叙述了对负数进行运算的规则，也找到了求平方根与立方根的方法。

随着希腊科学的终结，在欧洲出现了科学萧条，数学发展的中心移到了印度、中亚和阿拉伯国家。在这些地方从 5 世纪到 15 世纪的一千年中间，数学主要由于计算的需要，特别是由于天文学的需要而得到发展。印度人发明了现代记数法，引进了负数，并把正数与负数的对立和财产与债务的对立及直线上两个方向的对立联系了起来。他们开始像运用有理数一样运用无理数，给出了表示各种代数运算(包括求根运算)的各种符号。由于他们没有对无理数与有理数的区别感到困惑，从而为代数打开了真正的发展道路。

"代数"这个词本身起源于 9 世纪的数学家和天文学家花剌子米(al-Khwārizmi，约 780—约 850)。花剌子米的著作基本上建立了解方程的方法。从这时起，求方程的解作为代数的基本特征被长期保持了下来。他的代数著作在数学史上起了重大作用，这部作品后来被翻译成拉丁语，曾长期作为欧洲主要的教科书。

中亚的数学家们找到了求根和一系列方程的近似解的方法，找到了"牛顿二项式定理"的普遍公式，他们有力地推进了三角学，把它建成一个系统，并造出非常准确的正弦表。这时中国科学的成就开始传入邻国。约在公元 6 世纪，我国已经会解简单的不定方程，知道几何中的近似计算及三次方程的近似解法。

到 16 世纪，所缺少的主要是对数及虚数，而且还缺乏字母符号系统。正像在远古时代，为了运用整数，应该制定表示它们的符号一样，现在为了运用任意数并对它们给出一般运算规则，就应该制定类似的符号。这个任务从希腊时期就开始，直到17世纪才完成，在笛卡儿（R.Descartes，1596—1650）和其他人的工作中最后形成了现代符号系统。

在科学复兴时期，欧洲人向阿拉伯人学习，并且根据阿拉伯文的翻译熟识了希腊科学。从阿拉伯沿袭过来的印度记数法逐渐在欧洲确定了下来。

到了16世纪，欧洲科学终于越过了先人的成就。例如，意大利人塔尔塔利亚（N.Tartaglia，1500—1557）和费拉里（L.Ferrari，1522—1565）在一般形式上先解了三次方程，然后解了四次方程。在这个时期第一次开始运用虚数。现代的代数符号也制造出来了，其中不仅出现了表示未知数的字母符号，也出现了表示已知数的字母符号，这是韦达（F.Viète，1540—1603）在1591年作出的。英国的纳皮尔（J.Napier，1550—1617）发明了供天文学做参考的对数，并在1614年发表。布里格斯（H.Briggs，1561—1630）算出第一批十进对数表是在1624年。当时在欧洲也出现了“组合论”和“牛顿二项式定理”的普遍公式；初等代数的建立是完成了，以后则是向高等数学，即变量数学的过渡。但是初等数学仍在发展，仍有很多新结果出现。

(3) 第三个时期——变量数学时期

到16世纪，封建制度开始消亡，资本主义开始发展并兴盛起来。在这一时期中，家庭手工业、手工业作坊逐渐地改革为工场手工业生产，并进而转化为以使用机器为主的大工业。因此，对数学提出了新的要求。这时，对运动的研究变成了自然科学的中心问题。实践的需要和各门科学本身的发展使自然科学转向对运动的研究，对各种变化过程和各种变化着的量之间的依赖关系的研究。

作为变化着的量的一般性质和它们之间依赖关系的反映，在数学中产生了变量和函数的概念。数学对象的这种根本扩展决定了数学向新的阶段，即向变量数学时期的过渡。

数学中专门研究函数的领域叫作数学分析，或者叫作无穷小分析。无穷小分析这一名词的来源是，无穷小量概念是研究函数的重要工具。所以，从17世纪开始的数学新时期——变量数学时期可以定义为数学分析出现与发展的时期。

变量数学建立的第一个决定性步骤出现在1637年笛卡儿的著作《几何学》。这本书奠定了解析几何的基础，它一出现，变量就进入了数学，从而运动进入了数学。恩格斯指出：数学中的转折点是笛卡儿的变数。有了变数，运动进入了数学；有了变数，辩证法进入了数学。在这个转折以前，数学中占统治地位的是常量，而这之后，数学转向研究变量了。

在《几何学》里，笛卡儿给出了字母符号的代数和解析几何原理，这就是引进坐标系和利用坐标方法把具有两个未知数的任意代数方程看成平面上的一条曲线。解析几何给出了回答如下问题的可能：

① 通过计算来解决作图问题；

② 求由某种几何性质给定的曲线方程；

③ 利用代数方法证明新的几何定理；

④ 反过来，从几何方面研究代数方程。

因此，解析几何是这样一个数学领域，即在采用坐标法的同时，用代数方法研究几何对象。在笛卡儿之前，从古代起在数学中起优势作用的是几何学。笛卡儿把数学引向另一途径，这就使代数获得更重大的意义。

变量数学发展的第二个决定性步骤是牛顿和莱布尼茨在 17 世纪后半叶建立了微积分。事实上牛顿和莱布尼茨只是把许多数学家都参加过的巨大准备工作完成了，微积分的原理却要溯源于古代希腊人所创造的求面积和体积的方法。

微积分的起源主要来自三个方面的问题：一是力学的一些新问题，已知路程对时间的关系求速度，及已知速度对时间的关系求路程；二是几何学的一些相当古老的问题，作曲线的切线和确定面积、体积等问题；三是函数的极值问题。这些问题在古代就研究过，在 17 世纪初期开普勒、卡瓦列里和许多其他数学家也研究过，但是这些问题之间的显著关系的发现，解决这些问题的一般方法的形成，要归功于牛顿和莱布尼茨，微积分的发现在科学史上具有决定性的意义。

除了变量与函数概念以外，以后形成的极限概念也是微积分及进一步发展的整个数学分析的基础。

同微积分一道，还产生了分析的另外部分：级数理论、微分方程论、微分几何。所有这些理论都是因为力学、物理学和技术问题的需要而产生并向前发展的。

微分方程论是研究这样一种方程，方程中的未知项不是数，而是函数。微分几何是关于曲线和曲面的一般理论。在 19 世纪还产生了另一个重要分支，即复变函数论，它使分析的内容更加充实。复变函数是将实数分析的方法推广到复数域中去了。

分析蓬勃地发展着，它不仅成为数学的中心和主要部分，而且还渗入数学较古老的范围，如代数、几何与数论。通过分析，以及变量、函数和极限等概念，运动、变化等思想，使得辩证法渗入了全部数学。同样地，基本上通过分析，数学才在自然科学和技术的发展中成为精确地表述规律和解决问题的得力工具。

在希腊人那里，数学基本上就是几何；在牛顿以后，数学基本上就是分析了。当然，分析不能包括数学全部，在几何、代数和数论中都保留着它们特有的问题和方法。比如，在17世纪，与解析几何同时还产生了射影几何，纯粹几何方法在射影几何中占统治地位。

这时，还产生了另一个重要的数学领域——概率论。它研究大量"随机"现象的规律问题，给出了研究出现于偶然性中的必然性的数学方法。

在希腊几何的历史上，欧几里得所做的严格和系统的叙述结束了以前发展的漫长道路。和这种情况相似，随着分析的发展必然引出更好地论证理论、使理论系统化、批判地审查理论的基础等这样一些任务，而这些任务是19世纪中叶到来的。这项重要而困难的工作由于许多杰出学者的努力而胜利完成了，特别是获得了实数、变量、函数极限、连续等根本概念的严格定义。

理论原则的建立是其发展的总结，但不是它的终结，相反地，正是新理论的起点。分析的情形也是这样，由于它的基础的准确化产生了新的数学理论，这就是19世纪70年代德国数学家康托尔(G.Cantor，1845—1918)所建立的集合论。在此基础上又产生了分析的一个新分支——实变函数论。同时集合论的一般思想渗入数学的所有分支。这种"集合论观点"与数学发展的新阶段不可分割地联系在一起。

(4) 第四个时期——现代数学时期

数学发展的第一时期与第二时期所获得的主要成果，即初等数学中的主要成果已经成为中小学教育的内容。第三个时期的基本结果，如解析几何(已部分地放入中学)、微分法、微分方程、高等代数、概率论等已成为高等学校理工科教育的主要内容。这个时期的数学的基本思想和结论已广泛地为大众所知，几乎所有的工程师和自然科学工作者都或多或少地运用着这些结论。近几十年来，数学应用的状况发生着深刻的变化，这些成果逐渐渗透到社会科学研究的各个领域。

19世纪上半叶，罗巴切夫斯基和鲍耶建立了新的非欧几何学，它的思想是别开生面的和出乎意外的。正是从这个时候起，开始了几何学的原则上的新发展，改变了几何学是什么的本来理解。它的研究对象与使用范围迅速扩大。1854年著名的德国数学家黎曼继罗巴切夫斯基之后在这个方向上完成了最重要的步骤。他提出了几何学家能够研究的"空间"的种类有无限多的一般思想，并指出这种空间的可能的现实意义。如果说，以前几何学只研究物质世界的空间形式，那么现在，现实世界的某些其他形式，由于它们与空间形式类似，也成了几何学的研究对象，也可采用几何学的各种方法进行研究。因此，“空间”这一术语在数学中获得了新的更广泛的，也是更专门的意义，同时几何学方法本身也大大地丰富和多样化了。欧几里得几何也发生了很大的变化，现在可研究复杂得多的图形，乃至任意点集的性质。在这些研究的基础上，产生了各种新而又新的“空间”和它们的“几何”——罗巴切夫斯基空间，射影空间，各种不同维数的欧氏空间、黎曼空间、拓扑空间等，所有这些概念都找到了自己的应用方向。

在19世纪，代数也出现了质的变化。以往的代数是关于数字的算术运算的学说。这种算术运算是脱离了给定的具体数字，向一般形态上形式地加以考察的。也就是说，在代数中，凡量都以字母来表示，按照一定的法则对这些字母进行运算。现代代数在保持这种基础的同时，又把它大大地推广了。现代代数中还考察比数具有更普遍得多的性质的“量”，并且研究对这些量的运算。这些运算在某种程度上按其形式的性质来说与加、减、乘、除等普通算术运算是类似的。向量是最简单的例子，我们知道，向量按照平行四边形法则相加。在现代代数中进行的推广达到这样的程度，以致“量”这个术语本身也常常失去意义，而一般的是讨论“对象”，并对这种“对象”进行与普通代数运算相似的运算。例如，两个相继进行的运动相当于某一个总的运动，一个公式的两种代数变换相当于一个总的变换等。与此相应就可讨论运动与变换所特有的“加法”。现代代数就是在一般抽象形式上研究所有这种类似的运算。

现代代数理论是19世纪前半叶从许多数学家的研究中形成的，其中尤以法国数学家伽罗瓦（E.Galois，1811—1832）的工作著名。现代代数的概念、方法和结果在分析、几何、物理及结晶学中都有重大应用。群论与线性代数是现代代数中内容丰富的两个分支，并在自己的发展中得到广阔的应用。

分析也发生了深刻的变化。首先，它的基础得到了精确化，特别是得到了它的基本概念，即函数、极限、导数、积分，最后是变量概念本身的精确和普遍定义，实数的严格定义也给出了。这些工作是由一批杰出的数学家完成的，其中有捷克数学家波尔察诺（B.Bolzano，1781—1848），法国数学家柯西（A.L.Cauchy，1789—1857），德国数学家魏尔斯特拉斯（K.Weierstrass，1815—1897）、戴德金（R.Dedekind，1831—1916）等。我们还必须提到德国数学家康托尔的集合论。它促进了数学的其他许多新分支的发展，对数学发展的一般进程产生了深刻的影响。

在分析中发展出一系列新的分支，如实变函数论、函数逼近论、微分方程定性理论、积分方程论、泛函分析等。在分析和数学物理发展的基础上，同几何与代数新思想相结合产生的泛函分析在现代数学中起着特殊且重要的作用。

集合论还导致了数学领域的另一分支——数理逻辑的发展。一方面，数理逻辑溯源于数学的起源和基础；另一方面，它又和计算技术的最新课题紧密相连。数理逻辑得到了许多深刻的结果，这些结果从一般认识论的观点来看也十分重要。

时间推动着数学不断发展，数学的现代发展不仅表现在现代数学的新领域和高层次中，而且还表现在数学向一切学科与社会部门的渗透和应用。现代数学正在向复杂性进军，研究的对象越来越复杂。其发展新趋向主要表现在以下几个方面：

① 从单变量到多变量，从低维到高维；

② 从线性到非线性；

③ 从局部到整体，从简单到复杂；

④ 从连续到间断，从稳定到分岔；

⑤ 从精确到模糊；

⑥ 计算机的使用。

2. 数学史上的三次危机

从哲学上来看，矛盾是无处不在的，即便以确定无疑著称的数学也不例外。数学中有大大小小的许多矛盾，如正与负、加与减、微分与积分、有理数与无理数、实数与虚数等。在整个数学发展过程中，还有许多深刻的矛盾，如有穷与无穷、连续与离散、存在与构造、逻辑与直观、具体对象与抽象对象、概念与计算等。当矛盾激化到涉及整个数学的基础时，就会产生数学危机。在西方的数学史上有过三次大的数学危机，这些危机就是由矛盾引起的，每次危机的出现和化解，都为数学发展带来了新的前进动力。

(1) 无理数的发现——第一次数学危机

从某种意义上来讲，作为演绎系统的纯粹数学，来源于古希腊毕达哥拉斯学派。它是一个唯心主义学派，兴旺的时期为公元前500年左右。他们认为，“万物皆数”(指整数)，数学的知识是可靠的、准确的，而且可以应用于现实的世界，数学的知识由于纯粹的思维而获得，不需要观察、直觉和日常经验。

整数是在对对象的有限整合进行计算的过程中产生的抽象概念。日常生活中，不仅要计算数，还要度量各种量，如长度、重量和时间。为了满足这些简单的度量需要，就要用到分数。于是，如果定义有理数为两个整数的商，那么有理数系包括所有的整数和分数，对于进行实际量度是足够的。

如前所述，有理数有一种简单的几何解释，每一个有理数都对应着直线上的一个点。古代数学家认为，这样能把直线上所有的点用完。然而，大约在公元前 400 年，毕达哥拉斯的门徒希伯斯（Hippasus，约前 500—?）发现边长为 1 的正方形对角线的长度不能用分数来表示，触犯了毕氏学派的信念，产生了第一次数学危机。于是，必须发明新的数对应这样的点，并且因为这些数不可能是有理数，所以只能称它们为无理数。希伯斯发现的这个对角线长度后来用$\sqrt{2}$表示，这就是一个无理数。无理数的发现，是毕氏学派的最伟大成就之一，也是数学史上的重要里程碑。

诱发第一次数学危机的一个间接因素是之后“芝诺悖论”的出现，它更增加了数学家们的担忧：数学作为一门精确的科学是否还有可能？宇宙的和谐性是否还存在？

最后，到了公元前 370 年，这场危机被毕氏学派的欧多克斯（Eudoxus，前 408—前 355）通过在几何学中引进不可通约量概念而得到解决。第一次数学危机对古希腊的数学观点有极大冲击。这表明，几何学的某些真理与算术无关，几何量不能完全由整数及其比来表示，反之数却可以由几何量表示出来，整数的权威地位开始动摇，于是，几何学开始在希腊数学中占有特殊地位。同时，这也反映出，直觉和经验不一定靠得住，而推理证明才是可靠的，从此希腊人开始从“自明的”公理出发，经过演绎推理，并由此建立了几何公理体系。这是数学思想上的一次巨大革命，是第一次数学危机的产物。

第一次数学危机表明，当时希腊的数学已经发展到这样的阶段：

① 数学已由经验科学变为演绎科学。

② 把证明引入了数学。

③ 演绎的思考首先出现在几何中，而不是在代数中，这使几何具有更加重要的地位。这种状态一直保持到笛卡儿解析几何的诞生。

无理数和实数理论的产生，消除了第一次数学危机，使数学向前迈进了一大步。在古代，中国、埃及、巴比伦、印度等国的数学没有经历这样的危机，因而一直停留在实验科学，即算术阶段。希腊则走上了完全不同的道路，形成了欧几里得的《几何原本》与亚里士多德的逻辑体系，为世界数学做出了杰出的贡献。但是，自此以后希腊人把几何看成了全部数学的基础，把数的研究隶属于形的研究，割裂了它们之间的密切关系。这样做的最大不幸是放弃了对无理数本身的研究,使算术和代数的发展受到很大的限制,导致基本理论十分薄弱。这种畸形发展的局面在欧洲持续了两千多年。

(2) 无穷小是零吗?——第二次数学危机

17、18世纪关于微积分发生的激烈的争论,被称为第二次数学危机。从历史或逻辑的观点来看,它的发生也带有必然性。

这次危机的萌芽出现在大约公元前450年,古希腊哲学家、数学家芝诺(Zeno,约前490—约前430)注意到由对无限性的理解问题而产生的矛盾,提出了关于时空的有限与无限的四个悖论。

① "两分法":向着一个目的地运动的物体,首先必须经过路程的中点,然而要经过这点,又必须先经过路程的1/4点……如此类推以至无穷。有如下结论:无穷是不可穷尽的过程,运动是不可能的。

② "阿基里斯(《荷马史诗》中善跑的英雄)追不上乌龟":阿基里斯总是首先必须到达乌龟的出发点,因而乌龟必定总是跑在前头。这个论点同两分法悖论一样,所不同的是不必把所需通过的路程一再平分。

③ "飞矢不动":箭在运动过程中的任一瞬时间必在一确定位置上,因而是静止的,所以箭就不能处于运动状态。

④ "操场或游行队伍":A,B两个物体以等速向相反方向运动。从静止的C来看,比如说A,B都在1小时内移动了2公里,可是从A看来,B在1小时内就移动了4公里。运动是矛盾的,所以运动是不可能的。

芝诺揭示的矛盾是深刻而复杂的。前两个悖论诘难了关于时间和空间无限可分,因而运动是连续的观点;后两个悖论诘难了时间和空间不能无限可分,因而运动是间断的观点。芝诺悖论的提出可能有更深刻的背景,不一定是专门针对数学的,但是它们在数学王国中却掀起了一场轩然大波。这说明了希腊人已经看到"无穷小"与"很小很小"的矛盾,但他们无法解决这些矛盾。其后果是,希腊几何证明中从此就排除了无穷小。

经过许多人多年的努力,终于在17世纪晚期,形成了无穷小演算——微积分这门学科。牛顿和莱布尼茨被公认为微积分的奠基者,他们的功绩主要在于:把各种有关问题的解法统一成微分法和积分法;有明确的计算步骤;微分法和积分法互为逆运算。由于运算的完整性和应用的广泛性,微积分成为当时解决问题的重要工具。同时,关于微积分基础的问题也越来越严重。对无穷小量,有时认为是零,有时又不是零,是很小的量。牛顿对它曾做过三种不同解释,但是,他始终无法解决上述矛盾。莱布尼茨曾试图用和无穷小量成比例的有限量的差分来代替无穷小量,但是他也没有找到从有限量过渡到无穷小量的桥梁。

1734 年，英国哲学家、大主教贝克莱(G.Berkeley，1685—1753)发表《分析学家或者向一个不信正教数学家的进言》，矛头指向微积分的基础——无穷小的问题，提出了所谓贝克莱悖论。他指出："牛顿在求 x^n 的导数时，采取了先给 x 以增量 0，应用二项式 $(x+0)^n$，从中减去 x^n 以求得增量，并除以 0 以求出 x^n 的增量与 x 的增量之比，然后又让 0 消逝，这样得出增量的最终比。这里牛顿做了违反矛盾律的手续——先设 x 有增量，又令增量为零，也即假设 x 没有增量。"他认为无穷小 $\mathrm{d}x$ 既等于零又不等于零，招之即来，挥之即去，"$\mathrm{d}x$ 为逝去量的灵魂"，这是荒谬的。关键问题就是无穷小量究竟是不是零？无穷小及其分析是否合理？由此而引起了数学界甚至哲学界长达一个半世纪的争论，造成了第二次数学危机。

18 世纪的数学思想的确是不严密的、直观的，强调形式的计算而不管基础的可靠。其中比较突出的是：没有清楚的无穷小概念，从而导数、微分、积分等概念不清楚；无穷大概念不清楚；发散级数求和的任意性等；符号的不严格使用；不考虑连续性就进行微分；不考虑导数及积分的存在性及函数可否展成幂级数；等等。

直到 19 世纪 20 年代，一些数学家才比较关注微积分的严格基础。从波尔察诺、阿贝尔(N.H.Abel，1802—1829)、柯西、狄利克雷(L.Pirichlet，1805—1859)等人的工作开始，到魏尔斯特拉斯、戴德金和康托尔的工作结束，中间经历了半个多世纪，基本上解决了矛盾，为数学分析奠定了一个严格的基础。

19 世纪 70 年代初，魏尔斯特拉斯、戴德金、康托尔等人独立地建立了实数理论，而且在实数理论的基础上，建立起极限论的基本定理，使微积分的发展进入了新的阶段，第二次数学危机终于得以消除。

(3) 悖论的产生——第三次数学危机

19 世纪下半叶，康托尔创立了集合论这一最基础的数学学科。在 1900 年国际数学家大会上，庞加莱宣称"现在数学已经达到了绝对的严格"。然而，事隔两年，英国数学家罗素发现了集合论概念本身的矛盾，提出了著名的悖论，其通俗的版本便是"理发师悖论"。这个悖论是罗素于 1919 年给出的，它讲的是某村理发师的困境。理发师宣布了这样一条原则：他只给不自己刮胡子的人刮胡子。当人们试图回答下列疑问时，就认识到了这种情况的悖论性质：理发师是否可以给自己刮胡子？如果他给自己刮胡子，那么他就不符合他的原则；如果他不给自己刮胡子，那么他按原则就该给自己刮胡子。还有大家熟悉的"说谎者悖论"，其大体内容如下。一个克里特人说："所有克里特人说的每一句话都是谎话。”试问这句话是真还是假？从数学上来说，这就是罗素悖论的一个具体例子。

罗素悖论使整个数学大厦动摇了，引发了第三次数学危机。无怪乎弗雷格（G.Frege，1848—1925）在收到罗素的信之后，在他刚要出版的《算术的基本法则》第 2 卷本末尾写道：“一位科学家不会碰到比这更难堪的事情了，即在工作完成之时，它的基础垮掉了。当本书等待付印的时候，罗素先生的一封信把我就置于这种境地。”戴德金原来打算把《连续性及无理数》第 3 版付印，这时也把稿件抽了回来。发现拓扑学中“不动点原理”的布劳威尔（L.Brouwer，1881—1966）也认为自己过去做的工作都是“废话”，声称要放弃不动点原理。

集合论中悖论的存在，明确地表示某些地方出了问题。自从发现它们之后，人们发表了大量关于这个课题的文章，并且为解决这些问题做过大量的尝试。就数学而论，看来有一条容易的出路：人们只要把集合论建立在公理化的基础上，加以充分限制以排除所知道的矛盾。

解决集合论的悖论的其他尝试，是从逻辑上去找问题的症结，这带来了逻辑基础的全面研究。从 1900 年到 1930 年，数学的危机使许多数学家卷入一场大辩论当中。他们看到这次危机涉及数学的根本，因此必须对数学的哲学基础加以严密的考察。在这场大辩论中，原来不明显的意见分歧扩展成为学派的争论。以罗素为代表的逻辑主义、以布劳威尔为代表的直觉主义、以希尔伯特（D.Hilbert，1862—1943）为代表的形式主义三大数学哲学学派应运而生。它们都是唯心主义学派，它们都提出了各自的处理一般集合论中的悖论的办法。各学派在争论中尽管言语尖刻，好像势不两立，其实各自的观点都吸收了对方的看法而又有很多变化。

1931 年，哥德尔不完全性定理的证明暴露了各派的弱点，哲学的争论黯淡了下来。第三次数学危机表面上解决了，实质上是以其他形式更深刻地延续着。

数学中的矛盾既然是固有的，它的激烈冲突——危机就不可避免。危机的解决给数学带来了许多新认识、新内容，有时也带来了革命性的变化。把 20 世纪的数学同以前全部数学相比，内容要丰富得多，认识要深入得多。在集合论的基础上，诞生了抽象代数学、拓扑学、泛函分析与测度论，数理逻辑也成为数学有机体的一部分。古代的代数几何、微分几何、复分析现在已经推广到高维。代数数论的面貌也多次改变，变得越来越优美、完整。一系列经典问题完满地得到解决，同时又产生更多的新问题。特别是第二次世界大战之后，新成果层出不穷，从未间断。数学呈现无比兴旺发达的景象，而这正是人们化解数学中的矛盾、危机的产物。了解这些历史，能让我们更清晰地认识到东西方数学发展的差别，能让我们沿着发展的脉络展望未来。

3. 著名数学家

数学史上知名的数学家不胜枚举，有些数学家因为解决了著名的数学难题而声名鹊起；有些数学家因为经典的著作而影响深远；有些数学家学术成果丰硕，并培养了优秀数学家；还有一些数学家因为新思潮、新思想，带动了数学的变革等。作为小学数学教师，我们需要了解一些与小学数学学习相关的数学家及其重要发现，也要了解一些著名的数学家的事迹与著作，为激发学生数学学习兴趣、拓宽学生数学学习域提供更为丰富的养分。

毕达哥拉斯，古希腊哲学家、数学家、天文学家，出生于萨摩斯，泰勒斯的学生，曾游学埃及，最后定居于意大利南部的克罗顿。他在克罗顿建立了一个政治、宗教、数学合一的秘密团体——毕达哥拉斯学派，这个学派很重视数学，意图用数学来解释一切。毕达哥拉斯本人以发现勾股定理(西方称毕达哥拉斯定理)而著名，这一定理早已为巴比伦人和中国人所知，不过最早的证明归功于毕达哥拉斯学派。在《几何原本》中记载了勾股定理的证明。毕达哥拉斯还是音乐理论的鼻祖，他阐明了单弦的乐音与弦长的关系。在天文方面，首创地圆说。毕达哥拉斯的思想和学说对希腊文化有巨大影响。

欧几里得，古希腊最享有盛名的数学家，以其所著的《几何原本》(即《原本》)闻名于世。他将公元前 7 世纪以来希腊几何积累起来的丰富成果整理成一个严密的逻辑系统，使几何学成为一门独立的、演绎的科学。除了《原本》之外，他还有不少著作，可惜大多失传。《已知数》是除《原本》之外唯一保存下来的著作，体例和《原本》前 6 卷相近，包括 94 个命题。

阿基米德，古希腊数学家、物理学家、发明家，从实验观测推导数学定律的先驱之一。阿基米德是整个历史上最伟大的数学家之一，后人对阿基米德给以极高的评价，常把他和牛顿、高斯并列为有史以来三位贡献最大的数学家。

牛顿，英国最重要的科学家，在数学、力学、物理学、天文学、化学、自然哲学等方面都有重要贡献。牛顿的主要贡献是发明了微积分，发现了万有引力定律和创立了经典力学，设计并实际制造了第一架反射式望远镜等，他被誉为人类历史上最伟大、最有影响力的科学家之一。

刘徽，生于公元 250 年左右，魏国人，是中国古代杰出的数学家，也是中国古典数学理论的奠基者之一。其生卒年月、生平事迹，史书上很少记载。据有限史料推测，他是魏晋时期山东邹平人，终生未做官。刘徽的数学著作流传后世的很少，所留之作均为久经辗转传抄。他的主要著作有《九章算术注》10卷(第10卷《重差》，为自撰自注，至唐代易名为《海岛算经》)、《九章重差图》1卷(已佚)。

赵爽，字君卿，中国数学家，东汉末至三国时期人，生平不详，约生活于公元3世纪初。他对勾股定理进行了一般化的描述，“勾、股各自乘，并之为弦实，开方除之即弦”。

祖冲之(429—500)，南北朝时期的历法学家、数学家。他在圆周率的计算、球体积公式、带从开方等方面继承了刘徽的传统并有所突破。他以算筹为演算工具，得出圆周率在3.141 592 6和3.141 592 7之间。此外，他还给出密率为$\frac{335}{113}$，约率为$\frac{22}{7}$。

华罗庚(1910—1985)，中国现代数学家。1910年11月12日生于江苏金坛，1985年6月12日在日本东京逝世。1924年初中毕业后，在上海中华职业学校学习不到一年，因家贫辍学，刻苦自修数学。1930年在《科学》上发表了关于代数方程式解法的文章，受到熊庆来的重视，被邀到清华大学工作，在杨武之指引下，开始数论的研究。华罗庚是在国际上享有盛誉的数学家，被选为美国科学院国外院士，第三世界科学院院士，联邦德国巴伐利亚科学院院士。在解析数论、矩阵几何学、典型群、自守函数论、多复变函数论、偏微分方程、高维数值积分等数学领域中都做出了卓越贡献。他共发表专著与学术论文近300篇(部)，还亲自去27个省市普及应用数学方法长达20年之久，为经济建设做出了重大贡献。

陈景润(1933—1996)，中国科学院院士，中国现代数学家，1933年5月22日生于福建福州，世界著名解析数论学家之一。

数学家犹如布满“数学星空”的璀璨星群，他们的贡献、成就和影响主要包括两个方面：一方面是数学家对数学本身发展的贡献、成就和影响。比如，陈景润先生解决哥德巴赫猜想的贡献和成就，在数学研究方面产生了重要影响。另一方面是对科技发展乃至社会生活方面的影响。比如，祖冲之不仅研究和改进了圆周率的精确度，还制定了《大明历》。华罗庚先生发现的“优选法”和“统筹法”，在科学研究和日常生活中应用广泛。更重要的是，数学家们刻苦学习、坚韧不拔、精益求精、追求真理的探究精神，是促进学生形成必备品格的源泉和动力。在教学过程中介绍优秀数学家的生平、传记和事迹，以及从事科学研究的辛勤劳动和钻研创造精神，追求知识、追求真理，为祖国、为人类服务的信念，有助于培养学生爱科学、爱探索的学习品质，锻炼学生坚强的意志和性格，也有助于培养学生对数学的热爱和兴趣。张奠宙先生指出："对于中国数学家，不能仅限于介绍祖冲之、刘徽等少数古代数学家，也要介绍在落后情况下努力赶超的近现代数学家。在教学中，不能只是简单地介绍他们的成果，更要介绍他们所处的社会背景，弘扬他们坚韧不拔的创新精神。"再者，数学家的思维过程具有独创性和新颖性，能够引导学生学会数学的思维。著名数学家徐利治教授认为："数学教学中的解题训练就是数学发现的演习。学生解题活动中的探索性思维与数学家从事研究活动的探索性思维，本质上是相通的。正因为这样，有关数学家创造性思维活动过程的历史记录，就成为培养学生数学思维能力的好教材。"

【导读书目】

[1] 柯朗，罗宾.什么是数学[M].左平，张饴慈，译.4版.上海：复旦大学出版社，2017.

[2] 彭刚.职前教师数学观发展研究：数学史的视角[D].上海：华东师范大学，2017.

[3] 中华人民共和国教育部.义务教育数学课程标准[S].2011年版.北京：北京师范大学出版社，2012.

[4] 波利亚.怎样解题：数学思维的新方法[M].涂泓，冯承天，译.上海：上海科技教育出版社，2007.

[5] 波利亚.数学与猜想：数学中的归纳和类比[M].李心灿，王日爽，李志尧，译.北京：科学出版社，2001.

[6] 波利亚.数学与猜想：合情推理模式[M].李志尧，王日爽，李心灿，译.北京：科学出版社，2015.

[7] 克莱因.古今数学思想[M].张理京，张锦炎，江泽涵，等译.上海：上海科学技术出版社，2014.

[8] 解延年，尹斌庸.数学家传[M].长沙：湖南教育出版社，1987.

[9] 米山国藏.数学的精神・思想和方法[M].毛正中，吴素华，译.成都：四川教育出版社，1986.

[10] 史宁中.数学思想概论：数量与数量关系的抽象[M].长春：东北师范大学出版社，2008.

[11] 史宁中.数学思想概论：图形与图形关系的抽象[M].长春：东北师范大学出版社，2009.

[12] 史宁中.数学思想概论:数学中的演绎推理[M].长春:东北师范大学出版社,2009.

[13] 史宁中.数学思想概论:数学中的归纳推理[M].长春:东北师范大学出版社,2010.

[14] 史宁中.数学思想概论:自然界中的数学模型[M].长春:东北师范大学出版社,2012.

[15] 李文林.数学史概论[M].2版.北京:高等教育出版社,2002.

[16] 史宁中.基本概念与运算法则:小学数学教学中的核心问题[M].北京:高等教育出版社,2013.

[17] 吴正宪,刘劲苓,刘克臣.小学数学教学基本概念解读[M].北京:教育科学出版社,2014.

[18] 伍鸿熙.数学家讲解小学数学[M].赵洁,林开亮,译.北京:北京大学出版社,2016.

[19] 郑毓信.数学教育哲学[M].成都:四川教育出版社,2001.

[20] 梁衡.数理化通俗演义[M].北京:北京联合出版公司,2015.

第二章

专业修为

——数学教育与数学学习理论

2

假如让我把全部教育心理学仅仅归结为一条原理的话，那么，我将一言以蔽之：影响学习的唯一最重要的因素，就是学习者已经知道了什么。要探明这一点，并应据此进行教学。——奥苏伯尔

教育的首要目标永远是独立思考和判断，而非特定的知识。同时，人的价值应该体现于他能给予什么，而不在于他能获得什么。

——爱因斯坦

与其说让学生学习公理体系，不如说让学生学习公理化；与其说让学生学习形式体系，不如说让学生学习形式化。——弗赖登塔尔

抽象是数学最本质的特性。帮助学生较好地理解与掌握抽象的数学概念与数学理论，是数学教学的一项基本任务。实现这个目标的一个基本手段就是恰当地举例——善于举例。尽管数学教学中时时都在用到各种各样的例子，但例子又有“好”与“坏”，或者说“恰当”与“不恰当”的区分。做出这种区分的一个重要标志是：这些例子是否真正有利于学生很好地去掌握相应的抽象概念。现代数学学习心理学的研究为范例的好坏提供了重要的论据。研究表明，就数学概念的学习而言，我们应对“概念定义”与“概念意象”做出明确的区分，因为，在大多数情况下，数学概念的心理对应物（心理表征）并非相应的形式定义，而是一个由多种成分组成的复合体，其中例子占据了十分重要的地位，它为主体获得适当的心理图像提供了直接的基础。进而，我们不能停留于各个具体的例子，特别是不能停留于学生已有的知识和经验，而应努力帮助学生由具体实例上升到抽象的数学概念。如果采用皮亚杰（J. Piaget，1896—1980）的术语，那么数学学习并非仅仅是一种“同化”，而且也是一个“顺应”的过程，即如何能够超出生活经验并学会数学地思维，特别是数学抽象。只有借助于范例我们才能真正掌握相应的范式。（库恩）因而，在数学教学中，教师应明晰具体与抽象之间存在的重要的辩证关系，依据数学教育原理举出恰当的例子，并通过“非标准变式”的必要补充与“非概念变式”的必要对照，帮助学生建立概念，形成认知。①

例子有好坏之分，问题也有。著名数学家、数学教育家波利亚所提出的解决问题的四个步骤是由问题构成的，比如，“弄清问题”——未知数是什么？已知数据是什么？条件是什么？等等；“拟订计划”——你以前见过它吗？你是否建构相同的问题而形式稍有不同？等等。因而，适当地提出问题事实上是“解题策略”的一个重要组成部分。教师善于提问就能引导学生掌握解题策略，从而发展数学思维，并通过适当的问题引领学生的数学学习不断深入，帮助学生学会学习。

数学不仅具有抽象性，且数学抽象还具有层次性。新的、更高层次的抽象相对于先前的抽象而言代表了认识的深化。这样的“深化”在很多情况下往往也包含了观念的必要更新，即用一种新的不同观点去看待一件熟悉的事物，甚至使用完全不相容的观点去取代原先的认识，这一过程可以看成数学学习中的“思维优化”。思维优化不可能通过简单的示范或纠错得到实现，关键在于我们如何能够在学生头脑中引起必要的观念冲突，使之真正成为学生

---

① 郑毓信.“数学教师的基本功”之一——善于举例[J].人民教育，2008(18)：43.

的一种自觉行为。

于是，数学教师不仅要自己“懂”数学，更应知道如何去教，即能够将自己的“懂”转化为学生的“懂”。[①] 这样的“懂得”和“转化”，建立在对学生、对学习和对数学教育有充分了解的基础之上。因而，只有在较好地掌握了数学教育知识、数学认知知识和数学学习理论等知识之后，数学教师才能“善于举例”“善于提问”“善于优化”。这就是郑毓信教授所说的，数学教师的三项“基本功”。

第一节　数学教育

数学有三种形态：原始形态、学术形态和教育形态。原始形态是指数学家发现数学真理、证明数学命题时所进行的繁复曲折的数学思考，它具有后人仿效的历史价值；学术形态是指数学家在发表论文时采用的形态：形式化、严密地演绎、逻辑地推理，它呈现出简洁的、冰冷的、形式化的美丽，却把原始的、火热的思想淹没在形式化的海洋里；教育形态是指通过教师的努力，启发学生高效率地进行火热的思考，把人类数千年积累的数学知识体系，转变为学生容易接受的知识。

把数学的学术形态转化为教育形态，是所有数学教师的责任。教育形态和原始形态相同的是火热的思考；不同的是，教育形态的思考要有高效率，要使学生容易接受。

从教育思想发展的历史来看，教育与哲学一直紧密相连。17 世纪捷克教育家夸美纽斯(J.A.Comenius，1592—1670)的《大教学论》(1632)一书问世，才标志着教育学从哲学中分化出来，成为一门独立的学科。

古今中外，对教育的本质及其功能说法不一，但概括而言不外乎教育与社会的发展和教育与个人的发展两个方面，这两个方面恰恰反映了教育本位论和个体本位论的不同观点。由此可见，教育就是培养人的一种社会活动，就是个体的社会化过程。

数学教育并非“数学”加“教育”，而有其自身特点。数学教育首先应当正确地体现数学的本质，同时也必须体现教育的目标，并符合教育的规律。数

① 郑毓信.数学深度教学的理论与实践[M].南京：江苏凤凰教育出版社，2020：10.

学教育是“数学”和“教育”两方面的对立统一，这直接决定了数学教育的无限发展性(郑毓信，1995)。数学教育的“专业化”是数学教育现代发展的一个重要特点。

1. 数学教育发展历程

(1) 国外数学教育发展历程

最早提出把数学教育从教育中分离出来，并且作为一门独立的科学加以研究的是瑞士教育家裴斯泰洛齐(J.H.Pestalozzi，1746—1827)。1803年，他在《关于数的直觉理论》一书中，第一次提出了“数学教学法”这一名词。在1908年第四届国际数学家大会上，以克莱因(F.Klein，1849—1925)和贝利(J.Perry，1850—1920)为代表，提出了中学数学课程改革的方向和“应该以教育学和心理学指导数学教学活动”的新主张。同年，成立了国际数学教育委员会，数学教育成为国际性的事务。此后的一个世纪中，国际上经历了三次大的数学课程改革运动。

第一次数学课程改革发生在20世纪初，史称“克莱因-贝利运动”。19世纪末，科学技术飞速发展，数学课程的内容和方法已不能适应当时的科学和生活需要，也不能适应数学自身发展的需要，迫切要求进行改革。为此，英国数学家贝利提出“数学教育应该面向大众”“数学教育必须重视应用”的改革指导思想；德国数学家克莱因认为，数学教育的意义、内容、教材、方法等，必须紧跟时代步伐，结合近代数学和教育学的新进展，不断进行改革。他提出了改革方针：顺应学生心理发展的规律，选取和排列教材；融合数学各分科，密切数学与其他学科的关系；不过分强调数学的形式训练，应当强调实用方面，以便充分发展学生对自然和社会的各种现象进行数学观察的能力；以函数概念和直观几何作为数学教学的核心。这些改革思想与杜威(J.Dewey，1859—1952)的实用主义思想是一致的，是杜威的“活动中心”“儿童中心”“儿童兴趣中心”思想在数学教育中的具体反映。这次改革对中小学数学教学产生了深刻的影响。但是，由于过分强调了以“儿童为中心”“从经验中学”(即“做中学”)，过分强调了实用，忽视系统理论知识的学习，降低了学生认识活动的起点，导致教学质量的下降，再加上两次世界大战等外部原因，这场改革运动未能取得较好的效果。

第二次数学课程改革发生在20世纪中叶，史称“新数运动”。20世纪中叶是冷战时期，科学技术有了突飞猛进的发展，为各国在各领域的竞争提供了条件。世界各国都清醒地认识到，赢得竞争主动权的关键是培养掌握先进科技的各种人才。现代数学飞速发展,数学的抽象化、公理化和结构化程度越来越高,数学应用也更加广泛。布尔巴基学派的"结构主义"思想对数学研究和发展产生了极大影响。另外,心理学、教育学的研究中出现了皮亚杰的结构主义学派、布鲁纳(J.S.Bruner,1915—2016)的"发现学习"思想等。这次改革的指导思想属于"精英教育"范畴,认为数学教育的主要任务是培养数学家、科学家。理论基础是结构主义,认为数学学科存在一系列基本结构,把这种结构及数学所特有的研究方法作为教学内容时,可以使教学获得最好的结果。布鲁纳认为:"不论我们选教什么学科,务必使学生理解该学科的基本结构。……与其说是单纯地掌握事实和技巧,不如说是教授和学习结构。"在内容和结构上,"新数学"提倡发现学习,要求学生尽可能地像一名数学家那样,不仅使用工具,还要以自己的眼光来看待问题;不仅只体验研究成果,还要体验从事数学活动的快乐。因此,在教学目标上,把科学方法,如"探究""问题解决""发现法""学科研究方法"等作为主要目标,提出数学课程"不仅要反映出知识本身的性质,而且要反映出理解知识和获得知识的过程的性质"。在课程实施过程中,教师不再是所有知识的源泉,而是强调教师引导学生自己去探究和发现。布鲁纳提出:"我们教一门科目,并不是希望学生成为该科目的一个小型书库,而是要他们参与获得知识的过程。学习是一种过程,而不是结果。""学会学习"本身比"学会什么"更重要。

由于"新数运动"对数学教育的传统采取简单否定的做法,排斥广大数学教育工作者(特别是数学教师)在实践中积累起来的已有经验,引起广大数学教师对改革的严重抵触情绪;改革的理论准备不充分,提出的改革观点存在过于理想化的严重缺陷;"新数学"教材没有进行有计划、有步骤的科学实验;过早地要求学生掌握过难的内容,没有考虑大多数学生的接受能力,脱离了学生的认识规律,学生学习效率低下;没有注意学生之间的个体差异,只面向接受能力强的学生;"只强调理解,忽视必要的基本技能训练""强调抽象理论,忽视实际应用";"发现学习"的设计难度大、对教师和学生要求高,一般教师难以胜任,严重脱离了普通教师,因此导致了课程实施的巨大困难。再加上一些来自教育外部的原因,导致这场教育改革运动没有取得预期结果。在20世纪70年代又喊出了"回到基础去"的口号。

第三次数学课程改革从20世纪80年代初开始一直延续至今。随着社会的进步,中等教育的普及化、终身教育思想的兴起,基础教育的目的发生了变化:从过去的主要为升学做准备转变到了为学生提供今后得以发展和接受继续教育的基础,"以学生的发展为本"的思想被广泛接受。科学技术的迅猛发展、信息技术在日常生活中的广泛使用，要求广大普通老百姓能够更加深入地理解数学。另外，数学教学质量的严重下降，引起人们的广泛关注和普遍忧虑。这次数学课程改革就是在这样的背景下进行的。这次改革的指导思想是“大众教育”“数学为人人”(Mathematics for All)，理论基础是建构主义。数学教育旨在发展学生的数学素养，促进学生自主地、主动地学习数学，提高教学质量。在对数学素养内涵的理解上，进一步发展为：理解数学的本质、数学的价值等；了解数学发展的历史；理解数学与社会的关系，强调“问题解决”的能力。从国际上看，本次数学课程改革的重点在课程目标和指导思想上，而教师培训成为课程改革取得成功的关键。人们越来越清楚地认识到，数学教材是落实数学课程目标的载体，但教师教育思想的变革、教学水平的提高更加关键。教育思想的变革是教学过程、教学手段、教学方法等变革的基础，教师水平的提高才是教学质量的根本保证。因此，数学教师“专业化”问题受到普遍关注。

从上述简单回顾可以看出，数学教育改革总是在曲折中前进的，却存在许多永恒的课题，例如，“大众教育”与“精英教育”；数学课程的统一性和选择性；数学教育的“社会功能”和“育人功能”；数学教育的“学术性”和“教育性”；数学的实用性与数学的思维性；书本知识的系统学习和数学知识的应用性学习；数学知识的严谨性与学生认知水平的发展性；数学知识、基本技能的掌握与创新精神的培养；探究式学习与接受式学习；学生自主学习与教师指导帮助；数学教育必要的稳定性与社会发展对人的数学素养要求的变化性；等等。如何处理这些关系往往成为历次改革的焦点，并且在处理这些关系时常常出现“钟摆现象”。数学教育改革的历史告诉我们，这些关系的处理，关键是把握好平衡，任何强调一个方面而忽视另一个方面的做法都是不可取的。在大力加强创新精神和实践能力培养的正确要求下，有的人却把它与必要的“双基”学习与训练对立起来，有的人甚至说，强调数学基础知识与基本技能的学习与落实是过时的，“双基”观是陈旧落后的数学课程观的典型代表，等等。显然，这种观点是片面的。创新精神、实践能力的培养与打好坚实的基础是相辅相成的。心理学的研究及社会实践早已表明，一个人是否能够成功地解决某个问题，其决定因素是他是否具备解决这个问题所需要的专门知识。所以，在强调创新精神与实践能力培养的今天，“双基”不但不能削弱，而且还应加强，这是由基础教育的任务决定的，也是由儿童青少年的身心发展规律所决定的。[①]

(2) 我国小学数学教育发展历程

近代中国创立的第一所新学堂是京师同文馆。1872年,京师同文馆拟订"八年课程计划",从此有了统一的课程设置及章程。当时使用的数学教科书主要是中国古本数学书,如《算经十书》《数理精蕴》等,以及美国传教士翻译的《笔算数学》《代数备旨》等。

新中国成立初期,以苏联十年一贯制数学教学大纲为蓝本,我国颁发了《小学算术教学大纲(草案)》。1960年,再次修订了小学数学教学大纲,发布了《全日制小学算术教学大纲(草案)》,并编写了教材。1963年的《教学大纲》强调加强基础知识教学和基本能力训练(即"双基"),提出培养三大能力:计算能力、初步逻辑思维能力、空间想象能力。它标志着中国数学教育摆脱了外国教材体系的束缚,走上了自己的发展道路。

1978年2月,教育部颁发《全日制小学数学教学大纲(试行草案)》,1986年12月,原国家教委正式颁发《全日制小学数学教学大纲》。同年,我国颁布了《中华人民共和国义务教育法》,开始施行义务教育。1992年,政府颁布了《九年义务教育全日制小学数学教学大纲(试用)》。这个大纲提出了"一纲多本"的原则,从此结束了全国数学只有一套统编教材的历史。

1999年,《中共中央国务院关于深化教育改革,全面推进素质教育的决定》拉开了新世纪教育改革的序幕。教育部随后颁发的新一轮基础教育课程改革纲要及各学科课程标准中,都提出了许多全新的理念。

2001年《全日制义务教育·数学课程标准(实验稿)》正式颁发,标志着我国小学数学教育进入了全面改革发展阶段。本轮课程标准首次将课程内容分为四大领域:数与代数、空间与图形、概率统计和综合实践;提出了三维目标体系:知识与技能、过程与方法、情感态度价值观。

10年课改更新了小学数学教师教育理念,同时也存在不少困惑与问题。在广泛调查研究和征求意见的基础上,以东北师范大学史宁中教授领衔的专家团队,对实验稿进行了修订,颁发了《义务教育数学课程标准》(2011年版)。这次修订将"双基"提升为"四基"(增加基本思想、基本活动经验),并提出了10个核心概念——"在数学课程中,应当注重发展学生的数感、符号意识、空间观念、几何直观、数据分析观念、运算能力、推理能力和模型思想,为了适应时代发展对人才培养的需要,数学课程还要特别注重发展学生应用意识和创

① 章建跃.三次国际数学教育改革运动及其启示[J].数学通报,2002(8):6-8.

新意识”。

我国数学教育改革步伐从未停止，在学生为本、素养发展的理念下，前行的步伐愈发坚定而扎实。

2. 数学教育的育人价值

(1) 数学教育的智育价值

“数学是关于人类接近世界的方法。人类只要思考就是以数学的方式思考。”①张奠宙先生认为：“数学素质就是数学思维能力，亦即数学运算能力、逻辑思维能力和空间想象能力，其核心则是逻辑思维能力。”②精确的数学语言让我们有条不紊地思考复杂的问题，而不是只凭猜测和直觉。

长期以来，数学被称为“思维的体操”“思维的工具”。国际数学教育委员会在《九十年代的中小学数学》这一文件中指出：许多世纪以来，数学一直被看作是训练思维能力的最佳学科，在中小学里为什么有这么多的数学课呢？不论过去还是现在，对这个问题最普遍的回答是：数学教你思考。数学教育的育人价值，首先体现在增强人的思维意识。数学要求概括的明确性、推理的逻辑性、考察问题的完整性、解决问题的策略性，特别是通过逻辑推理去揭示无法通过感知而认识的规律的特点，这些都有助于思维意识的养成。其次是提高人的思维艺术。数学中解决问题的基本方法，为人们提供了观念和范例。再次是改善人的思维品质。数学有助于增强人的思维的广阔性、深刻性、灵敏性、批判性、精确性和条理性。

数学教学必须将数学思维的发展作为数学教育的首要目标。否则，学生就只会把数学与一堆需要记忆的公式和规则联系在一起。数学并非仅仅是教会学生解决问题，而是帮助他们学会数学地思维。

其一，从思维方式的角度来讨论数学的价值，数学乃是最典型、最清晰、最简洁的思维方式，这种思维方式对于每一个人来说都是至关重要的。

其二，数学有助于培养学生抽象、一般化和分类的能力。数的概念就是一般化的最好例子：从整数概念相继扩大到分数、无理数、负数和虚数。学生如果能从不同的关系中抽象出这些概念及概念之间的联系，那他们就能由繁入简、以简驭繁地将日常生活和实践中的问题加以表征。

---

① 斯图尔特·夏皮罗.数学哲学——对数学的思考[M].郝兆宽，杨睿之，译.上海：复旦大学出版社，2009：171.

② 张奠宙，李仕锜，李俊.数学教育学导论[M].北京：高等教育出版社，2003：54.

其三，数学直觉思维是创新的开始。

其四，数学可以培养学生的空间想象能力。

柏拉图(Plato，前427—前347)认为，那些天性擅长算术的人，往往也敏于学习其他一切学科；而那些反应迟缓的人，如果受了算术的训练，他们的反应也总会有所改善。通过数学教育提升学生的智力水平，这是毋庸置疑的，其关键也就在于发展学生的抽象、推理、建模等数学关键能力。

(2) 数学教育的德育价值

数学在形成和发展人的世界观、价值观和人生观等方面也具有独特的意义和作用。

其一，培养理性精神。在数学中，计算、证明并不是一个简单的操作步骤或形式化过程，而是一系列的观点与洞察。数学结论对任何人都一样，并无权威可言。因此，学生无须盲目接受教师或书本提出的机械规则，可以勇敢地提出质疑。数学本身就是一种理性精神，数学理性是不断孕育和发展起来的一种文化和价值体系。因此，通过数学的学习，学生能够养成理性思维的品质，即：善于思考，不迷信权威；实事求是，不牵强附会；辩证分析，不混淆是非。简言之，数学教育在培养人的理性精神上是大有裨益的。

其二，培养严谨态度。学生需要对自己完成的解答进行严格的审查，即使是一个微小的失误也会轻而易举地暴露出解答中的问题。因此，在某种程度上，学生在学习严谨的数学学科的过程中，养成专心致志、认真努力、踏实进取的学习习惯和一丝不苟、严谨求实的科学精神是必然的。学习数学还可以培养自我审视的习惯，有助于做事谨慎、善于反思等习惯的养成。

其三，培养创新意识。人类的最大特征是具有发明和创新的能力，这种能力正是一切其他生物几乎不具有的、人类独特的本领。数学可以看作以原始直觉功能为其最终源泉的自主推理活动。(Kneebone)数学家正是凭着高度的直觉和想象力，才能打破旧时代的僵化传统并建立新的、革命性的概念。(Chavan)论及对人类创新能力的培养，莫过于数学。从欧几里得的《几何原本》到希尔伯特的《几何基础》是人类两千多年来创新的结晶；从有理数到无理数是数学家以生命作代价换取的创新；从最初神秘的微积分到今天建立在严密极限理论之上的微积分，没有数学家的非凡创造是不可能实现的。这样的例子举不胜举。

其四，培养坚韧意志。数学命题的证明犹如登山，只有那些坚韧不拔、勇于探索的人，才能到达胜利的顶峰。其实，何止数学证明，可以说，学习数学就是一个登山的过程。有时为了破解一个问题或证明一个猜想，一代一代的数学家需要持续奋斗几十年、几百年，甚至更长的时间。攻克费马最后定理的英国数学家怀尔斯(A.Wiles,1953—)声称，他将近7年没有丢开这个问题，日复一日地干，几乎想不起哪一天起床时想的是别的事。后来，发现论文中存在漏洞，又经过一年多的时间，直到1995年5月世界权威数学刊物《数学年刊》全文发表了他的两篇论文，费马最后定理才真正宣告获得了证明。这意味着一个困惑了世间智者约358年的问题最终获得解决。可以说，数学家最本质的特点是乐于承受前进道路上的艰辛。在数学学习中，同样需要培养学生刻苦钻研、锲而不舍的品质。

由此看来，数学的学习与人格品质的修炼有着深刻的联系，彰显着数学在塑造人的必备品格方面独特的价值。

第二节　数学教育理论

真正意义上的数学教育理论可谓凤毛麟角，数学教育属于教育系统中的一个分支，因而一般的教育学、心理学理论同样适用，例如，桑代克(E.L. Thorndike,1874—1949)的试误说、巴甫洛夫(I.P.Pavlov,1849—1936)的经典性条件反射学说、斯金纳(B.F.Skinner,1904—1990)的操作性条件反射学说等行为主义教育理论；克勒(W.Köhler,1887—1967)的顿悟说、托尔曼(E.C. Tolman,1886—1959)的认知-目的论、布鲁纳的认知发现论、奥苏伯尔(D.P. Ausubel,1918—2008)的认知同化论、加涅(R.M.Gagne,1916—2002)的认知信息加工论等认知主义教育理论；罗杰斯(C.R.Rogers,1902—1987)人本主义学习理论及建构主义教育理论；等等。

通过长期的教学实践研究与检验，数学教育工作者发现其中一些教育理论对数学教育的指导性、针对性更强。下面列举一些例子，以供参考。

1. 国外数学教育理论

(1) 布鲁纳的认知发现论

发现学习是美国著名教育心理学家布鲁纳提出的。他认为学生学习的主要方式是在一定的学习情境中通过自己的探索从而获得问题的答案和形成观念的一种学习，即发现学习。发现学习并不只限于那种寻求人类尚未知晓的事物行为，还包括用自己的头脑亲自获得知识的一切形式。所以，这种学习有利于培养学生独立思考和探索新情境的能力。

在发现学习中，教师的主要任务是构建有利于学习的问题情境，其目的在于让学生通过自身的积极参与而进行学习。其中，最重要的是教师向学生提出具有启发性的问题和使学生感到困惑的情境或有趣的难题。在教学中，教师并不说明如何解决问题，只是提供适当的材料，并鼓励学生观察，形成假设与检验结果。

发现学习的主要特点：

第一，发现学习有利于激发学生的潜能。因为发现本身就意味着对已知观念的改组，且改组使原有知识与学生面临的新知识能更好地联系起来。这一点不论对学生还是对科学家，就发现本身性质而言是一样的。因此，在教学中倡导发现学习就是要求学生不能满足于接受现存的知识，而是要对给予的信息加以重组并超越给定的信息，从中获得新知识。另外，发现学习也包括学生对现存知识做批判性思考并从中得到新的意义。

第二，发现学习有利于培养学生内在学习动机。布鲁纳批评行为主义学习理论把维持学生学习动机的主要措施寄希望于外部强化上。他认为，最好的学习动机莫过于对学习材料本身具有内在的兴趣，所以他主张通过发现学习激发学生的好奇心及探索未知事物的兴趣。同时，让学生把发现作为自我奖励，从而使外在的动因转化为内在动机，提高学习的积极性。

第三，发现学习有利于学生学会发现的技巧与方法。布鲁纳认为学校不仅要教给学生已知的事物，而且还要教会他们发现未知事物的技能和技巧。教会学生发现新事物的技能与技巧的唯一途径就是鼓励学生去从事发现的行为。他同时指出：学生只有通过不断探索和努力发现，方能学会发现的试探方法。

第四，发现学习有利于知识的保持。当代认知心理学认为人类记忆的首要问题不是储存而是检索。检索的关键是组织。由于发现学习获得的知识不是被动地接受，而是经过一定的组织或转换后才进入认知结构中的，所以经过发现学习获得的知识在检索时便变得容易了。换言之，发现学习主动改进了知识结构，因而也提高了有效检索信息的能力。

认知发现论强调学习的主动性，强调已有的认知结构、学习内容的结构、学生独立思考等的重要作用。布鲁纳认为，认知结构是所获得的概念和思维能力的组合，是外部知识结构内化为个人心理结构的产物。因此，布鲁纳强调学科结构，他指出："具有结构性的教材，才有利于学生理解；具有结构性的教材，才有助于知识的保持；学生从结构中学到的原理，容易迁移到今后的学习中去。”

(2) 奥苏伯尔的认知同化论

奥苏伯尔，美国认知教育心理学家。他的学习理论将认知方面的学习分为机械学习与有意义学习两大类。机械学习的实质是形成文字符号的表面联系，学生不理解文字符号的实质，其心理过程是联想。有意义学习的实质是个体获得有逻辑意义的文字符号的意义，是以符号为代表的新观念与学生认知结构中原有的观念建立实质性的而非人为的联系。有意义学习过程就是个体从无意义到获得意义的过程。这种个体获得的意义又称心理意义。所以有意义学习的过程也就是个体对有意义的材料获得心理意义的过程。

第一，有意义学习的过程是新的意义被同化的过程。同化是指学习者头脑中某种认知结构吸收新的信息，而新的观念被吸收后，使原有的观念发生变化。概念被同化的特征是学习者将概念的定义直接纳入自己的认知结构的适当位置，通过辨别新概念与原有概念的异同而掌握概念，同时将概念组成按层次排列的网络系统。有意义学习的外部条件是指学习材料本身必须具有逻辑意义，即能与学习者能力范围内的有关观念建立非人为和实质性的联系。内部条件则包括两个方面：一是学习者必须具有学习的心向，它是学习者积极主动地把符号所代表的新知识与学习者认知结构中原有的适当知识加以联系的倾向性，是学习者学习动机的主要表现；二是学习者认知结构中必须具有适当的能与新知识进行联系的知识。

第二，同化可以通过接受学习方式进行。接受学习是指学习的主要内容基本上是以定论的形式被学生接受的。对学生来说，学习不包括任何发现，只要求学生把教学内容加以内化（即把它结合进自己的认知结构中）。有意义的接受学习也是积极主动的，与“教师讲、学生听”的灌输教学有质的不同。学生在校学习的主要任务是接受系统知识，要在短时间内获得大量的系统性的知识，并能得到巩固。接受学习强调从一般到个别，发现学习强调从个别到一般。接受学习和发现学习都是积极主动的学习过程，它们都重视内在学习动机与学习活动本身带来的内在强化作用，在教学中应根据教学内容和学生能力发展需求合理选用接受学习和发现学习。

(3) 加涅的认知信息加工论

所谓信息加工观点，就是将人脑与计算机进行类比，把人脑看作类似于计算机的信息加工系统。这种认知方式主要包括转换、简约、加工、储存、提取和使用信息的过程。认知信息加工的学习观就是指个体习得和使用信息。美国著名教育心理学家加涅根据信息加工理论提出了一个广为流传的认知学习信息加工模型。该模型把认知学习过程看成由加工系统、执行控制系统和预期系统三方面协同作用的结果。他认为,人类的学习是复杂而多样的,简单的低级学习是复杂高级学习的基础。他把学习分为八个层次:① 信号学习;② 刺激-反应学习;③ 连锁学习;④ 词语联想学习;⑤ 辨别学习;⑥ 概念学习;⑦ 原理(法则)学习;⑧ 解决问题的学习。他指出,每一类学习中蕴藏着前一类的学习。同时,加涅也提出构成一个人学习行为的八个有机联系系统(动机→领会→习得→保持→回忆→概括→操作→反馈),并指出每一阶段有其各自的内部心理过程和影响它的外部事件。教学就要遵循学习者学习过程的这些特点,并安排适当的外部学习条件。教师是教学的设计者和组织者,也是学生学习的评价者,他承担发动、激发、维持和提高学生的学习活动的教学任务。加涅的学习理论提示教师,提高教学质量要重视学习者的内外条件,创造良好的、适合学生学习的教学环境和条件。

以上认知学派的学习理论为教学论提供了理论依据,丰富了教育心理学的内容,为推动教育心理学的发展立下了汗马功劳。认知学派学习理论的主要贡献如下:① 重视人在学习活动中的主体价值,充分肯定了学习者的自觉能动性。② 强调认知、意义理解、独立思考等意识活动在学习中的重要地位和作用。③ 重视人在学习活动中的准备状态,即一个人学习的效果,不仅取决于外部刺激和个体的主观努力,还取决于一个人已有的知识水平、认知结构、非认知因素。准备是任何有意义学习赖以产生的前提。④ 重视强化的功能。认知学习理论由于把人的学习看成一种积极主动的过程,因而很重视内在动机与学习活动本身带来的内在强化作用。⑤ 主张人的学习的创造性。

认知主义关注的是人的内部心理过程,如果说行为主义关心的是人的学习过程,那么认知主义则力求解释产生某种学习结果的原因。显然,在对学习的解释、对教学本质的认识和教学理念方面,认知主义理论比行为主义理论更合乎科学性,因为认知主义的理论多数是建构在对人类学习的实验基础之上的,而行为主义是在通过对动物实验建立的理论基础上的进步和发展。

(4) 皮亚杰的认知发展阶段理论

让·皮亚杰,瑞士人,近代最有名的儿童心理学家之一。他的认知发展理论成为心理学的典范。他一生留给后人 60 多本专著、500 多篇论文,还曾到过许多国家讲学,获得多个名誉博士、荣誉教授和荣誉科学院士的称号。

认知结构论的代表人物——皮亚杰和布鲁纳,他们认为认知结构就是学习者头脑里的知识结构,它是学习者全部观念或某一知识领域内观念的内容和组织。皮亚杰提出,知识与人的动作或活动密切相关,知识起源于人的动作或活动。但活动应该分类,有简单的活动,也有复杂的活动。复杂活动由一串简单的活动协调而成,组成一个系统,称为“图式”。活动又有不同的水平,低水平活动在外部环境的对象上进行,而在人脑内部即思维中开展的是高水平活动,能在思维中进行的协调的活动是外部活动的内化(即内部化)。产生概念是将个人经验一般化、理论化,达到活动的内化。内化了的活动叫作“运算”,也就是思维操作,它具有系统性、可逆性、守恒性。皮亚杰着重对思维的逻辑性,主要是包含关系(如一般与特殊)、序列关系(如传递性)和对应关系三种基本的智力做了详细的实验和理论分析。皮亚杰认为,儿童的智力不是直线式或斜坡式发展,而表现为阶段式发展,衡量儿童智力发展的基本标准是看他们的活动是否具备不同要求的运算水平。他将儿童智力的发展分为四个阶段。

① 第一阶段:感觉-运动阶段。

这个阶段是从儿童出生到 2 岁期间,即婴儿期。婴儿出生后,通过自身的感知和活动了解外部世界。最初,他们对主客体不加区分,“婴儿把每一件事物都与自己的身体关联起来,好像自己的身体就是宇宙的中心”。他们所做的动作、活动之间也缺乏协调,似乎是孤立的,不会相互联系和影响。在成长过程中,他们会逐步产生因果关系的初步认识,其中也包括了一定的关于客体、关于空间和时间的认识。例如,在初期,大人外出了,他们会认为是没有了,到后来就能意识到,只是自己见不到了,他们过一会儿还会回来。

儿童在此阶段尚缺少思维、表象和语言能力,仅有直觉能力。通过自己的感觉-运动,他们的认识开始协调发展。但是,感觉-运动的图式算不上是概念,只可在具体事物上、具体活动中运用,却无法在思维中运用。因为他们的活动无法达到内化的水平,所以不具有运算的性质。

② 第二阶段:前运算阶段。

从 2 岁到 7、8 岁,称为前运算期。在这一阶段,儿童开始有了语言能力,会模仿活动,会做象征性游戏。在思维方面已经有了一定的表象力,能利用符号作为媒介描述自己接触到的外界事物。然而,他们的表象还只能依赖感知活动,依赖具体对象,表示静态的具体的思维。

这一时期,儿童将外部活动内化到思维时有困难,无法在思想上操作对象、抽象关系。从内部思维的结构看,他们的思考还缺乏可逆性,即想不到或不会从往前或往后两个方向思考问题,找出一个事物或一项性质的正反两个方面,并由此把握互逆关系,组成系统。广义地讲,他们还无法将回顾和预测二者有机地结合起来。但是,儿童在此阶段中正在逐步接近运算水平,到了下一阶段就有了一定意义的运算能力，所以本阶段叫作前运算阶段。

③ 第三阶段：具体运算阶段。

自 7、8 岁至 11、12 岁，儿童开始具有运算能力。他们的思维由于具备可逆性转换的资格而获得了运算的地位。然而，这一阶段的运算仍受到一种限制，即尚不能脱离具体事物和具体情境，在很大程度上要借助具体对象进行思维操作，用皮亚杰的话说，就是"形式迄今还没有同内容区分开来"。因此现在的思维运算只是具体运算。

与前运算阶段相类似，儿童仍在现实情境中对客体发生作用，但目前的思维活动已有了运算的结构性质，在认识能力上产生了质的进步。但他们的运算仍无法脱离实际而完全在头脑中进行，常常要依靠实物、图形等工具。他们的学习特征是喜欢动手操作，如制作和摆弄模型。因此，学习数学概念，特别是从抽象概念水平上再做抽象的概念，如函数、排列组合等，会有很大困难，做纯形式定义的符号演算也有困难。

在逻辑运算方面，儿童到了 7、8 岁已能够建立起加法及乘法结构。能够同时考虑两个因素，例如，将一组三角形图片在横向上按颜色深浅、在纵向上按面积大小排列。这实际上已涉及二元序列的概念。但是他们一般不会有意识地按抽象的结构性质来思考，只能在成人的布置下，按照提出的要求完成，并且这种要求又需是明确提出的，如果只是暗示还不行。到了 9、10 岁，他们已有能力发现数量之间变化的依赖关系，这就意味着能够归纳现象中的函数关系，可是在分析现象时，他们还不能把过程中蕴含的因素分离出来，只是在类与类之间或是在系列化的过程中找到对应关系。

这一阶段的儿童正处于小学阶段，其"具体运算"的思维特点要求教师尤其要注意教学中的形象化、具体化，不能在抽象程度方面要求过高。

④ 第四阶段：形式运算阶段。

从 11、12 岁开始，儿童进入形式运算阶段，逐步具备类似成人的思维结构。

皮亚杰指出，形式运算的主要特征是有能力处理假设，而不是单纯地处理客体，即"认知超越了现实本身""无须具体事物作为中介"。学生能够认识和提出命题，凭想象在头脑中构造思维对象，能从假设考虑问题，由假设推导结论。不仅如此，他们也开始有能力对命题做运算，即推理，从而形成了对运算的运算这种能够超越现实的能力。他们也已能同时思考几个事物，或是一个事物的多种因素或多个侧面，因此能理解复杂的概念，能对概念下定义，并系统地、逻辑性地或象征性地推理。在做形式运算时，已不再像具体运算阶段那样限于一步一步进行，而可以借助组成的方式完成，使认识能拓展到一个大范围。

形式运算的思维已可超越对时间的依赖，有了超时间性，考虑问题能够不以事件出现前后为因果关系，这是纯逻辑数学关系特有的。在感觉-运动阶段，儿童经模仿、内化，使得按先后顺序的活动压缩成共时性的表象。在具体运算阶段，具体运算从预测和回顾的协调中产生了可逆性。到了本阶段，认识可超越现实，并能将现实纳入可能性、必然性的范畴中开展思考和处理，而且能不借助具体对象，不受具体情境限制，做抽象的运算。

皮亚杰认为人的认知是一种以主体已有的知识经验为基础的主动建构过程，所以他的建构主义学习理论主要解释如何使客观的知识结构通过个体与之相互作用而内化为个体认知结构。但皮亚杰认为认知结构是一种逻辑-数学结构就不一定正确了。布鲁纳针对皮亚杰理论的不足，主张用认知表征建构来说明人的认知结构变化，这一理论更具有现实意义。认知表征主要有三种形式，即动作式、映象式和符号式。人的这三种表征形式的发展水平既与年龄有关，又与知识内容有关。另外，布鲁纳针对皮亚杰忽视社会文化、语言对人的认知建构影响的缺陷，开始关注学习环境的作用。一般认为，皮亚杰和布鲁纳的理论属于个人建构主义。

(5) M.克莱因的数学教育理论

M.克莱因(M.Kline，1908—1992)是20世纪美国著名数学史家和数学教育家。作为数学史家，他著有世界名著《古今数学思想》。作为数学教育家，他以对新数运动的尖锐批评而著称于世。

首先，M.克莱因指出，中小学生未来可能从事各种各样的职业，其中有可能成为数学家的只是极少数人，因此数学教育不能以培养数学家的要求作为标准，数学内容的选取应面向所有学生。其次，他认为数学是一种创造性的活动，需要通过观察、类比、猜想、探索等直觉思维方式去发现数学结论，因此数学教育应帮助学生发现和创造，注意发展学生的直觉思维，而非一味强调演绎法。他还指出，一切有意义的概念、运算、定理乃至证明方法都是从现实环境和各类现象中得到启示的，数学来自人们客观世界中的经验，因此数学的存在主要是帮助人类理解和掌握物理界、经济界和社会界，“为数学而数学”的教育思想不可取。除此之外，他还特别重视数学史、数学文化及其在数学教育中的作用的研究。[①]

① 张维忠.试论M.克莱因的数学教育思想及其对我国数学教育研究的启示[J].比较教育研究，1992(4):16.

(6) 弗赖登塔尔的数学教育理论

弗赖登塔尔(H.Freudenthal,1905—1990)是荷兰数学家。1960年以后,研究重心转向数学教育。他曾担任国际数学教育委员会执行委员会主席(1967—1970)。在他任内,开始组织四年一度的国际数学教育大会(ICME)。

弗赖登塔尔在《作为教育任务的数学》中认为,数学是系统化了的常识。而常识要成为数学,必须经过提炼和组织,再凝聚成一定的法则。这些法则在高一层次里又成为常识,再一次被提炼、组织,成为新的法则,新的法则又成为新的常识,如此不断地螺旋上升,以至于无穷。这样,数学的发展过程就显示出层次性,构成许多等级。一个人在数学上能达到怎样的层次,则因人而异,取决于他的先天条件和后天条件。但是,一个为多数人都能达到的层次必然存在。数学教育家的任务就在于帮助多数人去达到这个层次,并努力不断地提高这个层次,以及指出达到这个层次的途径。

20世纪六七十年代,弗赖登塔尔对数学学习活动的本质进行了长期深入的分析和研究,他在认识论的高度上提出的几个数学教学原则具有重要的理论价值和实践意义。

①“再创造”原则。

弗赖登塔尔反复强调,传统的数学教学传授的是现成的数学,是反教学法的。学习数学的唯一正确的方法是实行“再创造”,也就是由学生本人把要学的东西自己去发现或创造出来,教师的任务是引导和帮助学生去进行这种再创造的工作,而不是把现成的知识灌输给学生。他认为这是一种最自然的、最有效的学习方法。弗赖登塔尔提出,数学教学的核心是学生的“再创造”,也就是说,数学教学必须以“再创造”的方式来进行。事实上,这是对学习活动建构性质的直接肯定,即学生应当根据自己的经验,用自己的思维方式,建构起自己的“数学现实”(郑毓信,1995)。

“再创造”的原则要求教师为学生提供自由创造的广阔天地,听任各种思维、各种方法自由发展,对于反思不做任何限制,更不对其数学化过程预置任何圈套。可以说,“再创造”是弗赖登塔尔数学教学观念的基本思想。

②“数学现实”原则。

弗赖登塔尔指出,每个人都有自己的生活、工作和思考着的特定的客观世界,以及反映这个客观世界的各种数学概念、运算方法、规律和有关的数学知识结构。这就是弗赖登塔尔所谓的“数学现实”。“每个人都有自己的数学现实”的断言,应当说是具体体现了关于数学认识活动的建构主义观点。从这样的角度去分析,数学教学的任务就在于促使学生逐步提高其所具有的

“数学现实”的水平并扩充其范围(郑毓信,1995)。

③“数学化”原则。

弗赖登塔尔认为:“与其说让学生学习公理体系,不如说让学生学习公理化;与其说让学生学习形式体系,不如说让学生学习形式化。”一句话,与其说让学生学习数学,不如说让学生学习数学化。关于“数学化”,弗赖登塔尔认为,人们运用数学的方法观察现实世界时,分析研究各种具体现象,并加以整理组织,以发现其规律,这个过程就是数学化。

这一原则十分清楚地表明了数学教育的主要目标。我们可以从建构主义的观点对“数学化”原则做出分析:由于学生的数学学习是一个主动的建构过程,其发展不会是直线型的,因此,促使和加强学生的反思就是提高“数学化”水平的关键所在。教师的工作就是为学生主动学习提供良好的外部环境,特别是,为学生的抽象思维提供必要的“经验”基础。

④“严谨性”原则。

这一原则的核心在于:并不存在绝对的严谨性;恰恰相反,我们应当根据具体的教学内容,特别是学生的具体情况,提出关于“严谨性”的不同要求。这一原则不仅清楚地表明了数学教学的特殊性,而且也可以看成是“再创造”原则和“数学现实”原则的具体运用。

弗赖登塔尔所提出的数学教学原则不仅较好地体现了数学教育的特殊性,而且在认识论的分析上达到了较高的水平,从而较好地体现了数学教学研究的正确方向。

(7) 波利亚的数学教育理论

G.波利亚(G.Polya,1887—1985),数学教育理论家,他的工作集中在数学解题的理论上。他认为,数学教学的本质在于使学生学会解数学题。1948 年出版的《怎样解题》一书,风靡世界。其中的“数学解题表”,仔细分析了求解各种数学问题时的思维过程,成为经典之作。

“问题解决”不只是解决一个问题,更是作为一种重要的认知途径,用于改善学生的认知结构,发展学生的思维和能力;“问题解决”中的“问题”,是指一种“非常规的问题”。比较一致的看法是:问题解决就是综合地、创造性地运用各种数学知识去解决那种非单纯练习题式的问题,包括实际问题和源于数学内部的问题。而以问题解决作为数学教育的中心,则是指应当努力帮助学生学会“数学地思维”。郑毓信认为,“问题解决”本身就包含了教育思想、教学形式的根本性变化,是数学教育的重要理论。

他的另一个贡献是提出了“合情推理”的概念,认为数学解题其实是不断猜想,然后进行证实或否定的过程。因此如何进行合情推理,提出合乎情理的猜想,便成为数学教学的重要课题。“让我们教猜想吧!”曾经鼓舞了许多热爱数学教育的教师进行深入探索。

2. 中国数学教育理论

(1) 双基教学

数学双基是指数学基础知识和基本技能,但是“数学双基教学”作为一个特定的名词,其内涵不只限于双基本身,还包括在数学“双基”之上的发展。启发式、精讲多练、变式练习、提炼数学思想方法等,都属于“发展”的层面,却又和“数学双基”密切相关。

数学双基教学的理论特征有四个方面:第一,记忆通向理解。西方的一些教育理论强调理解,忽视记忆。实际上,没有记忆就无法理解,理解是记忆的综合。数学双基强调必要的记忆,如九九乘法表。第二,速度赢得效率。西方的一些教育理论认为数学只要会做就可以,速度不必强调。数学双基教学理论认为,只有把基本的运算和基础的思考化为“直觉”,能够不假思索地进行条件反射,才能赢得时间去进行更高级的数学思维活动,如心算。第三,严谨形成理性。西方的一些数学教育理论,偏重依赖学生的日常生活经验。中国的数学学习,则注重理性的思维能力,即“概念的抽象定义和严谨的逻辑表达”。第四,重复依靠变式。西方的一些教育理论认为,中国的学习只是“重复”的演练,没有价值。其实,一定的重复是必要的,尤其是“变式练习”,在变化中求得重复,在重复中获取变化。①

(2) 变式教学

变式教学是让学生确切掌握概念的重要方法之一,即在教学中用不同形式的直观材料或事例说明事物的本质属性,或变换同类事物的非本质属性特征以突出本质特征,目的在于使学生理解哪些是事物的本质特征,哪些是事物的非本质特征,从而对某一事物形成科学概念。

中国数学教学的基本特征表现为多角度理解数学概念和原理,以及有层次推进数学活动过程。这些特点,本质上可以表现为在数学变式教学中的两种形态:概念性变式和过程性变式。其一,概念性变式。通过各种概念变式之间,以及概念变式与非概念变式之间的差异与联系来把握概念的内涵与外延,实现对概念的多角度理解。其二,过程性变式。在概念的形成过程中,过

---

① 张奠宙.中国数学双基教学理论框架[J].数学教育学报,2006,15(3):1-2.

程性变式反映了概念形成的逻辑过程、历史过程或者心理过程，从而使学生的学习可循序渐进地进行；在问题解决的过程中，过程性变式既可表现为一系列用于铺垫的命题或概念，也可表现为某种活动策略或经验，从而使学生的问题解决活动具有多个台阶或者多种途径；在形成认知结构过程中，过程性变式构成一个多层次的经验系统，从而使学生原有的间断、琐碎的活动经验成为一个有机的整体。有效的教学必须组织合适的潜在距离的过程性变式和构造合适变异空间的概念性变式。①

(3) 核心素养理念下的深度教学

“努力提升学生的核心素养”是教育领域的一项重要发展，“今天，这个概念体系正在成为新一轮课程改革深化的方向”②。数学教学必须超越具体知识和技能深入到思维的层面，由具体的数学方法和策略过渡到一般性的思维策略与思维品质的提升。我们还应帮助学生由在教师(或书本)指导下进行学习，逐步转变为学会学习，其中包括善于通过同学间的合作与互动进行学习，从而真正成为学习的主人。数学深度教学要求数学教育工作者由“帮助学生学会数学地思维”转向“通过数学学会思维”。

通过深度教学，我们应由具体的数学知识和技能上升到思维的层面，但又不应以后者完全取代前者的教学，而应以思维与方法的分析带动具体知识和技能的教学，从而真正做到“教懂、教活、教深”，也即通过自己的教学向学生展现“活生生的”数学研究工作而不是死的数学知识，并帮助他们真正理解相关内容而不是囫囵吞枣、死记硬背，这样，不仅能够掌握具体的数学知识，也能领会内在的思想方法。具体而言，实践“数学深度教学”有以下几个要点。

① 问题引领。通过适当的问题引导学生进行深入思考。我们不应仅仅围绕知识与技能的掌握进行分析、思考，还应思考如何通过适当的问题引导学生更深入地进行思考，特别是努力提升其思维品质，并真正成为学习的主人。我们应当通过“恰当的设问、追问、反问”，让学生的思维在“问题链”中“深入浅出”(吴正宪)。

② 建立联系。帮助学生“真正的理解”，就是指在新学习的知识与主体已有的知识和经验之间建立直接的联系(包括“同化”与“顺应”)，其数目与强度更直接决定了理解的程度。“如果潜在的相关的各个概念的心理表征中只有一部分建立起了联系，或所说的联系十分脆弱，这时的理解就是很有限

---

① 鲍建生，黄荣金，易凌峰，等.变式教学研究[J].数学教学，2003(1)：11－12.

② 本刊编辑部.核心素养：重构未来教育图景[J].人民教育，2015(7)：1.

的……随着网络的增长或联系，由于强化的经验或网络的精致化得到了加强，这时理解就增强了。”（希尔伯特）

③ 变化的思想。数学思维的一个重要特点是解决问题时往往不是对问题进行直接的攻击，而是对之进行变形、使之转化，直至把它归结成某个（或某些）已经解决的问题，即“化未知为已知、化难为易、化繁为简”，从而就可更有效地解决问题。除去对问题做出变化以外，我们也应十分重视研究视角的拓展或改变，即应当善于跳出原先的思考路径，从不同的角度去进行分析、思考，如运用“数形结合”方法解决问题等。

④ 长时间思考。“快思”能训练思维的敏捷性，而“慢想”带来的是思维的深刻性，因此在教学中我们应给每个学生足够的思考时间和空间。结束了一个阶段的学习之后，我们应重视引导学生及时反思，即“再思考”“再认识”，进而从更高的层面进行分析、思考，从而实现更强的自觉性，促进学生的元认知。

除此之外，数学深度教学能促进学生乐于思考、善于思考，提高学生思维的清晰性、条理性、严密性与自觉性，引导学生进行深入的交流与互动，提升学生的问题意识和提问能力。概而言之，就是让学生学会学习。深度教学的数学教育思想引领我们更深入地去思考数学作为一门基础学科，对于提升个人与社会的整体性素养究竟有哪些特别重要甚至是不可取代的作用，并能通过“理论的实践性解读”将此很好地落实于每一堂数学课中！

(4) 中国数学教育特色

近年来，中国数学教育在国际上享有较高的声誉，国际数学教育界甚至出现了“向东方学习”的热潮。中学生在国际数学奥林匹克竞赛中屡创佳绩。中国 13 岁学生在 1989 年的国际数学教育测试(IAEP)中以 80%的正确率名列第一位。中国上海在 2009 年、2012 年连续两次的 PISA 测试中均名列第一，引起了国内外众多教育专家和媒体的广泛关注。2014 年起，英国与中国合作开展了“中英数学教师交流项目”，每年邀请 70 名上海教师前往英国进行示范教学，并派 70 名英国教师来沪接受培训，交流学习上海的数学教学经验，等等。

中国数学教育亮点纷呈，主要有哪些特色呢？郑毓信认为，东西方数学教育的主要区别：东方特别强调教育的规范性质，即表现出了明显的社会取向；而西方则特别重视学习者的个性发展，从而表现出了明显的个性取向。张奠宙认为，中国数学教育的特色就是：“在良好的数学基础上谋求学生的数学发展。”这里的“数学基础”，其内涵就是三大数学能力：数学运算能力、空间想象能力、逻辑思维能力。这里的“数学发展”是指：提高用数学思想方法分析问题和解决问题的能力，促进学生在德、智、体各方面的全面发展。与此相应的教学方式，则是贯彻辩证唯物主义精神，进行“启发式”教学，关注课堂教学中的数学本质，倡导数学思想方法教学，运用“变式”进行练习，加强解题规律的研究。具体而言，有以下六点：

① 课堂教学突出具体目标。

在中国，每一堂数学课都有十分明确的目标，且主要集中于数学知识或技能的学习。也就是说，整个课程都可被看成是围绕特定的知识内容或技能组织的。一堂课通常包括“复习”“引入”“讲授”“练习”“总结”五个环节，而其中的每个细节，包括时间的分配乃至板书的设计等，都是围绕目标精心安排的结果，从而使得课堂教学具有高效率。

② 重视新课“导入”设计。

中国数学教学长于由“旧知”导出“新知”，“引入新课”往往是数学教师最为精心设计的部分。导入的方式主要有两种：一是从生活情境中导入，建立生活数学与学科数学之间的联系；二是从数学内部发展中导入，建构数学知识体系。

注重“导入”环节，是贯彻启发式教学的关键之一。一个好的“导入”设计，往往会成为一堂课成功的关键。经过多年的积累，我国在“数学导入”上已经发展为一门艺术，呈现出许多独特的导入方式，除了“现实情境”呈现之外，还包括“假想模拟”“悬念设置”“故事陈述”“旧课复习”“提问诱导”“习题评点”“铺垫搭桥”“比较剖析”等手段。这些导入方式，是“启发式”教学的有机组成部分。然而，从学生的日常生活情境出发进行数学教学，只能是启发式的“导入”的一种加强和补充，不能取消或代替“导入”教学环节的设置。弄清“情景设置”和“导入新课”的关系是十分必要的。

③ 数学教学的规范性与启发性。

中国的班级学生人数相对较多，一般是40～50人。这样的大班上课，用分组讨论、汇报交流的教学方式十分困难。那么，数学课堂如何避免“满堂灌”，实现师生互动呢？据调查，“师班互动”是课堂师生互动的主要类型。[①] 在长期的实践中，广大数学教师采用了“设计提问”“学生口述”“教师引导”“全班讨论”“黑板书写”“严谨表达”“互相纠正”等措施，实现了师生之间用数学语言进行交流，和谐对接，最后形成共识的过程。这是一个具有中国特色的创造。

---

① 曹一鸣，贺晨.初中数学课堂师生互动行为主体类型研究[J].数学教育学报，2009(5)：39.

为了加强教学的启发性，教师特别讲究“设问”的艺术，教师在教学中的提问集中于过程，并通过提问促使学生积极进行思考，而不是唯一地集中于结论的“对”与“错”。当教师提出数学问题时，要求学生站起来回答。学生要口头叙述解题过程或想法。如果一位学生回答不完整，由其他学生补充和更正。教师再将学生不大准确的口头语言，经过提炼形成严谨的书面数学语言，写在黑板上。这样，学生和学生、学生和教师之间通过“大声说”的方式，暴露数学思维过程，进行心算演练，而且在讨论中互相补充纠正，最后经过教师的点拨总结，实现一种和谐的数学语言的对接。

④ 实行有效“尝试教学”。

20世纪80年代，顾泠沅领导的“青浦经验”，通过总结数学教育优秀个案，提出“尝试指导、效果回授”的教学策略，风靡大江南北。小学数学教育界，则有邱学华倡导的“尝试教学法”，具有全国性影响。他们的经验中都有“尝试”二字。这是一个有价值的“创造”。在数学教学中，让学生进行“尝试”，比较符合基础教育的实际。西方流行的用词是“探究、发现、创造”。对于中小学生而言，在课堂学习中，要以很短的时间，把人类几千年来反复思考、经过实践检验的知识“探究、发现、创造”出来，非常困难。但是，尝试则永远是可能的、应该的。尝试的含义是，提出自己的想法，可以对，也可以不对；可以成功，也可以失败；可以做到底，也可以中途停止。尝试，不一定要“自己”把结果发现出来，但是却要有所设想，敢于提问，勇于试验。学生在听教师讲课时，根据自己的或对或错的“尝试”进行对照，并通过师生互动，最后把握知识的真谛。这是有效的可以操作的自主学习方式。

⑤ 倡导提炼“数学思想方法”。

数学教学中关注数学思想方法的提炼，是中国数学教育的重要特征。比如，华罗庚等数学家概括了“数学三大能力”，大力提倡“数形结合”的数学思想方法等。20世纪80年代，徐利治正式提出“数学思想方法”的理论，用以指导中小学数学教学。这一构想迅速在中国数学教育界获得热烈反应，并直接用于课堂教学。除了“分析综合”“归纳演绎”“联想类比”等一般数学思想方法之外，还使用“数形结合”“化归方法”“函数思想”“方程思想”“关系-映射-反演原理”，以及“几何变换”“等价转换”“逐步逼近”“特例解剖”等解题策略。至于“变量替换”“待定系数法”“十字相乘法”等具体解题方法一向就有。《数学课程标准》更是将“基本思想”写入了课程总目标，实现了从“双基”到“四基”的转变，从而引起小学数学界的广泛讨论和专题研究。最可贵的是这些数学思想方法不是停留在理论探讨上，而是付诸实践，成为每一个中国数学教师的共识。数学教师普遍具有数学思想方法的教学意识，掌握数学思想方法的内涵，将数学思想方法用于解题，并能够用数学思想方法进行总结和反思，这是一笔巨大的精神财富。学生在进行数学学习的时候，不仅会解题，而且得到数学思想方法的训练和熏陶，进而发展自己的数学思维能力。到现在为止，西方的数学教育界，还没有像我们这样地关注数学思想方法，也还没有能够直接与之对应的数学教育研究领域。

⑥ 科学地设定训练量。

熟能生巧，是中国文化传统的组成部分，也是中国数学教育重要理念之一。不过，把熟能生巧翻译成英文"practice make perfect"之后，外国人士都不认可。国外的教育文献，没有一种教育理论是支持"熟能生巧"的。即使中国社会普遍接受"熟能生巧"，国内的教育文献，也鲜见于著述。教育界似乎把"熟能生巧"等同于"死记硬背"了。那么，"熟能生巧"为什么是正确的呢？大数学家华罗庚有诗云："妙算还从拙中来，愚公智叟两分开。积久方显愚公智，发白始知智叟呆。埋头苦干是第一，熟能生出百巧来。勤能补拙是良训，一分辛劳一分才。"数学大师陈省身先生在一次《焦点访谈》节目中说："做数学，要做得很熟练，要多做，要反复地做，要做很长时间，你就明白其中的奥妙，你就可以创新了。灵感完全是苦功的结果，要不灵感不会来。"研究数学如此，学习数学何尝不是如此？西方的教育理论忽视这一点是不明智的。数学教育应该率先总结"熟能生巧"的规律，比如，计算技能可以通过训练来提高。需要多少练习量能达到正确、熟练和灵活的计算要求？这是可以进行教育科学研究的一个方面。

第三节　数学学习

教学过程是知识传递的过程，是由师生双方协同活动来完成的。教师、学生和知识是传递系统的三个基本构成要素，教师和学生分别为传授与掌握的主体，知识则是传授与掌握的客体。因而，在数学教育领域中，对应教师、学生和知识这三个要素，就有教学论、学习论和课程论三个方面。

在"三论"中，学习论处于基础地位，因为只有在了解学习规律的基础上才能研究教学规律。学习论主要研究学生知识的获得和保持，揭示学生学习过程的基本心理规律。它从两方面揭示：一方面，分析学生学习知识和形成技能的性质、基本过程、方式和方法,从而揭示其间的心理规律;另一方面,分析影响学生学习的各种因素及其间的相互关系,从而促进学生的学习。

1. 学习

学习是影响和决定人类心理发展的主要因素,“是指知识经验的获得及行为变化的过程”①,但并非所有的行为变化都是学习,只有积累知识经验基础上的行为变化,才是学习。这种变化既包括知识的获得、技能的习得、智力的开发及能力的培养,也包括情感、态度、观念的变化,还包括行为、个性品质的形成及行为潜能上发生相对持久的变化。学习的结果产生行为变化,但有的行为变化是外显的,有的行为变化是内隐的。例如,技能的学习是外显的,而思想意识的学习大多是内隐的。

学生的学习是在人类发现基础上的再发现。一方面,学生以掌握间接经验为主,而这种经验是前人早已发现并通过实践检验的;另一方面,受社会历史条件和学生的经历、时间、条件的限制,学生不可能也没有必要重复人类的发现过程,只能是再发现。学生学习的再发现与人类的发现是不完全相同的。学生的再发现过程经过了教学法的加工。首先,将人类的发现过程予以剪裁,变成一条“捷径”。其次,降低人类发现过程的难度,使之变成难度适中,学生通过努力能够达到的水平。再次,通过精简,将人类发现过程的曲折道路,加工成使学生能顺利通过的路线。例如,在学生学习数的概念时,数的概念早在几千年前古人就开始发现,直到 17 世纪,人类对数的概念的认识,才算较为完备,对它的认识经历了漫长的过程。但是,现在学生学习数的概念就是一个再发现的过程,这个过程不同于数的概念发展的原始过程,它是做了教学法的加工,无论从顺序上,还是难度上,都做了调整,使学生在短短的几年里即可掌握。

2. 数学学习

数学学习是学生获得数学知识经验、引发比较持久行为变化的学习过程。学校中的数学学习是指学生依据数学课程目标、根据数学教学目标、依托数学教材,在教师指导下系统地掌握数学知识技能,逐步发展各种能力,提升个性品质的学习过程。

弗赖登塔尔曾说:“学生应该再创造数学化而不是数学,抽象化而不是抽象,图式化而不是图式,形式化而不是形式,算法化而不是算法,用语言描述

---

① 林传鼎,陈舒永,张厚粲.心理学词典[M].南昌:江西科学技术出版社,1986:260.

而不是语言……"人们运用数学的方法观察现实世界，分析研究各种具体现象，并加以整理、组织，以发现其规律，这个用数学的方法把实际的材料组织起来的过程就是数学化。数学学习的本质就是学会数学化。

(1) 数学学习的特点

数学学习既不同于日常生活中的学习活动，也不同于学校中其他学科学习，有其自身的特点。

① 学习对象：形式抽象与高度概括。

高度的抽象性是数学的一个特点。在数学中不仅有从客观世界中直接抽象出来的较低层次的概念，还有在这些概念基础上经过多次抽象概括出来的更高层次的概念。数学的这种逐级抽象概括过程，使得大量的数学概念、数学原理和数学符号都远远脱离于现实世界的具体事物。即使数学中最基本的原始概念，生活实际中也不存在。正是数学的这种高度抽象性使数学中的抽象概念可用来研究宇宙万物而被人们承认。另外，数学的抽象性、概括性还反映在高度形式化的数学语言上，这给数学知识理解造成了一定的困难。因此，数学是高度抽象概括的理论，它比其他学科的知识更抽象、更概括。

数学学科的这一高度抽象性、概括性容易造成学生在数学学习中，仅掌握形式的数学结论，而不了解形式结论所反映的丰富背景事实；仅认识数学符号，而不理解它们的真正含义；仅能够解答与例题类似的习题，而不会举一反三，灵活运用数学思想与数学方法解决问题。鉴于这一特性，小学数学教学中应尽可能地提供与数学学习内容相关的现实背景材料，注重理解，培养学生积极的思考和较强的抽象概括能力。

② 知识体系：逻辑严谨与概念精确。

数学是建立在公理化体系基础上，逻辑极为严谨的科学，数学的一切结论都是用完美的形式表现出来，呈现在学生面前的，而略去了它发现时曲折的、艰辛的过程，这就为学生学习数学的"再发现"带来一定的困难。数学的体系是作为演绎体系展开的，学习数学需要有较强的逻辑推理能力，熟练掌握推理论证的方法。虽然数学教材经过数学教学法的加工，但数学教材编写仍属演绎体系，学生进行数学学习不仅要看懂数学证明所采用的逻辑形式，而且要动手论证，进行数学上的再创造，保证熟练运用，也就是既强调数学教学要展现知识的发生过程，从演绎体系中看到数学是如何形成的、人们是如何思维的，又要求学生必须具备较强的逻辑推理能力。

③ 思维训练:发展阶段与关键时期。

数学学习表面上是学习数学知识,实质上是学习数学思维活动。[①] 在本章第二节中我们讲过,皮亚杰把儿童思维发展分为四个阶段,按照固定的连续性顺序,一个接一个出现,它的出现时间可以因为个人和社会的变化而不同,但发展的先后顺序不变。某一个阶段的思维不能得到正常的发展,就会影响到下一阶段的发展,而在每一个阶段该如何促进学生的思维发展,就是教育的目标和任务。显然,小学生处于思维发展的具体运算思维阶段和形式运算思维阶段。在这个阶段的前期,学生主要依靠具体形象思维,思维以具体实物作为媒介;中期由形象思维向逻辑思维过渡,脱离实物而借助文字符号进行带有推理性质的思维;后期采用命题运算思维,即在头脑中将形式和内容分开,离开具体的事物,根据假设来进行逻辑推理的思维。

思维发展在各个阶段是一种量变的过程,当进入下一个阶段时便会发生质变,这就是思维发展的关键期。刘范等研究表明,7—8 岁阶段,儿童初步形成三位以内整数概念系统;空间观念的发展很不完善,一般只能从二维空间去认知图形。9—10 岁阶段,儿童的各种数概念系统正在逐步形成,逐步从二维空间认识图形向三维空间认识图形过渡。11—12 岁阶段,儿童整数、小数、分数的概念系统逐步趋向统一,分数概念也已基本掌握;已逐步形成三维空间观念,空间想象力逐步增强。[②] 林崇德的研究表明:a. 对于小学儿童的数概括发展水平,7—8 岁基本上属于具体形象概括;8—10 岁从具体形象概括向形象抽象概括过渡,且大部分儿童在三年级就完成了这个过渡;大多数 10—12 岁儿童进入初步本质抽象的概括水平。b. 10—11 岁儿童在数概括能力发展中有显著的变化,这是小学儿童掌握数概念的过程中从具体形象概括为主要形式过渡到以抽象逻辑概括为主要形式的一个转折点。

④ 数学学习中的“再创造”比其他学科要求更高。

在人类历史上,数学的创造从未间断过。但是,数学家在介绍自己的发现时,从来都不是按照创造这项工作的过程进行的,而是略去过程,以尽可能完美的形式表达出来,就如同教科书上所看到的那样。从某种意义上来说,这种完美的形式在一定程度上颠倒了数学的发现过程,因此,学生的“再创造”数学就比较困难。再者,数学不是各种概念、定理(公式)、法则等的混合

① 罗新兵,罗增儒.数学教育学导论[M].2 版.西安:陕西师范大学出版总社有限公司,2014:25.

② 刘范,吕静,沈家鲜,等.国内十个地区 7—12 岁儿童数学概念和运算能力发展的初步研究[J].心理学报,1981(2):147.

物，而是用演绎的方法把它们互相联合起来的科学认识的统一体系。这样，学生学习的数学知识基本上是在演绎体系下展开的，这就要求学生在学习数学时要有比较强的逻辑推理能力。根据这一特点，数学教学中应为学生创设问题情境，尽可能地展现数学知识发生、发展的过程。

(2) 数学知识表征

知识的表征是指人们在自己的工作记忆和长时记忆中对信息的表示形式。知识的表征是人们学习知识的基本心理特征，因而，知识表征问题成为学习心理研究的一个基本问题和逻辑起点。

安德森(J.R.Anderson，1947—)等人提出将知识分为两大类：一类为陈述性知识，另一类为程序性知识。陈述性知识是关于事实的知识，是人所共知的有关事物状况的知识，数学中的概念、命题均可视为陈述性知识。而程序性知识则是关于人怎样做事的知识，即由完成一件事所规定的程序、步骤及策略等组成的知识。简言之，陈述性知识是关于"是什么"的知识，程序性知识是关于"怎么做"的知识。程序性知识又可分为两类：智慧技能和认知策略。陈述性知识的基本表征有三种形式，即命题网络表征、表象表征和线性排列，在这三种形式基础上形成综合表征形式——图式。程序性知识是以"产生式"(Production)这种动态形式来表征的。所谓产生式，就是一条"如果……那么……"规则，即一个产生式是对某一或某些特定的条件满足时才发生某种行为所编的程序。一系列重叠产生式组成一个产生式系统。

(3) 数学认知结构

数学学习的实质是学生在教师的引导下能动地建构数学认知结构，并使自己得到全面发展的过程。因而，数学教学的一个基本任务就在于造就学生良好的数学认知结构，以满足后继学习的需要，最终提高学生解决问题的能力。

认知结构是学习者的观念的全部内容和组织，数学认知结构是经过学习者对外显知识的感知、了解、内化进而贮存在自己长时记忆中的、相互联系的陈述性知识和程序性知识组成的结构。认知结构与外显文本形式表现的知识结构不同，是一种经过学习者主观改造的知识结构，因而既具有知识结构的客观性，又具有个体对知识建构的主观性。

由概念域、概念系、命题域、命题系形成的 CPFS 结构是优良的数学认知结构(喻平、单墫)。优良的数学认知结构能够促进陈述性知识和程序性知识的理解，促进数学学习的迁移。

概念图是包含结点和连线的一种对知识的结构化进行形象表征的方法，

能通过形象化的图表形式来表达概念及其关系，是学习者在头脑中构造完形、形成认知结构过程的视觉再现。结点代表的是某个领域或主题内的重要概念；连线指的是一对概念（结点）之间的关系，线上的标注解释了概念是如何相互关联的。两个结点和一个包含标注的连线组成一个命题，命题是概念图中最基本的意义单元。概念图不仅有助于学生的数学学习，也有助于教师的教学和评价，便于教师从整体上把握知识结构，掌握知识的来龙去脉和发展走向，明晰各概念所处的地位和概念间的相互关系，从而优质高效地开展教学设计并实施教学。

(4) 数学学习迁移

迁移是一种学习对另一种学习的影响。先前学习对后继学习的影响是顺向迁移；后继学习对先前学习的影响是逆向迁移。如果一种学习对另一种学习产生积极的促进作用，就称这种迁移为正迁移；反之，一种学习对另一种学习产生消极影响或阻碍作用，就称这种迁移为负迁移。显然，顺向迁移可能产生正迁移，也可能产生负迁移。同样，逆向迁移可能产生正迁移，也可能产生负迁移。

提高学生数学概括能力、建立完善的数学认知结构、训练学生类比推理的能力，以及选择恰当样例组织教学，都能促进数学学习的正迁移产生。样例给学习者提供了专家的问题解决方法以供其研习模仿，数学学科一般以多样例的教学形式为主，并重视利用样例的变式进行教学。教学中采用类比迁移方法，可以沟通不同数学结构知识之间的联系，从而使学生在头脑中建立完善的知识网络，加深对数学知识的理解。类比迁移还有助于问题解决，不仅能类比解决方法，还可能产生结构类比。除此之外，类比学习也是问题拓广的一个途径，通过类比、猜想、探索和发现将知识和方法进行迁移，易于思维品质的提高和知识结构的优化。

(5) 数学学习的元认知

弗拉维尔(J.H.Flavell,1928—)把元认知定义为一个人所具有的关于自己思维活动和学习活动的知识及其对实施的控制，是任何调节认知过程的认知活动。也就是说，元认知是认知主体对自身心理状态、能力、任务目标、认知策略等方面的认知，同时，元认知又是认知主体对自身各种认知活动的计划、监控和调节。一般认为，元认知结构主要包括三个方面：元认知知识、元认知体验和元认知监控。因而，元认知的发展能促进一个人的智力发展、提高认知效率、增强学习能力，并弥补认知能力的不足。

研究表明，元认知知识对数学学习会产生重要影响，并且，元认知知识是可以传授的，元认知水平是可以发展的。元认知对数学学习的影响主要体现在自我效能感、自我监控和外部监控等方面。教师在教学中要注意元认知知识的传授，并在学习活动中不断强化这些知识的应用，要让学生意识到自身所进行的数学学习活动的存在，体验到采用不同的策略或方法学习效果是不同的，然后逐步使他们认识到数学学习过程同时存在认知过程和元认知过程。除此之外，教学过程中，还应教给学生有关的认知策略的知识，并告诉学生什么时候用什么策略解决问题更有效，也要知道在什么情境使用什么策略最适当等。除了传授元认知知识和策略以外，教师还可以通过"计划和安排—管理和监控—检验和反思"的流程，在解题教学中训练学生元认知监控，发展学生的自我监控能力。

(6) 数学学习中的非智力因素

凡是智力因素以外的一切心理因素，都可以称为非智力因素。非智力因素主要包括引导维持系统、动力系统、调控系统和定向系统，具体来说包括动机、兴趣、注意、情绪、意志、性格等。这些因素从不同方面，以不同程度直接或间接地影响着数学学习。

动机是激发和维持个体进行活动，并导致该活动朝向某一目标的心理倾向或动力。教师应帮助学生树立正确的数学学习目标、创设问题情境、控制作业难度、注重反馈评价、引导学生正确归因，以激发学生学习动机。

兴趣是个体意识对一定客体的趋向性和选择性，其功能主要有：动力功能、定向功能、引导功能和维持功能。数学教学中激发学生学习兴趣的主要策略有：增强数学学习材料的趣味性、教学方法多样性、给予学生难度适当的学习任务、加强语言修养、建立良好的师生关系等。

除此之外，教师在教学中应尽可能地为学生创造成功的机会、为学生提供良好的榜样示范、及时恰当地进行表扬与奖励、加强学生学习策略的指导等，以此培养学生数学学习的自信心，发挥非智力因素对数学学习的作用。

(7) 数学学习策略

学习策略是学习者在一定的情境下，针对一定的学习任务，依据学习的一般规则，主动对学习的程度及工具、方法进行有效的操作，从而提高学习质量和效率的一种操作对策系统。在具体的学习中，在元认知的作用下，人对学什么、如何学、为何学、学习受何因素的影响及各因素的关系产生明晰的自我意识和自我体验。构成学习策略的核心是认知策略与元认知策略，前者是指对学习材料进行直接分析、转换或综合的策略；后者是指对学习起间接影响的策略，它包括对自己的认知加工过程进行计划、监控、调节、评估等。

一般的学习策略包括阅读策略、记忆策略、信息组织策略、精加工策略、元认知策略等。数学学习是一个复杂的认知过程，其中的策略主要有阅读策略、直观化策略、对象转化策略和反思策略等。

数学直观是以数学直观符号为基本构成要素，以信息加工过程的直观性为形态的一种认知方式。它具有多种表征形式，包括图像的、图式的，静态的、动态的，外在的、内在的，等等。它不仅包括直观背景材料，如实物、图表、插图、物体模型等直观教具，还可以是与现实世界密切相关的情境问题和学生头脑里的“数学现实”，以及概念图、思维图的外显化，具体的数学模式。数学学习离不开直观，无论是概念学习、命题学习还是解题学习，都应当不同程度地借助于直观去理解知识、理解问题。发展数学直观可以通过以下几个方面实现：阐释抽象数学知识的几何意义、构建数学知识的言语表征网络与表象表征网络、数形结合、直观推理、使用多样化的直观技术等。

(8) 数学概念学习

概念是事物本质的反映，是对一类事物的概括和表征。从知识角度看，概念是知识组成的基本单元，因此，概念学习就是知识学习的逻辑起点。概念形成与概念同化是概念获得的两种基本形式。概念形成是指人们对同类事物中若干不同例子进行感知、分析、比较和抽象，以归纳方式概括出这类事物的本质属性从而获得概念的方式。概念形成是以学生的直接经验为基础，用归纳的方式抽取出一类事物的共同属性，从而达到对概念的理解。这一“发现”的过程比较适合低年级的学生学习概念，也适合对“原始概念”的学习，因为原始概念多是建立在对具体事物性质的概括上，更多的是依赖于学生的直接认识与直接经验。概念同化是教师利用学生已有的知识经验，以定义的方式直接提出概念，并揭示其本质属性，由学生主动地与原有认知结构中的有关概念相联系去学习和掌握概念的方式。由于数学概念具有多级抽象的特点，学生学习新概念在很大程度上依托原有认知结构，因此概念同化方式是概念教学中经常使用的方式，而且这种方式更有利于高年级学生的学习。

数学概念是反映一类事物在数量关系和空间形式方面本质属性的思维形式，它是排除一类对象的具体物质内容以后的抽象，反映的是一类对象在数与形方面的内在的、固有的属性。数学概念都由反映概念本质特征的符号来表示，这些符号使数学的表述形式比别的学科更加简明、清晰、准确。数学概念具有抽象性、具体性、形式化、简明化、辩证化和系统性。

数学概念的表征有非语言的和语言的两种类型，前者可能包括实物、图片、符号等，后者则指形式化的语言。对于同一个数学概念，不同学生的表征方式是不同的，这与学生的认知水平和过去经验有很大的关系，但并非随着年级的升高或知识的逻辑层次升高自觉地扩充或达到同步的水平。学生的数学概念网络中，对于概念的表征往往以“标准图形”“原型”“特殊事例”等概念表象取代概念定义。这些表象对掌握数学概念的本质属性起到过有益的作用，但对后继学习与运用也有极大的干扰。这些“初始”的表象几乎成了学生对该概念的“第一印象”，然后才根据需要进行调整。

就数学学习来说，应当用概念同化和概念形成相结合的方式学习数学概念，仅用概念形成的方式学习，显然不符合学生学习数学的特点，不符合教学的简约性规律；仅用概念同化的方式学习，由于数学的高度抽象性和概括性特点，学生难以掌握概念的本质属性，难以掌握形式的数学概念背后的丰富事实。把两者结合起来，就可以扬两者之长处，避两者之短处。其过程可概括为以下模式（图 2-3-1）。

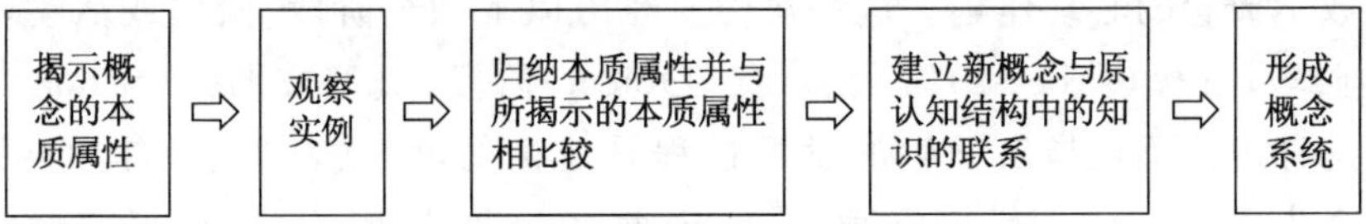

图 2-3-1　概念形成与概念同化结合的学习形式

这样，一方面能节省时间，直接获得新概念；另一方面，通过实例的观察归纳，能了解形成概念背后的丰富事实，促进新概念和原有认知结构中的知识的联系，并使这种联系的建立变得容易。

值得指出的是，数学概念的抽象性与逻辑性特征使众多的数学概念符号化，因此数学概念的学习不仅有概念的形成、概念的同化形式，而且包括语言学习形式。这种特殊语言即数学语言的学习，是一种有意义的学习，表现为概念形成和概念同化的最后阶段，学生只有对数学符号有了实质性的理解，才可能从本质上获得概念。基于以上有关分析，数学概念学习的心理过程包括：概念获得、概念在知觉水平的应用、概念表征、概念在思维水平的应用四个阶段（图 2-3-2）。

在概念获得阶段，学习者获得的是陈述性知识；进入知觉水平应用阶段，这些陈述性知识逐步转化为程序性知识，但尚未达到自动化程度；到了概念表征阶段，学习者通过对概念的应用，加深了对概念的理解，逐渐形成概念图式，形成更加清晰、稳固的陈述性知识；最后，通过对概念在思维水平上的应用，使这些陈述性知识又一次转化为程序性知识，从而使学习者形成智慧技

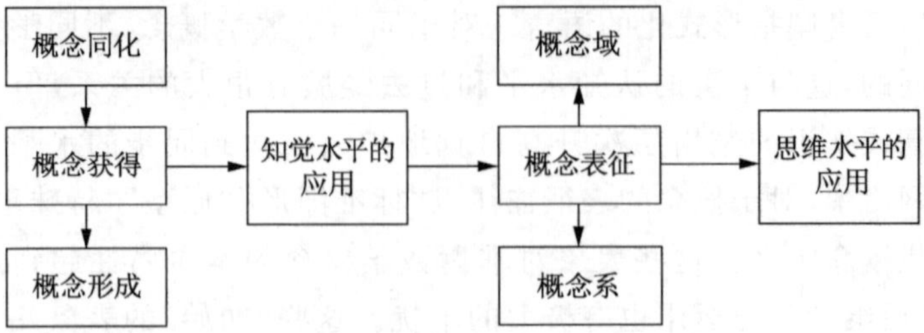

图 2-3-2 数学概念学习的心理过程

能和认知策略(喻平,2004)。

由于受到各种因素的影响,学生对数学概念的理解程度往往是不相同的,其中影响掌握概念的主要因素有:① 学生的年龄、经验、理解能力、抽象概括能力与语言表达能力;② 本质属性与非本质属性;③ 变式。美国学者杜宾斯基(Dubinsky)等在数学教育研究实践中发展起来一种 APOS 理论,即学生学习数学概念的心理建构。这一建构要经历以下四个阶段:操作或活动(Action)阶段、过程(Process)阶段、对象(Object)阶段、概型或图式(Schema)阶段。这种理论不仅指出学生的学习过程是建构的,而且表明了建构的层次。这四个步骤(阶段)一般不能逾越,应当循序渐进;同时,又不可只停留在具体、直观、视觉化的阶段,必须升华,逐级地抽象,不断地形式化,最后完成数学概念的建立。其中,活动阶段是学生理解概念的一个必要条件,通过活动,学生亲身体验、感受直观背景和概念间的关系;过程阶段是学生对活动进行思考,经历思维的内化、概括过程,学生在头脑中对活动进行描述和反思,抽象出概念所特有的性质;对象阶段是通过前面的抽象认识到了概念本质,对其进行"压缩"并赋予形式化的定义及符号,使其达到精致化,成为一个思维中的具体的对象,在以后的学习中以此为对象去进行新的活动;图式的形成要经过长期的学习活动进一步完善,起初的图式包含反映概念的特例、抽象过程、定义及符号,经过学习,建立起与其他概念、规则、图形等的联系,在头脑中形成综合的心理图式。

(9) 数学命题学习

表示两个或多个概念之间关系的语句(判断)称为命题。因为判断可真可假,所以命题也可真可假。数学上把真实性为人们所公认而又不加以证明的命题称为公理。数学中,根据已知概念和已知命题,遵循逻辑规律、运用推理方法已证明真实性的命题称为定理。我们把数学中的公理、定理、公式、法则、数学对象的性质等的学习统称为命题学习,命题学习也可称为规则学习。

由于数学命题是由概念组合而成的，反映了数学概念之间的联系，因此就复杂程度而言，命题学习应高于概念学习。

命题学习实质上是新旧知识相互作用并形成新的认知结构的过程。一般来说，新学习的命题与学生原有认知结构中的有关知识构成下位关系、上位关系、并列关系，对应这三种关系的数学命题学习就有下位学习、上位学习和并列学习。下位学习是命题学习中应用较多的一种形式。在命题下位学习中，新命题涉及的概念之间的关系，从属于原认知结构中处于包容性和概括水平更高的有关知识，因而这种学习方式主要是分化，学习过程就是充实、完善并形成新的数学认知结构的过程。上位学习是通过对已有的观念（概念、定义、性质、法则、公式、定理）的分析和比较，归纳出相互之间的联系和规律，从而发现一个包容程度更大的数学命题，此时原有的认知结构改造成为新的认知结构。并列关系的两个命题没有直接联系，关键在于寻找新定理与原有认知结构中的有关定理的联系，通过类比形成新的数学认知结构。在数学命题学习中，演绎推理和合情推理都与命题证明和命题发现直接相关。

（10）数学问题解决

问题解决是在概念、命题学习的基础上，应用概念、命题去解决问题的学习形式。问题解决常常被看作是能动的、不断发展的过程，它是通过数学思维不断数学化的过程，是一个探索、发现、创新的过程。曹才翰在《数学教育学概论》中指出："解决问题是指人们面临新情境、新课题，发现它与主客观需要的矛盾，而自己却没有现存对策时，所引起的寻求处理问题办法的一种心理活动。"问题解决是从尝试到解决问题的全过程。

好的数学问题有如下特征：具有较强的探索性、具有一定的启示意义、具有多种不同的解法、具有一定的发展余地、具有一定的现实意义、问题的表述应该简单易懂（郑毓信，1994）。

解决数学问题就是解题者在自己的长时记忆中提取解题图式用于新的问题情境的过程。解题图式包括个体已有的与新问题有关的知识基础、解题策略和解题经验。解题的认知过程是在元认知调控下，解题者对问题进行表征和模式识别，然后将解题图式提取与迁移，进而达到目标状态的信息加工行为。喻平提出了一种解题认知模式，并认为解决数学问题分为四个阶段：理解问题、选择算子、应用算子、结果评价。与此对应，其认知过程分别为：问题表征、模式识别、知识迁移、思维监控（图 2-3-3）。

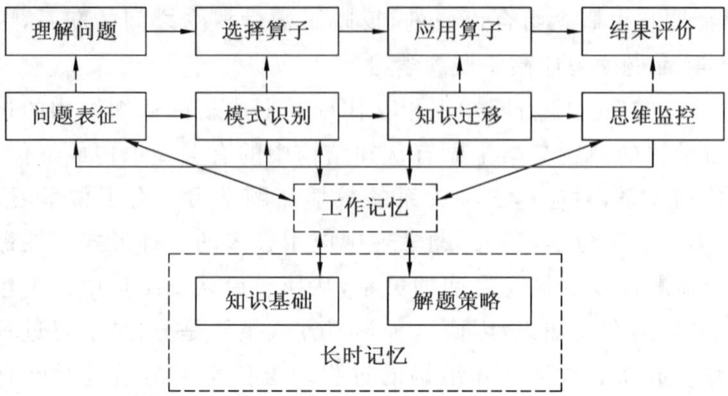

图 2-3-3　数学解题认知模式

其中，问题表征和模式识别是数学问题解决的重要认知要素。问题表征是指根据问题所提供的信息和自身已有的知识经验，发现问题结构，对问题进行理解和内化，把外部物理刺激转变为内部心理符号的过程。问题表征质量的高低将会直接影响到问题的解决。模式识别是一种知觉过程，指人们能够确认他所知觉的某个模式是什么，而且将它与其他模式区别开来。在数学解题中，模式识别是指对数学模式的再认。一般来说，数学模式是指形式化地采用数学语言，概括地或近似地表述某种事物系统的特征或数量关系的一种数学结构。数学中的各种基本概念，数学理论体系，各种定理、法则、公式、算法、命题和方法等都是数学模式。在数学问题解决中，具有共同结构的一类问题或具有相同解法的一类问题也称为一种模式。采用变式教学、建模训练、数形结合等手段，可以提高学生的模式识别能力，这是提高学生数学解题能力的一条途径。

在数学问题解决的第一阶段，即理解问题阶段，解题者要将外部信息转化为内部信息，从表层和深层去理解题意，用自己的内部语言陈述问题的初始状态和目标状态，区分问题中的有关信息和无关信息，并初步识别问题的类型。在这一阶段，需要知识基础作为支持，同时受元认知监控的作用。在第二阶段，解题者在解题监控作用下，拟订解题方案，将外部信息与长时记忆中的模式做比较，进行对外部模式的识别和外部与内部模式的匹配。此时，解题者需要知识基础与解题策略作为支持。在应用算子的第三阶段，解题者需要调动与外部信息相匹配的模式，这是一个模式的迁移过程。为了解决当前问题，有时可能会用到多种模式，或是多种模式的组合，甚至还可能改造原来的模式以适应解题的需要。显然，在这一阶段，认知过程受到知识基础、解题策略和解题监控的交互作用。在问题解决的第四阶段，解题者要对解题结果进行评判和检验，同时反思解题过程，并对解题的思路、方法和效果进行评判，此时主要受解题监控的作用。上述四个解题阶段，都需要以工作记忆作为中介，即外部信息的内化与内部(长时记忆)信息的提取，两者都需要在工作记忆中加工。①

(11) 数学关键能力

奥苏伯尔曾说过："教育就是当学的东西全都忘了的时候，仍然保留下来的那些东西。"这里所说的"留下的东西"，即能力。对于数学教育来说，最终要留在学生身上的就是数学能力。数学能力是指在数学活动中，直接影响活动效率，使活动得以顺利完成的个体的稳定心理特征。

关于数学能力成分的说法百家争鸣，如果从学科性、基础性、独立性、目标性和可操作性五个方面的要素予以考量，可以发现相较于"信息输入"和"信息输出"相关的数学能力而言，抽象能力、推理能力、运算能力、数学建模能力、空间想象能力、解决问题能力、数据分析能力等与"信息加工"相关的数学能力体现了数学学科独特的思想和思维方法，可以视作数学关键能力。

数学关键能力既是小学数学教育的基础和前提，又是小学数学教育的目标和结果；数学关键能力既体现在知识获取过程中，也体现在知识转化为行为的过程中。关键能力导向的数学教学要求教师摒弃学生数学能力"自然形成观"，依据教学内容制定数学能力培养的具体目标，把数学关键能力培养作为数学教学的核心任务。学生数学素养的高下并非由单个数学能力所决定，而是思维品质和所有数学关键能力的综合体现。这就要求教师对数学关键能力有一个整体的认识和把握，清楚不同知识领域所承载的关键能力，以及不同学习阶段所应达到的发展要求。发展关键能力，要提关键问题，把学生学习过程中必然要碰到和解决的各种必要的疑问、障碍和困难揭示出来，让学生从表层化的学习走向深度学习。数学关键能力的形成呈现明显的阶段性特点。一方面，学生年龄特点和课程内容的设置决定了同一学段对不同关键能力的要求是轻重有别的；另一方面，学生对数学知识学习由低到高可以划分成不同的水平，也对应生成数学关键能力的不同水平。由此，教师应高度重视、把握时机，循序渐进地发展学生的数学关键能力。②

① 喻平.数学教学心理学[M].北京：北京师范大学出版社，2010：35.

② 仲秋月.关键能力导向的小学数学教学[J].小学数学教与学，2019(9)：11.

【导读书目】

[1] 郑毓信.小学数学教育的理论与实践——小学数学教学180例[M].上海:华东师范大学出版社,2017.
[2] 郑毓信.数学深度教学的理论与实践[M].南京:江苏凤凰教育出版社,2020.
[3] 张奠宙,李仕锜,李俊.数学教育学导论[M].北京:高等教育出版社,2003.
[4] 罗新兵,罗增儒.数学教育学导论[M].2版.西安:陕西师范大学出版总社有限公司,2014.
[5] 喻平.数学教学心理学[M].北京:北京师范大学出版社,2010.
[6] 曹才翰,蔡金法.数学教育学概论[M].南京:江苏教育出版社,1989.
[7] 喻平.数学教育基本问题研究[M].南京:南京师范大学出版社,2019.
[8] 喻平,连四清,武锡环.中国数学教育心理研究30年[M].北京:科学出版社,2011.
[9] 施良方.学习论[M].北京:人民教育出版社,2001.
[10] 教材编写委员会.小学数学教学概论[M].2版.北京:开明出版社,1998.
[11] 郑君文,张恩华.数学学习论[M].南宁:广西教育出版社,1996.
[12] 曹一鸣,黄秦安,殷丽霞.中国数学教育哲学研究30年[M].北京:科学出版社,2011.
[13] 徐斌艳,等.数学核心能力研究[M].上海:华东师范大学出版社,2019.
[14] 曹一鸣,冯启磊,陈鹏举.基于学生核心素养的数学学科能力研究[M].北京:北京师范大学出版社,2017.
[15] 王永春.小学数学与数学思想方法[M].上海:华东师范大学出版社,2014.

第三章

教学设计

——如何备好数学课

3

不闻不若闻之，闻之不若见之，见之不若知之，知之不若行之。 ——《荀子·儒效》

数学教学是数学活动(思维活动)的教学，而不仅是数学活动的结果——数学知识的教学。

——A.A.斯托利亚尔

设计工作的复杂性往往被低估。许多人认为自己知道很多关于设计的知识。他们没有意识到要想做出独特、精致和完美的设计，还需要知道更多。 ——约翰·麦克林

一开始就在头脑中想好结果和目标，这意味着你对自己的目的地有清晰的了解，这意味着你知道要去哪里，从而能够更好地知道你现在的位置以及如何走才能保证你一直朝着正确的方向前进。 ——史蒂芬·柯维

教学是什么？从教育学的角度讲，教学是指有目的、有计划地安排学习经历以使学习更加有效的过程；从教育心理学角度讲，教学主要是指由教师引起的，维持与促进（支持）学生学习的所有行为；从信息加工理论和教学设计的角度来讲，教学是指通过有关信息的传播促进学生达到预期的特定学习目标的活动。

数学教育是一门设计科学（R.Lesh，B.Sriraman，2005）。教学设计是指教师对课堂教学的内容、方法、手段、活动等进行总体规划的过程，具有系统性和预设性。美国堪萨斯州立大学 Paul R. Burden 和罗德岛大学（URI）David M. Byrd 教授认为：教学设计指的是对组织、实施和评价教学所做的决策。由此可见，数学教学设计是在统合一切教学资源的基础上做出的决策。这种教学实施之前的"计划决策"（孔企平）是教师开展教学活动的预案，也是学生有效习得数学知识、形成数学技能、发展数学思维、深入数学本质、提升数学素养的保障，因此是教师所承担的最重要的任务之一。

教师进行教学设计是为了达到教学活动的预期目的，减少教学中的盲目性和随意性，其最终的目的是使学生能更高效地学习，开发学生的学习潜能，塑造学生的健全人格，以促进学生的全面发展。既然是设计，就需要思考、立意和创新。① 教学设计具有系统性，需要在分析、论证所存在的教学问题的基础上设定教学目标，然后密切围绕既定目标设计教学的各个环节，从而保证"目标、策略、评价"三者的一致性。② 教学设计具有创造性。虽然教学过程具有一定模式，但由于学情差异和教师专业水平的高下，教学设计的内容与风格不尽相同，体现了教师各具特色的教育智慧。③ 教学设计具有具体性。教学设计是教学活动的准备和基础，只有具体细致地考虑教学过程的每一个环节，才能保证教学过程的有效开展。

教学设计的思想最初来源于美国教育家杜威，他主张在理论和实践之间建立一种特定的"联系"，即建立一门所谓的"桥梁科学"，将学习理论与教学实践连接起来，目的是建立一套系统的与教学活动有关的理论知识体系，以实现教学的优化设计。20 世纪 60 年代后期，由于心理学的发展，特别是认知心理学的发展，促使了教学设计理论日益形成并发展起来，形成一门系统教学设计理论体系。

数学教学设计，是为数学教学活动描绘蓝图的过程。完成数学教学设计，教师需要考虑以下三个方面：

① 明确教学目标。课堂教学必须完成课程标准设置的要求；针对学生的学习任务，教师应该对教学活动的基本过程有一个整体的把握，按照教学情

境的需要和教育对象的特点确定合理的教学目标。

② 形成设计意图。根据教学目标，选择适当的教学方法和策略，形成科学、合理、实用和艺术化的设计意图。教学设计是一种创造过程，体现了教师对数学和数学教育的理解，具有明显的个性特征。

③ 制定教学过程。将设计意图转换为采用可操作的、有效的教学手段，创设良好的教学环境，有序地安排各个教学环节，拟订可行的评价方案，从而促使教学活动顺利进行，达到原定的目标（张奠宙等，2004）。

第一节 读懂教材

教材分析是教学设计的依据，也是教学实施的根基。数学教材依据课程标准编写而成，为学生的数学学习活动提供了学习主题、基本线索和知识结构，是实现数学课程目标、实施数学教学的重要资源。可以说，数学教材是数学课程标准的具体化，全面体现了课程标准提出的理念和目标，整体体现了课程内容的核心。教材编写人员通常由课程专家、研究人员和资深教师团队组成，他们选用贴近学生现实的素材呈现教材内容，注重知识的形成过程和文本的可读性，并经过反复推敲和长期实践而最终编定教材。因而，其中的每一道例题、每一道练习、每一幅图片、每一段对话、每一行文字甚至每一个符号，都有着独特的价值。

新手教师往往不知其意，囫囵吞枣，将教材中的例题、习题弃而不用，而选用自己组织的教学素材进行教学设计。如果这些教学素材既能起到与教材内容同等的作用，且更加贴合学生实际情况，则更胜一筹；反之则会适得其反。因此，教师必须在研究课程标准的基础上认真分析教材，宏观上要整体把握知识之间的内在联系，微观上要深入解读教材。教师应真正领会教材编写意图，读出教材里的数学知识、知识产生和形成的过程、学生学习知识的方式、数学知识承载的数学思想和方法及数学的文化和历史等。

钻研教材、把握教材，能够实现学科知识、教育知识与教学实践的有机融合，因而也是数学教师提高 PCK 的一个重要途径。在教学时，我们不妨参看不同版本的教材，通过对比找到联系与区别，这样能够使几套教材的优势互补，教师也能更全面地了解教学内容，更有利于教学目标的制定和教学活动的开展。

1. 读懂例题

现行的各版本小学数学教材内容一般都以主题图的形式呈现例题，这种呈现形式更符合儿童数学认知的特点。由于教材是以小学生为对象的，因而数学知识的呈现形式弱化了数学的抽象性、逻辑性，而且在一定程度上滤去了数学知识发展的脉络走向及相互间的广泛联系，概念和定理等大多以图文结合的形式给出结论，陈述内容较少。这就给数学教师全面而深刻地理解教材内容所承载的数学本质带来障碍。

☞ **例 1　义务教育教科书苏教版小学数学五年级上册第四单元《小数加法和减法》例 1、例 2(图 3-1-1)**

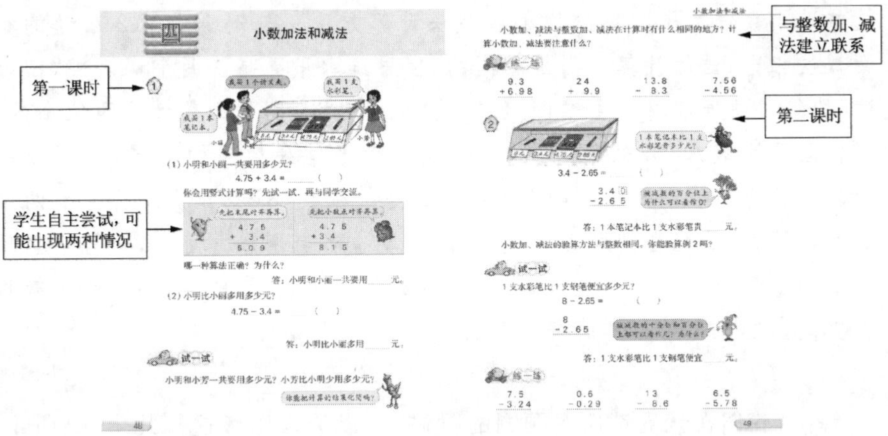

图 3-1-1　《小数加法和减法》例 1、例 2

首先，我们看到主题图(图 3-1-1)呈现了三位同学买文具的场景，这与学生的生活实际紧密相连，学生也一定有过与此类似的购物经历，能较好地唤醒学生的生活经验。三位同学分别是小丽、小明和小芳，商店橱窗中陈列着四样文具，分别是钢笔 8 元/支，笔记本 3.4 元/本，讲义夹 4.75 元/个，水彩笔 2.65 元/支。主题图中的信息十分丰富，这样就能让学生根据情境图上的信息自主提出很多关于小数加、减法的问题。这些丰富的学习素材被教材巧妙地应用到两个例题和相应的巩固练习中。

接着，我们解读其中的例题。例1有两道题，分别用4.75和3.4这两个小数做加、减运算。依据位值制原理，无论是小数加、减法或是整数加、减法，都是相同计数单位的个数相加减。然而，学生之前学习整数加、减法时，已经牢固地掌握了整数笔算的要点，即末位对齐。这就对学生探索小数加、减法的对位方法产生了负迁移的影响。学生虽然在三年级学过一位小数的加、减法，但由于参与运算的都是一位小数，他们只是不自觉地做到了小数点对齐，不能深刻理解小数加、减法也要将相同数位对齐的计算本质。因而，例1中没有以两位小数与两位小数的加、减法作为例题，而是选用了两位小数与一位小数的加、减法，从而营造认知冲突，引导学生通过自主探究和交流辨析，逐步建构小数加、减法的计算法则。例2通过茄子老师的问题，引导学生列出一道一位小数减两位小数的减法算式，继而探索被减数小数位数比减数少的小数减法计算方法。与例1中第2小题的小数减法相比，虽然计算法则是相同的，但思维水平更高。两个课时中"试一试"的练习同样取材于主题图，例1的"试一试"为两位小数加减两位小数，既巩固了小数加、减法的计算方法，又隐含着结果简化的新要求；例2的"试一试"为整数减两位小数，此时需要将被减数"8"看作"8.00"这个两位小数再计算，是配合例题的变式练习，难度也略有增加。可见，教材中呈现例题的主题图无论从情境设置上，还是数值选配上，都别具匠心，读懂教材就要读出这些隐含其中的编写意图。

综上，我们在认真钻研主题图的时候，可以深入思考这样几个问题：主题图呈现了一个什么情境？为什么要创设这一情境？该情境中包含哪些数学知识？为何要选用这一道（几道）题作为例题？主题图是怎样安排新知探索过程的，结论是在什么时候以何种形式呈现的？在充分读懂主题图意图的基础上，可以根据实际情况加以调整，例如，选用学生生活实际中的真实数据，或选用学生更感兴趣的题材作为主题情境等。但无论怎样选用或改编，教材主题图中所蕴含的教学意图应充分体现。

2. 读懂习题

练习是小学生理解、巩固知识和发展思维的重要环节之一。为了更好地实现练习的功能，数学教材在设计和编排练习时，充分考虑了数学学习的多元目标与小学生的数学学习心理，体现了练习要求的基础性和发展性、练习形式的针对性和多样性、时间分配的随机性和连贯性，以及练习过程的封闭性与开放性等诸多关系，层层递进地设置配套练习，特别注重运用对比性题组，不断增进学生对数学知识本质的理解。

例 2　义务教育教科书苏教版小学数学三年级下册第一单元《两位数乘两位数》例 5 及相应练习（图 3-1-2）

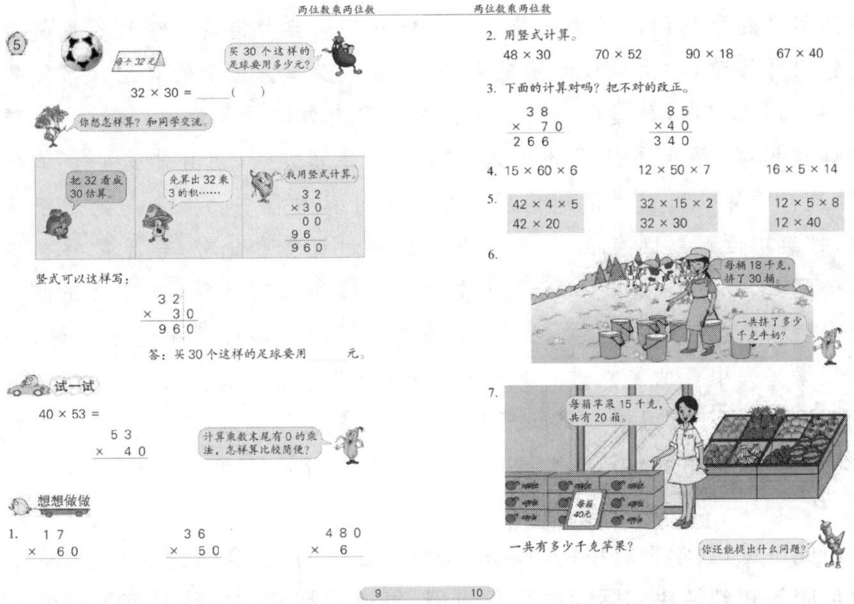
两位数乘两位数
5 每个32元
买30个这样的足球要用多少元？
32 × 30 = ____（　）
你想怎样算？和同学交流。
把32看成30估算。
先算出32乘3的积……
我用竖式计算。
32 × 30：00，96，960
竖式可以这样写：
32 × 30 = 960
答：买30个这样的足球要用____元。
试一试
40 × 53 =
53 × 40
计算乘数末尾有0的乘法，怎样算比较简便？
想想做做
1. 17 × 60　36 × 50　480 × 6
两位数乘两位数
2. 用竖式计算。
48 × 30　70 × 52　90 × 18　67 × 40
3. 下面的计算对吗？把不对的改正。
38 × 70 = 266　85 × 40 = 340
4. 15 × 60 × 6　12 × 50 × 7　16 × 5 × 14
5. 42 × 4 × 5　42 × 20　32 × 15 × 2　32 × 30　12 × 5 × 8　12 × 40
6. 每桶18千克，挤了30桶。
一共挤了多少千克牛奶？
7. 每箱苹果15千克，共有20箱。
每箱40元
一共有多少千克苹果？
你还能提出什么问题？
9　10

图 3-1-2　《两位数乘两位数》例 5 及相应练习

如图 3-1-2 所示，本课主要教学乘数末尾有 0 的两位数乘两位数。例题中的 32×30 由学生自主探索算理，在理解算理的基础上掌握简便笔算方法。“试一试”直接给出同类型的乘法算式 40×53，教材在算式下方给出了笔算竖式。这样的编排，一方面为学生降低了计算难度，学生只要利用已有竖式直接计算即可；另一方面也暗含了适时交换两个乘数的位置更便于运算的情况。教学中可以先让学生利用教材给出的竖式进行计算，再组织讨论：列竖式时为什么要把 40 和 53 交换位置？通过讨论，使学生认识到：这样列竖式，第二个乘数可看作一位数，更符合一般的计算习惯，计算时也不容易出错。在此基础上，师生共同小结这类乘法“怎样算比较简便”。

"想想做做"第1～7题是这一课时教学内容的配套练习。第1题是最基础、最有辅助性的练习,学生可以直接在教材给出的竖式上完成计算。第2题只出示了乘法算式,要求学生自己列出竖式来笔算,以此检验学生是否掌握这类乘法列竖式的计算规范,便于教师发现学生列竖式过程中存在的问题和错误,并进行有针对性的指导和帮助。学生往往对自己发生的计算错误"视而不见",但让他们找出他人的错误,却更容易发现。第3题所列的两道竖式是学生可能发生的典型错误。通过检查其中的错误并修改,学生能较好地巩固算理,进一步掌握正确的算法。第4题是两步连乘式题,每道题中均有两位数乘整十数的计算步骤,通过这一题的计算训练,学生不仅巩固了这类乘法的计算方法,而且能进一步体会到,这样的算法可以灵活地运用到相关的计算过程中。第5题是题组练习,每组中两道题既有区别,也有联系。通过计算和比较,学生能够初步体会到:三个数连乘,可以按照从左往右的顺序依次计算,也可以先把后两个数相乘,再与第一个数相乘,结果是一样的。哪种顺序运算更好,需要根据算式中数的特点进行判断和选择,帮助学生养成"先观察、后计算、灵活运算"的计算习惯。第6题和第7题都是实际问题,突出乘法运算在解决问题过程中的作用,且后一题较前一题的开放性更大。

由此可见,数学教材中的习题都是精心设置的,配合例题的学习,从基础练习巩固新知到解决实际问题灵活应用,每道题都有其独特的练习价值。因而,读懂练习要做到以下几点:第一,厘清练习的层次,遵循分层渐进的原则,使学生由浅入深地得到系统训练;第二,确定练习的时机,要根据知识点有针对性地选择所需题目进行及时巩固,做到讲练结合;第三,提升练习的功效,充分挖掘习题的使用价值,变被动机械练习为主动高效练习,要将每一道题用足、用透、用活,达到以少胜多的效果。当然,要做到以上三点,首先必须读懂习题。

3. 读懂过程

数学教材中除了呈现教学内容以外,还精心设计了数学活动展开的线索。数学教学活动是学生以已有的知识和经验为基础,主动建构、理解数学知识的过程,是教师和学生共同进行的一种富有挑战性的互动过程。数学教材围绕数学知识形成的过程,基于学生的学习需要呈现了数学活动展开的线索，清晰地表达教学的“现场感”，有助于学生更好地对自己的思考进行建构，并适时调节自己的学习方法和学习心向，主动、高效地将学习活动持续推进。

☞ **例3　义务教育教科书苏教版小学数学二年级上册第一单元《100以内的加法和减法(三)》例3(图3-1-3)**

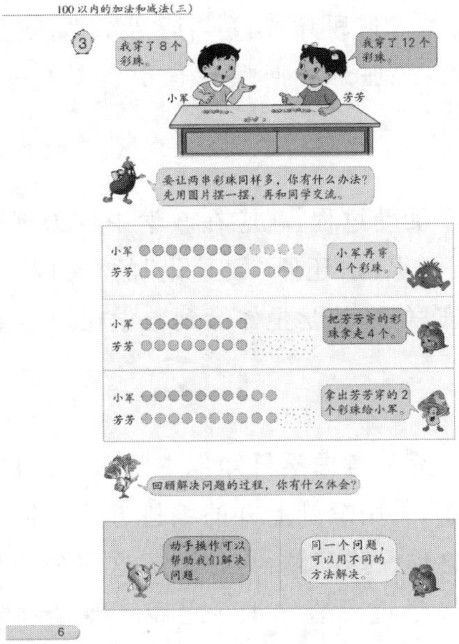

图3-1-3　《100以内的加法和减法(三)》例3

首先，教材精心选择具有现实性和“数学味”的典型问题情境(图3-1-3)，创设了小军和芳芳玩串珠游戏的活动情境，激活学生已有的认知经验，点燃自主探索的思维火花。茄子卡通代表教师形象，启示教师在创设情境后可以引导学生思考“要让两串彩珠同样多，你有什么办法”这个问题，给学生提供合适的思维空间。

其次，教材通过对学生认知过程的分析和判断，对学生思维走向做出预测和把握，在认知关键处及时加以提醒或点拨，启发学生调整和转换思维方向，引导学生在思考和交流中归纳出相关的数学概念或规律，让学生在理解相关数学知识和方法的同时，积累数学思维的经验。这里的“番茄”“萝卜”“蘑菇”小卡通代表了学生形象，呈现出学生可能想到的三种方法，以图文结合的形式提示教师应让学生在动手操作的基础上说清如何变得同样多的方法。可见，教材以一定的方式提示教师如何教、如何组织学生学，提示教师教学的重点或难点所在，也反映了学生学习的一般状况，例如，他们可能会怎样想、怎么做，他们能够理解什么、困难在哪里。课堂教学就是要把教材里的这些过程变成现实，把静态的教材变成动态的课堂学习过程，形成生动活泼的教学状态。

再次，教材还安排了回顾环节，引导学生回顾解决“使两个数量同样多”这一问题的过程，梳理解决问题过程中积累起来的经验，增强反思意识。

读懂教材中的数学活动过程，就应在教学中尽力展现数学知识形成和发展的脉络，引导学生展开思考，还原“数学化”的全过程；同时，也要还原数学与社会现实生活的真实联系，使学生体会到数学在现实生活中的价值。

4. 读懂编排

数学教材的编排在充分考虑学科知识本身联系的同时，也考虑学科知识与学生认知规律的特点，采用螺旋上升的编排方式。解读教材时不妨站在整个课程的角度多思考这样一些问题：为什么把这部分知识编排在这里？学习这个内容之前学生已经学过哪些知识？之后还要继续学习哪些知识？这一课在本单元中的地位是什么？这一单元的知识对于整个小学阶段数学学习有什么作用？为什么这样呈现新知？为什么设计这样的练习？等等。

例如，“图形与几何”领域中的“图形的认识”部分，包括常见的立体图形和平面图形，具体内容有：认识长方体、正方体、圆柱、圆锥、球等立体图形和长方形、正方形、三角形、平行四边形、梯形、圆、扇形等平面图形；认识构成图形的基本元素：线段、射线、直线、角等。人们往往认为平面图形比立体图形简单，认识图形一定是从平面图形或是构成图形的基本元素开始的。然而，数学教材的编排并非如此。例如，苏教版小学数学教材中，第一阶段是小学一、二年级，直观认识或初步认识一些几何体与平面图形，教学内容的编排是先“体”再“形”，然后是线与角；第二阶段从三年级开始，探索一些平面图形与几何体的结构特点或形状特征，教学内容的编排是先“形”再“体”，中间穿插“线”和“角”的知识。低年级的教学内容先编排“体”，后编排“形”，中、高年级的教学内容先编排“形”，后编排“体”，整个小学的图形认识编排成“体→形→体”的线索，这是因为人们在日常生活中接触最多的是物体，是具有长、宽、高三维的立体。通常所说的“面”是物体外表上的一部分，“面”要从“体”上分离出来。而通常所指的“线”是从“面”上提取的。这就是说，人们在现实生活中对几何内容的感知是“体→面→线”的线索。尤其是儿童，感知“体”比较现实，感受“形”有点抽象，感受“线”则更加难些。因此，在低年级先教学初步认识三维空间的几何体，然后教学初步认识构成几何体的二维的面，再教学初步认识构成面的一维的线，这样的教材编排是符合儿童认识发展的客观规律的。①

整体把握教材与深入解读文本是教师的基本功，是有效教学的前提，纵向要把握知识脉络，横向要沟通知识联系，教师只有做到“脑中有树”，才能“心中有数”，进而“教学有术”。专业解读教材，要多问自己几个“为什么”“是什么”“怎么办”。在不断追问的过程中紧抓数学本质，设计有效的教学目标，实施有效的数学教学。教师只有站得高、看得远，才能带着学生走得远。

第二节　确立目标

有效的数学课，离不开清晰明确的教学目标。教学目标引领着教学的方向。

1934年，美国学者泰勒(R.W.Tyler，1902—1994)首次提出了“教学目标”(Objective of Teaching)，其定义是教学过程中教师与学生期望达到的学习结果和标准。我们通常所说的教学目标是指课时教学目标。教学目标是教师设定教学重点的重要依据，是教师突破教学难点的主要参考，教学模式、教学策略和教学方法的选择就是为了有效地实现教学目标，教学过程的顺利开展同样是为了实现教学目标。是否达到预期的教学目标是教学评价的核心标准，是“一节好课”或“有效课堂”重要评价指标之一。教学目标既是一节课教学的起点又是教学活动的终点，贯穿于整节课教学活动，是整节课教学活动的主线、灵魂和根本。因此，制定全面、准确的教学目标显得十分重要。

小学数学教学目标是指在小学数学课堂教学的实施过程中，根据《数学课程标准》的相关规定和课时知识点教学的要求，师生预期达到的学习结果和标准。因而，领会课标精神是制定教学目标的前提。《数学课程标准》是数

① 沈重予，王林.小学数学内容分析与教学指导：第一册[M].南京：江苏凤凰教育出版社，2015(8)：169.

学教育的纲领性文件，学段目标、教材编写建议、实施建议等有助于数学教师准确制定教学目标和顺利开展教学活动，因而我们应该深入领会每一部分的内容和精神实质。《数学课程标准》中提出的总体目标与10个核心概念是课堂教学的大方向，应通过数学教学培养学生的推理能力、问题意识、应用意识、创新意识，积累活动经验，提高解决实际问题的能力，同时，每一领域的教学应把握最终的落脚点。

然而，由于认识的不到位，或过分依赖参考资料，一些教师在表述"教学目标"时问题颇多。有的照抄教参，有的面面俱到，有的泛泛而谈，也有的缺乏可操作性、可观察性和可测量性，等等。

美国行为主义心理学家马杰(R.Mager)被公认为是教学目标中行为目标表述方法(Behavioral Objectives)的代表人物。他认为一个完整、科学的教学目标陈述一般应包含教学目标行为主体(Audience)、行为(Behavior)、条件(Conditions)和标准(或程度)(Degree)(简称ABCD"四要素")。

① 主体主要是指目标指向的学生行为主体，体现的是学生在教学活动过程中处于"主动学习"的状态，教师角色仅是课堂教学的组织者和引导者，教是为了学生的学，学生才是学习的真正主人和主体，因此，小学数学教学目标表述中的行为主体应该是学生。

② 行为主要是指学生学习的行为，就是学生在整个学习活动中始终是自己的行为，即描述学生在教师教与学的过程中可观察、可测量和可操作的具体行为动词，如"认出……""画出……""写出……""指出……"等。

③ 条件主要是指影响学生产生学习结果的特定限制范围，即学生在什么条件下和什么范围内产生行为，行为时获得教师或其他主体哪些帮助。例如，"在教师的引导下，使用三角尺画出直角三角形"，这里的"教师引导"和"使用三角尺"就是行为的条件。

④ 标准(或程度)是指学生在一节课教学中要求达到的基本要求或者是学习结果所达到的程度，具有可测量性，如"至少掌握两种分析与解答这类实际问题的方法""掌握三角形的面积公式推导"等。

基于以上分析，我们在确立教学目标时可以从以下方面加以考虑。

1. 教学目标的主体性

教学目标的陈述须站在学生的角度，体现课堂教学过程中"以学生发展为本"的理念，体现从"以教师为主"向"以学生为主"的转变，体现教师角色由传统的课堂教学中的"知识的传授者、课堂的掌控者、学生学习的主导者"向课堂教学中的“组织者、合作者、引导者”的转变。

☞ **例4 义务教育教科书苏教版小学数学四年级上册第八单元《角的度量》一课的教学目标设定**

原教学目标为：

引导学生通过观察和交流认识量角器，分析量角器的基本构造，引出角的计量单位，并教授用量角器量角的步骤和方法，培养学生的空间观念。

以上教学目标的表述中，主语是教师，这就把教师当作了教学目标的主体，学生成了教学目标的客体。事实上，教学目标是指学生通过教学活动预期达到的学习结果，是想让学生通过数学学习而到达的目的地，而非教师的教学任务或活动安排。教师完成教学任务并不意味着教学目标的必然达成，而只有学生达到预期的结果，才能说达成教学目标。因此，学生是教学目标的主体。在表述教学目标时，要突出学生作为教学目标的主体性。

现教学目标改为：

通过观察和交流，认识量角器，了解量角器的基本构造，知道角的计量单位，初步学会用量角器量角，形成角的大小的空间观念。

2. 教学目标的整体性

数学教学目标应从知识技能、数学思考、问题解决、情感态度四个方面来整体思考和设计。这四个方面不是相互独立和分割的关系，而是紧密联系又相互融合的一个整体。数学思考、问题解决、情感态度的发展离不开知识技能的学习，知识技能的学习必须有利于其他三个目标的实现。这四个方面的具体目标，表面上似乎是并列的，其实可以分为两组：知识技能的目标往往是通过学生学习的结果体现和达成的，简称为“结果目标”；数学思考、问题解决、情感态度的目标往往是通过学生学习的过程体现和达成的，简称为“过程目标”。但是，知识技能的目标表述中也有“经历”“参与”这些行为动词，所以其中也包含过程目标；数学思考、问题解决、情感态度的目标表述中也有关于运算能力、推理能力、解决问题能力方面的内容，所以其中也包含结果目标。也就是说，“结果目标”与“过程目标”不能截然分开。教师在制定教学目标时，不但要关注“结果目标”，也要关注“过程目标”。事实上，数学教学不仅要向学生提供数学的知识技能，而且也要促进他们在数学思考、问题解决、情感态度方面的成长。知识技能的目标是基础，数学思考、问题解决、情感态度的目标不能离开知识技能凭空实现。

☞ **例 5　义务教育教科书苏教版小学数学四年级上册第二单元《商不变的规律》一课的教学目标**

① 经历探索商不变规律的过程，理解和掌握商不变的规律；

② 在参与学习活动的过程中，体验探索和发现数学规律的一般过程，获得一些探索数学规律的经验，发展归纳推理能力；

③ 在发现数学规律的过程中，体验数学活动的探索性与创造性，感受数学结论的严谨性与确定性，获得学习成功的体验，增强学好数学的自信心。

其中，第 1 项教学目标指向“知识技能”，前半句是过程目标，后半句是结果目标；第 2 项教学目标着重于“数学思考”，同时伴随着“问题解决”，因为得出数学结论也是问题解决的一种形式；第 3 项教学目标体现了“情感态度”，其中“感受数学结论的严谨性与确定性”是让学生体会数学的特点，而其他方面指向于数学学习活动的态度。

3. 教学目标的适切性

教学目标的设置，要符合学生的认知特点、顺应学生的认知基础，难易适中。目标过高，学生容易产生畏惧心理，丧失信心，学习积极性不高，教学效果不好，课堂氛围差；目标过低，学生学习无压力，轻轻松松，收获不大，促进不了学生的发展，起不到激发学生探究知识欲望的作用。因而，教师在制定教学目标前，必须先读懂教材、读懂学生，充分考虑学生的知识背景、已有的生活经验，考虑学生的可接受性，找到学生数学认知结构的“最近发展区”。

☞ **例 6　义务教育教科书苏教版小学数学二年级下册第一单元《有余数的除法的认识》一课的教学目标**

学生在二年级上学期已经学会表内除法，也已经接触过许多正好全部分完的事例。本节课教学有余数的除法，是表内除法知识的延伸和扩展。这部分教材注重联系学生已有的知识和经验，结合具体情境，引导他们在“平均分物”的操作中感受有余数的除法的基本含义，初步学会用相应的算式表示“平均分后还有剩余”的操作结果，发现“余数要比除数小”

的规律。二年级学生的思维以具体形象思维为主。教学时，教师要让学生带着问题充分动手操作，亲自去体验分铅笔、摆正方形等“平均分物”的过程，感受有余数的除法的形成过程，使他们通过操作、观察、讨论、概括等数学活动获取知识，提升思维水平。

基于此，本课的教学目标可以从以下三个方面设定：

① 经历把平均分后有剩余的现象抽象为有余数的除法的过程，初步理解有余数的除法及余数的含义，并能根据平均分后有剩余的情况写出相应的算式，正确表示商和余数，正确读出有余数的除法算式；

② 在认识有余数的除法的活动过程中进一步积累操作、观察、交流等学习活动经验，发展初步的分析、比较、抽象和概括能力；

③ 进一步感受数学与生活的密切联系，体会与他人合作的乐趣，培养主动参与数学活动的态度和习惯。

4. 教学目标的可测性

教学目标是全体学生在一节课结束时应达到的基本标准。既然是一种标准就必须具有可测量性，否则就失去教学目标本身具有的评价功能。因此，目标陈述要精准、具体，明确学生的学习结果是什么、达到什么要求、实现什么目的，所采用的行为动词要求尽可能地是可观察到的外显行为，或运用可测量的语句来陈述目标。

例 7　义务教育教科书苏教版小学数学四年级下册第十单元《三角形的内角和》一课的教学目标

① 通过观察、操作、比较、归纳等活动，发现并掌握“三角形的内角和等于 180°”，并能运用这一知识求三角形中一个未知角的度数；

② 经历质疑、猜想、实验等探索过程，初步感受从特殊到一般的认识过程，发展合情推理能力和演绎推理能力；

③ 在探索规律、应用规律解决问题的过程中感受数学的美，体会数学的价值，增强学习数学的兴趣。

以上教学目标中使用了“掌握”“运用”“经历”“感受”等行为动词，指向性明确，既便于落实在实际教学中，又为本课提供了教学评价标准。

在实践中，教师在刻画知识与技能目标或描述数学活动过程时，往往忽略目标动词的使用，造成课堂教学目标不明确，教学内容安排难易不合理等。教学目标的设计既要关注近期目标，也要考虑学生的长远发展；既要使学生获得知识与技能，又要将知识与技能的学习过程落在数学思想方法的体会、领悟上，数感的增强上，抽象概括能力的提高上，空间观念的发展上，等等。制定教学目标既要立足当下，又要放眼未来，准确选择好目标动词，课堂就有了明确的定位，就有了生命力。《数学课程标准》中对目标动词有明确的表述。教学目标中的行为动词可分为两类：一类是描述结果目标的行为动词，包括“了解”“理解”“掌握”“运用”等；另一类是描述过程目标的行为动词，包括“经历”“体验”“探索”等。这些词的基本含义如下。

了解：从具体实例中知道或举例说明对象的有关特征；根据对象的特征，从具体情境中辨认或者举例说明对象。同类词：知道、初步认识。

理解：描述对象的特征和由来，阐述此对象与相关对象之间的区别和联系。同类词：认识、会。

掌握：在理解的基础上，把对象用于新的情境。同类词：能。

运用：综合使用已掌握的对象，选择或创造适合的方法解决问题。同类词：证明。

经历：在特定的数学活动中，获得一些感性认识。同类词：感受、尝试。

体验：参与特定的数学活动，主动认识或验证对象的特征，获得一些经验。同类词：体会。

探索：独立或与他人合作参与特定的数学活动，理解或提出问题，寻求解决问题的思路，发现对象的特征及其与相关对象的区别和联系，获得一定的理性认识。①

第三节　分析任务

教学任务是为了实现教学目标而引入教学活动的，通常包含教学主题、学习素材、评价项目等，从教学结果的角度看，它也可以算作一种实践中的教学目标。分析数学教学任务的目的在于明确学习主题属于哪一类目标，它所包含的数学知识、方法有哪些；学生需要具备的数学知识（方法）前提是什么；

① 中华人民共和国教育部.义务教育数学课程标准[S].2011年版.北京：北京师范大学出版社，2012：72-73.

学习素材与教学目标的联系是什么；评价项目可以考查哪些教学目标的实现情况等。

1. 教学内容分析

教学内容分析有利于明确教学内容的逻辑结构，有利于把握教学内容的背景、深入学科本质，较好地建立新旧知识之间的联系，从而使数学教学"视野"更宽，"立意"更高，"定位"更准。因而，在进行教学内容分析时，教师不仅应"瞻前"，也要"顾后"，不仅要分析学生的认知基础，还要研究学生的学法经验。深入透彻地分析教学内容，能使教学更加符合数学的发展规律，更加符合学生的认知规律，也能让教师更好地选择教学载体，开发教学资源，让学材更丰富、生动，让学法更灵活、多样，让教学更有效、开放。

☞ **例 8　义务教育教科书苏教版小学数学五年级下册第四单元《分数的意义和性质》**

从下面的流程图(图 3-3-1)中可以看出本单元教学内容在整个小学阶段分数教学中所处的位置。

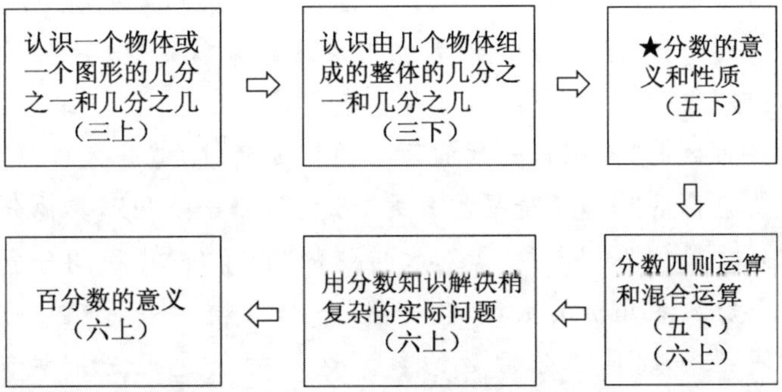

图 3-3-1　小学阶段分数教学流程图

在此之前，学生曾经初步认识分数，知道把一个物体、一个图形或由几个物体组成的整体平均分成几份，其中的一份或几份可用几分之一或几分之几来表示。在此之后，学生还将继续学习分数的四则运算和混合运算，学习依据分数的意义分析和解答相关的实际问题。通过这部分内容的教学，不仅可以扩展学生对数的认识，而且能够有效提升学生思维的抽象水平，促进对现实生活中数量关系的进一步理解和把握。

分数究竟是什么样的数？教材中能找到这样的定义：把单位“1”平均分成若干份，表示这样的一份或几份的数，叫作分数。事实上，分数有两层含义，一是作为“量”的分数（带有量纲），一是作为“率”的分数（无量纲）。

学生常常不认为分数是个“数”。实际上，“计数单位与其个数乘积的累加就得到全部‘数’”。自然数因为是“十进位值制”的，所以计数单位是“1、10、100、…”。不同计数单位与其个数的累加就构成了全部的自然数（某个计数单位的个数为“0”时，也要写出“0”，即0的“占位”作用）。小数也如此，增加小数的计数单位“0.1、0.01、0.001、…”后，其累加的过程与自然数累加的过程基本相同，只不过有“有限次累加”与“无限次累加”两类。有限次累加就得到“有限小数”，无限次累加又分为“两种情形”：其一，不同计数单位的“个数”是有规律地出现的，例如，小数的计数单位的个数都是“3”，则这个小数是$0.\dot{3}$，也就是1/3；其二，如果计数单位的个数情况复杂，没有规律，则无限次累加的结果是“无限不循环小数”，即是无理数。

由此，我们可以认为“分数的意义”应该是“任何一个分数都是其分数单位累加的结果”（如同自然数、小数的组成与分解），即先有“分数单位”，再数出单位的个数，个数与分数单位相乘的结果就是“分数”。这样看待“分数”，全部“数”的构成与结构就都一致了。

沿袭自然数的“传统”，分数的两个关键要素就是“分数单位”“单位个数”，即分数单位的“分母”是平均分的“份数”，分子是“1”，其他分数的“分子”就是“分数单位”的“个数”。这和传统的“把单位‘1’平均分成若干份，表示这样一份或者几份的数，叫作分数”本质相同，并不矛盾。正如华应龙老师所说：“分数是先分后数的数。”这样的表达乃是一种简单的丰富——“分”，就是创造了一个单位；“数”，就是数有多少个单位。这样，从分数单位的角度来理解分数的意义，更自然，更有后劲。因为，分数单位同自然数的计数单位本质是一致的，但因为分数单位是随着单位“1”被等分的份数的变化而变化，不像自然数（一、十、百、千、万等）或小数的计数单位（十分之一、百分之一等）那样固定，这就使学生理解起来比较抽象和困难。更困难的是，单位“1”可以被平均分为任意等份，从而任何一个分数都有无数多个“分数单位”。分数单位不同，其所对应的“个数”就不同，但两者的乘积是一样大的。而一个固定的自然数（或有限小数）的计数单位是有限个，各个单位之间的关系又都是“十进”的。因此任何一个分数都是一个“类”，其中最简分数是这个类的“代表”，例如，$\frac{1}{2}$可以说是“1个$\frac{1}{2}$”，或者“2个$\frac{1}{4}$”，甚至“16个$\frac{1}{32}$”等，即$\frac{1}{2}=\frac{2}{4}=\frac{3}{6}=\frac{4}{8}=\cdots$，其中，$\frac{1}{2}$是这个“类”的代表。因此，张奠宙教授认为：分数等价类中的每一个表示(分数)，各有各的用处，都有其特定的价值。分数的这个特点，既有学习难度，又有思想高度，是一个重要的数学思想方法。每一个分数都构成了一个“等价类”，就是弗赖登塔尔所说的“分数是个代数概念”的主要体现之一。但小学阶段不可能这样讲，而是以“分数性质”的形式学习。不管怎么说，把分数看成是“分数单位的累加”不仅延续了自然数的认识，又为进一步理解分数的性质及分数的加减运算打下了坚实的数学基础。从这个角度来认识分数，学生就能够真正理解为什么同分母分数加减只需要“分子相加减而分母不变”，而异分母分数加减则必须“先通分，然后再分子相加减，分母不变”，从而进一步理解“加减法计算的本质就是相同计数单位‘个数’相加减”，“通分的本质就是寻找两个分数的相同计数(分数)单位”，这也是分数的通分、约分和扩分(寻找等值分数)的“理论依据”。①

通过上面的例子可以看出，教师在做教学内容分析时应尽可能从数学知识生成的本原上加以分析和研究，并用心弄清知识之间的内在关联。与教学内容相关的是学习类型的分析，不同的学习类型，学生学习的心理过程和达成预期教学目标的内外条件不完全相同。一般我们把数学学习分为数学知识的学习、数学技能的学习和数学解决问题的学习三种类型。

2. 学生学情分析

教是为学服务的，教材知识结构能否顺利地转化为学生的认知结构，一个重要的前提就是教师要对学生的具体学情有清晰的把握。因此，准确地了解学情，是教学分析的关键，是制定教学目标、实施有效教学的重要依据。

学生学情分析是一种可能性的分析，因而是一种主观性的分析。学生学

① 刘加霞.通过“分”与“数”，分数是个“数”？——兼评华应龙老师执教的“分数的意义”[J].人民教育，2011(6)：40.

情分析分为两个方面:一是整体学情分析,包括学生已学旧知、相关学习经验及学习相关知识的能力水平等;二是个体学情分析,以“最近发展区”思想,正视学生之间的现实差异,包括学习难点分析、认知目标分析、学习活动分析、学习流程分析等。教师在设计教学方案时要注意学习任务的多样性和可选择性,为后进学生搭建起步的台阶,为拔尖学生指出探索的方向,照顾不同水平学生的需求,帮助学生构建数学认知结构。

如例8中,学生在系统学习分数知识之前,已经初步认识了分数,遇到把一个物体平均分或者把若干个物体组成的整体平均分的时候,会用分数表示其中的一份或几份;能够在直观的情境中比较同分母分数的大小;会进行同分母分数的加、减法计算;掌握了因数和倍数的知识,会求两个数的最大公因数和最小公倍数。可以说,他们已经具备了深入学习分数知识的条件。

再从学习内容的角度来看,分数知识对于学生的数学学习具有十分重要的意义。在知识技能方面,认数与运算的范围将有很大的扩展,不仅能用整数、小数,而且能用分数刻画现实生活里的一些现象;在数学思考方面,由于分数的意义比整数、小数更加抽象,分数的运算比整数、小数更加复杂,思维能力会有更大的发展;在问题解决方面,分数能够表示部分与整体的关系,能够表示两个数量之间的倍数关系,且将会认识许多新的数量关系,发现和提出问题、分析和解决问题的能力会有新的提高;在情感态度方面,会对数学及数学学习更有兴趣,会对数学与人类社会相互影响、共同发展的关系更有体会。

从学生认知的角度来看,分数知识的学习对于学生来说有一定的难度。分数单位不像自然数或小数的计数单位那样固定,因而要学生理解“任何一个分数都是其分数单位累加的结果”,相对来说更加抽象和困难。一直以来,在学生的心目中并不承认分数是个“数”,是个“结果”。例如,学生在解决实际问题时,答案若是“$\frac{3}{2}$米”,学生几乎都要化为“1.5米”,似乎只有看到这个结果,心里才“踏实”。出现这个现象的原因很多,关键是分数既不是“十进制”的,也不是“位值制”的,无法按照自然数的习惯看出其大小。另一个重要原因是,学生在学习“分数”时一直不把它当作一个“数”,而是当作“率”来理解,用于刻画“部分与整体”或“部分与部分”的“倍比”关系。还有一个不可否认的事实是,现实生活中的“数”与“量”都用自然数或者特殊的十进分数——有限小数表示,而不用分数表示“量”的大小。除了自然数以外,学生更认可“小数”是个“数”,因为从数的意义上看,小数与自然数的“血缘关系”更“亲近”：都是十进位值制。

学生学情分析的准确性和有效性与教师的教学经验的丰富性有直接的关系。缺乏相关教学经验的教师可以通过访谈、对话、问卷等方式，研究学生这一知识板块的经验基础，以及学习过程中可能存在的问题。总之，学情分析要基于对教材整体的深度的把握，要真正关注学生的学习困难，满足学生发展的需求，关注和促进他们的发展。在充分了解学生的数学现实的基础上制定的教学目标，才是回应学生需求、促进学生发展、切实有效的教学目标。

3. 教学重难点分析

教学重点是指连贯全局、带动全部，在整个教材体系或课题结构中处于重要地位的内容。教学重点的制定，最根本的是要对教材内容和课程标准的要求有较深刻的认识，从而抓住其核心内容。

教学难点是指学生难于理解的知识或难于形成的技能。难点主要产生于教材内容的深度、广度与学生接受能力之间差异最大之处。教师只有在完全把握教学内容和充分了解学生的认知特点与心理发展规律的基础上，才能准确估计数学教学中的难点，并设法突破难点，排除学生在数学学习上的障碍。

分析教学重难点，是教师在分析教材知识的基础上，按照教材的知识逻辑线，从学生视角揣摩学习要点、学习障碍及学习困惑，从而把握学生学习数学新知的认知起点和认知落差。如果学生认知与某个数学新知的落差较大，就应当将这部分数学新知作为学生的学习重难点，师生就应重点关注，对这些学习内容及教学程序和方式做出适度调整，从而助推学生对数学知识的理解。

☞ 例 9　义务教育教科书苏教版小学数学五年级下册第四单元《分数的意义》教学目标和重难点

依据例 8 对《分数的意义和性质》这一单元的教学内容分析可知，“分数单位”的认知是十分重要的，因而，第一课时《分数的意义》的教学目标及教学重难点可以设定为：

① 在具体情境中产生以分数单位进行度量的需要，认识分数单位，理解分数的意义，能根据具体情境表示相应的分数，联系实际情境解释或说明分数的具体含义，能说出分数的组成。

② 经历由具体到抽象的理解分数意义的过程，感受分数单位的价值，体会数的发展，培养观察、比较、分析、抽象、概括等思维能力，体会模型思想，进一步发展数感。

③ 体会用数学方法表示具体问题的作用，感受认识分数对于生活现实的意义和价值，体会数学乐趣。

教学重点：认识分数单位，理解分数的意义。

教学难点：在具体情境中产生以分数单位进行度量的需要，理解任何一个分数都是其分数单位累加的结果。

4. 教学思路分析

教学思路，不仅包括整体性教学谋划、教学流程，也包括细节性教学步骤、环节设计等。教学活动要按照学习的逻辑线，在确定学习重点、难点的基础上，将教材知识内容转化为学生学习活动的过程。分析教学思路，要根据学生的学习心理，分析目标定位、目标达成。

☞ **例10　义务教育教科书苏教版小学数学六年级上册第一单元《长方体和正方体》第一课时《认识长方体和正方体》教学思路分析**

在学习本课之前，学生已经能直观认识，甚至能够迅速、正确地识别长方体和正方体，但他们的认识仍然是粗糙的，并不能全面把握长方体和正方体的结构特点。

首先，为了让学生比较深入地、全面地，并且有结构地了解长方体、正方体的特点，教师应呈现如积木块、饼干盒、电冰箱等长方体物体的图片，利用这些实物启发学生联想生活中哪些物体的形状是长方体，在现实情境中引出教学的研究对象，把学生学习的注意力集中到长方体上。

其次，引导学生观察长方体，认识直观图，以及面、棱和顶点。学生已经知道，在不同的位置观察长方体形状的物体，看到的面的个数会不同。有时只能看到一个面，有时能同时看到两个面，最多能同时看到三个面。然而，把立体的形状画在纸上形成直观图就能表示出所有的面，其中实线画出的是能够看到的面，虚线勾画的是不能直接看到的面。学生把立体图形与直观图有机联系，感受到直观图能真实表达立体的形状与结构，并根据直观图想象相应的物体，这样能较好地发展学生的空间观念。面、棱和顶点是长方体结构的要素，是与长方体密切相关的三个概念，也是研究长方体特征的主要着眼点。物体有“面”是学生已有的认识，只要让他们在立体上摸摸面，在直观图上指出面，就感知了长方体的面，不必再做过多的解释。两个面相交的线叫作“棱”，这是对棱的数学解释。学生需要观察并通过实物操作、演示，才能体会“两个面相交”及相交的“线”的含义，形成棱的概念。三条棱相交的点叫作“顶点”，要让学生在长方体上摸一摸，在直观图上指一指，感受每一个顶点都是三条棱的交点。

再次，分类观察，逐步发现并描述长方体的特征。教师应鼓励学生主动探索、合作交流，先数出长方体有几个面、几条棱和几个顶点，在“量”的方面把握长方体的结构。再深入研究长方体的特点，进行的学习活动有看一看、量一量、比一比；研究的内容是长方体面的形状与相互关系、棱的长度与分组；研究的目的是整理出长方体的特征。长、宽、高的教学能促进学生对长方体特征的进一步认识，教师不仅要让学生知道什么是长方体的长、宽、高，还应让学生发现，从长方体的任何一个顶点，都能找到长方体的长、宽、高；不但要求学生在立体上指出来，还应要求学生在直观图上看出来。

接着，在认识长方体的基础上，引导学生迁移应用认识长方体的学习活动经验，自主探索正方体的特征。然后，比较长方体和正方体的异同。通过比较，让学生体会正方体具有长方体的所有特征，理解“正方体是特殊的长方体”，并用集合图表达这种关系。

最后，通过一组有层次的练习巩固长方体和正方体的特征，以及长方体的长、宽、高和正方体的棱长等内容。

由此可见，本课的教学思路应该是：实物引出长方体—观察长方体，认识长方体的面、棱和顶点—研究长方体的特征—探索正方体的特征—建立长方体和正方体的关系—巩固练习。

5. 教学方法分析

教学方法是将教师的教学思路落实到位的根本措施、策略、方式等，是教材“教学化”的必由之路。在数学课堂上，固化的教材与灵动的学情始终是交织在一起的一对矛盾，而教学方法能对错综复杂的教学现场、状态等进行把握、调控。教师要对教学内容进行分析，以便更好地探寻合适的教学方法。

每一种教学方法都有其独特的功能和一定的适用范围，教师在实际教学时能否正确选择和运用教学方法是影响教学质量的关键之一。选择教学方法应当讲究科学，符合教学的实际情况，以获得最优的教学效果。选择的主要依据有：教学目的与任务、教材内容、学生的实际情况、教师自身素养及教学条件、教学时间和效率等。

美国全国数学教师委员会颁布的《数学教学专业标准》提出，数学教师教学的好坏应从"情境、选题、议论、分析"四个方面设置标准，具体为：① 创设教学环境，适应数学教学；② 设立目标，选择或创设课题，以帮助学生达到这些目标；③ 激发和组织课堂议论，让学生明白正在学习什么；④ 分析学生的学习情况、数学课题，以便做出进一步教学决策。

我国在改革与实验中涌现出了一大批有影响的教学方法，如六课型单元教学法（黎世法），"尝试、指导、变式、回授"教学法（顾泠沅），研究教学法，学导式教学法，发现式教学法，"大问题"教学法（黄爱华），等等。

教育理论的发展对传统教学方法产生冲击，数学教学方法的发展有以下趋势：① 由"注重教师的教"转变为"师生共同合作"；② 由"封闭式"转变为"开放式"；③ 尝试"问题解决"为中心的教学模式；④ 深入研究"再创造""探究式"教学方法；⑤ 先进信息技术手段辅助教学；等等。

综上，通过教学内容分析、学生学情分析、教学重难点分析、教学思路分析和教学方法分析，教师才能精准地进行教学预设，设置关键性的教学问题，促进学生的数学思维的自然生长，发展学生的数学素养。

第四节　组织教程

现代教学设计以系统论、最优化为指导，坚持"以学生为中心"，坚持"为学习而设计"，坚持科学性与艺术性相结合。然而，当前小学数学课堂教学设计还存在着信息堆积、静态知识梳理、学生被工具化等问题。[①] 数学教师在组织教学过程时，应注意以下几点：

① 改变信息无序堆积的现状，合理组织教学内容。教学设计时首先考虑教什么。如果教师将教材中的例题和习题不假思索地挨个讲练一遍的话，就不可避免地会造成课堂教学的无趣与学习过程的混乱，学生往往要靠死记硬背来获得概念，靠简单模仿来形成技能。教师在选用教材信息的过程中，必须首先与文本进行对话和交流，读懂文本的"原意"，领悟其背后的思想和意

① 杨豫晖，宋乃庆.小学数学课堂教学设计的问题与对策[J].课程·教材·教法，2009(4)：39.

图,挖掘可以充分体现核心概念价值特征的渗透点,从而合理地进行筛选和组织,以实现数学学习的真正价值。

② 改变静态呈现的教学方式,重构学习活动过程。抽象性是数学的最大特征。如果教师仅仅将学习内容静态地呈现给学生,那么对于他们来说,数学只能是一堆冰冷的符号,学习的成果只能停留在静态知识的表层。只有在找准学生思维起点的基础上,精心设计知识的动态演绎过程,让学生亲历探究发现过程和知识的形成过程,才能在学生掌握知识技能的同时发展数学思维。更为重要的是,数学的思想方法具有不可教的特性,只有通过学生数学活动的过程,在观察、比较、抽象、概括、归纳、推理等活动中逐步形成。

③ 改变学生被工具化的灌输模式,激活课堂生命价值。教学设计中屡见不鲜的命令式语词反映了教师对教学的控制,这种将学生也看作教学中可以控制的元素之一,只注重学生接受式学习的教学形式即为"灌输-接受"模式。其弊端显而易见。而我们所追求的,是在创设生活化的教学情境、人文味的思考环境之下,学生亲历数学化的过程,获得主动建构的成果和体验。这个主体体验的过程正是对客观的"数学知识"进行主观"意义赋予"的过程,体现了科学理性和人文情怀的统一,从而丰盈学生的精神生命与生活。

教学设计是一项具有科学性和独创性的系统工程,要真正体现其在整个教育教学活动中的作用和价值,必须对教学过程进行整体的把握和精心的设计,这个过程正是体现了教师的教育智慧和职业价值所在。徐文彬教授认为:关于小学数学教学设计研究的未来展望就必须奠基于系统思维。唯有如此,我们的教学设计研究才有可能真正窥见小学数学教学的真实奥秘,并开拓其广阔的实践领域,以提升数学教师专业发展的水平与境界。[①]

1. 创设教学情境

在第二章中我们曾谈到,重视新课"导入"设计是中国数学教育特色之一,创设情境导入新课就是其中的一种方法。

情境的设置"对于引导学生开展数学探究起着思维定向、激发动机的作用"[②]。首先,数学问题产生于一定的情境。从远古人类的屈指计数到埃及的尼罗河泛滥造成土地测量的需求而产生几何学,现实世界就是数学的源头,

① 徐文彬."教学设计的研究"三十年:回顾、反思与展望[J].教育研究与评论(小学教育教学),2013(4):8.

② 吕传汉,汪秉彝.论中小学"数学情境与提出问题"的数学学习[J].数学教育学报,2001(4):10.

也是产生数学行为的条件。人们通过对真实情境中数学信息的观察、分析，产生疑虑、困惑，逐步发现、形成数学问题，最后通过解决问题形成数学知识，获得创造性数学成果。其次，数学知识的建构依赖于情境。社会建构主义认为：在具体的问题解决中，知识具有情境性，需要针对具体问题的情境进行再加工和再创造；尽管通过语言赋予了知识一定的外在形式，甚至这些命题获得了较为普遍的认同，但这并不意味着学习者对这种知识也有同样的理解。真正的理解只能是由学习者自身基于自己的经验背景而建构起来，取决于特定情境下的学习活动过程。知识是情境化、个体化的产物。① 最后，数学素养的全面发展离不开真实问题情境。PISA 测试框架中将数学素养定义为“学生在各种各样的现实情境中表达、运用和解释数学的个人能力”，因而其呈现给学生的问题一定有来自现实世界的情境。这样的评价视角引发我们对数学教育目的的深层思考：我们教学生数学的目的是什么？我们希望通过这个过程达到什么样的结果？很显然，我们所教的学生中只有极少数会变成数学家，更少的学生会变成纯数学的学者。其他学生应该学什么呢？学生是否在数学技能上准备好迎接未来生活和工作中的挑战？显然，数学应满足每个人现在和未来的个人生活、职业生活和社会生活中的作用和需求，数学教学应关注学生的数学素养，关注学生的未来发展，关注学生的发展潜能。

当前，我国的部分小学数学课堂对情境的理解有一定的偏差：有的情境中不包含数学问题，只为引起学生注意而出现在导入部分；有的情境采用稚化教学，大量使用迎合儿童的热门卡通形象，与现实世界也毫无关联；有的情境单纯为了考查学生计算能力，出现了与实际情况严重不符的数据……这些情境的应用是低效的，甚至无效的，使得数学成绩很好的学生也未必能解答简单的现实问题。②

正如著名特级教师徐斌的“无痕”教育所倡导的那样，让一节课在“不知不觉中开始”。数学教师要善于从学生生活中选取鲜活的素材，创设真实问题情境，让学生感受到“数学来源于生活，数学应用于生活”。

2. 组织探究活动

探究学习是学生数学学习的一种重要方式，是学生在教师的引导、启发和点拨下，运用实验、观察、分析、综合、归纳、概括、类比、联想等方法，积极主动地进行自主数学探究、发现的过程。探究学习与布鲁纳的发现学习在本质

---

① 曹一鸣，黄秦安，殷丽霞.中国数学教育哲学研究 30 年[M].北京：科学出版社，2011：62.

② 仲秋月.真实问题情境：连接现实世界与数学世界[J].江苏教育研究，2020(Z5)：67.

上是一致的，符合学生的认知规律和心理特征，符合数学知识的形成过程，对于培养学生的自主探索精神、发展学生的创新思维有着不可估量的作用。[①]这种学习模式注重生本教育理念，得到了广大教育工作者的认同。

(1) 设计探究问题

探究学习是以问题为中心展开的，是基于问题的学习。有了问题，才能“将知识的认知过程当作是问题解决的过程，将学习看作是学生独立探究、发现和解决问题的过程”。问题，使学生明确探究的目标和方向，改变已有认知结构的平衡状态，激发学习的兴趣和思维的活力。好的问题不是教师强加给学生的，而是教师通过创设情境引导学生自主发现、主动提出的。引导学生提出一个有价值的探究问题，能使学生处于“心求通而未得”的愤悱状态，更好地激发学生的探究兴趣。

(2) 营造探究氛围

民主和谐、轻松愉悦的探究氛围，无疑能为学生提供一个良好的探究空间。学生在面对新旧知识冲突时，自主架设知识结构中的原有观念与探究问题之间的桥梁，无论是否成功，学生提升的将是一种“内部连结”的能力，这种“内部连结”便是探究活动的实质(黄文达)。此时，应让学生有一个相对自由的时空，不急于引导，让学生试一试；不急于演示，让学生做一做；不急于提示，让学生想一想；不急于总结，让学生说一说。

(3) 提供探究材料

学生在探究学习的过程中需要借助一定的材料、工具、设备等才能有效展开。例如，具有圆形面的各种物体、圆规、系着重物的棉线、一头系着图钉一头系着铅笔的特殊工具等材料能帮助学生自主探究圆的特征及圆的画法，为学生的思维发展提供物质保障。而认识三角形三边关系时，教师提供给学生哪些长度的小棒，更体现了教师在引导学生探究时无痕的指导与预设。随着信息技术手段的日益先进，直接在几何画板中观察图形的运动和变化，不仅可以丰富学生的感知，拓展想象空间，更能与时俱进地利用软件技术促进学生数学学习。可以设想，在不远的将来，未来教室中云计算的实践和推广、3D打印机等先进工具的引进，无疑将给课堂教学带来巨大的变化，学生的探究学习充满着无限可能。

(4) 丰富探究形式

探究活动的组织形式可以根据探究内容自由选择，如独立思考、小组合作、

---

① 涂荣豹，杨骞，王光明.中国数学教学研究30年[M].北京：科学出版社，2011：89.

集体研讨等；也可以是不同形式的组合，如先独立思考再小组交流、先小组合作再全班交流、先小组分工再独立完成最后小组整合、课外探究课内交流等。分组的形式也是多样的，如分层探究活动中可以采用同质分组来完成不同能力水平的学习任务；开放性问题探究活动中可以采用异质分组以积聚集体力量分享智慧；调查统计活动中可以采用随机分组以保证样本的普遍性和真实性等。教师作为学生“数学学习共同体”的重要一员，不能孤立于学生探究活动的组织之外，应真正树立民主意识，参与学生数学学习的全过程。多样的组织形式，使全体成员在“数学学习共同体”中，积极参与、相互作用，激发和调动每个人的经验、意向和创造力，实现“优势互补”，促使数学学习富有成效。

(5) 关注探究进程

在学生独立探究的过程中，教师并不是无所事事，而应该密切关注每个小组的研究进程及所有学生的思维动向。学生困惑时，可以稍做提示，帮助学生有所发现，增强进一步探究的信心；小组交流中，指导学生学会倾听，学会表达；注意收集学生不同的探究成果，为交流和总结做好准备；通过激励性的评价，控制活动时的课堂纪律，鼓励学生大胆尝试、勇于表达。

(6) 梳理探究成果

探究活动一般经过情境设疑、探究释疑、归纳疏疑、验证应用、小结反思等几个重要环节。而学生独立探究的成果往往是零散的、即时的、不确定的。这时，教师应以一个“伙伴”的身份，静下心来聆听学生真实的思维，并正确分析，判断生成性资源的价值，合理地捕捉其中的“亮点”资源，果断地加以引导，从知识的基本概念、原理等核心要素来把握教学方向，灵活调整教学思路，这样才能实现“无痕的精彩”。正如王尚志教授所说：“好教师帮助学生会不露痕迹，学生还以为是自己想出来的。”

(7) 回顾探究历程

探究学习过程的意义不仅仅在于习得某些数学知识和技能，探究学习的全过程本身就是一种宝贵的学习经验。建构主义的知识观认为：真正的理解只能是由学习者自身基于自己的经验背景而建构起来，取决于特定情境下的学习活动过程。知识是情境化、个体化的产物。[①] 因此，在探究活动过后，与学生共同回顾整个探究的过程，积累活动经验，对于学生提高探究能力，迁移研究方法有着不可忽视的作用。

---

① 曹一鸣，黄秦安，殷丽霞.中国数学教育哲学研究 30 年[M].北京：科学出版社，2011：62.

3. 开展练习巩固

练习巩固是数学教学设计中不可或缺的组成部分。练习的目的是巩固和深化学生所学的已有认识,让学生在应用知识的过程中进一步理解和掌握知识,并提高学生分析问题和解决问题的能力。教学中,应该明确练习的目的、遴选练习的内容、把握练习的方法,使练习教学成为促进学生数学能力形成和发展的重要环节。

(1) 目的性

练习环节的设计要围绕教学目标、教学重难点进行,每个练习的选用都要有明确的目的。首先,我们要分析哪些数学知识是学生必须掌握的,应培养学生哪些方面的能力,达到什么样的水平,再精心选择典型题进行练习。练习一定要精练,提高练习效率。在平时的数学课堂教学中,要不断积累、总结经验,教学设计过程中要预设学生可能会出现的或经常会出现的错误,有目的地设计练习,帮助学生掌握所学习的知识。例如,长方体、正方体表面积与体积计算方法的应用是教学的重点和难点。学生最容易混淆出错的,就是分辨到底是求体积还是求表面积。为此,教师可以设计如下专项练习:下面哪些问题与求体积或表面积有关?水池里有多少吨水;制作一个盒子至少要用多少硬纸板;石头放入有水的玻璃杯中,水面上升多少;游泳池贴瓷砖要多少块;大厅里的长方体柱子要涂多少油漆;学校砌一面墙,要多少块砖。联系实际问题进行集中比较辨析,这样便能从根本上破解求体积和求表面积易混的问题。

(2) 层次性

练习题一般按照由易到难的顺序编排,首先是与例题相同(或类似)的基础题,然后练习变式题,再是综合题,最后是拓展题。这样不仅符合小学生的认知规律,而且也能照顾到班级中学生之间的知识水平差异,使后进生或中等的学生能解答大部分习题,而学习成绩优秀的学生也能有机会尝试有一定难度的、能锻炼思维的习题。再者,不同习题应各有侧重,有的着眼于夯实双基,有的定位于思维训练,也有的用于实践能力提升,等等。

(3) 多样性

教师在设计数学练习时,要避免简单重复、形式单一,应根据不同学习内容,选用不同的练习形式。围绕同一项知识技能,多角度、多方法、多形式地开展练习,并进行适当的比较、总结,使学生更好地掌握知识,通过辨析不同题型相同之处,理解知识本质,深化知识内涵,进一步提高解题的熟练程度,从而形成技能。比如，计算教学中针对学生常见错误设计“改错题”，让学生当一回“啄木鸟医生”，找出隐藏在算式中的错误；设计题组练习，促进学生知识正迁移；针对易混知识设计对比练习；设计开放性习题，拓展学生思维；设计实践性练习，全面提升学生素养；等等。

(4) 延伸性

实践性练习和探索性练习能将课堂学习延伸至课外。通过练习，促进学生将书本知识应用于生活实践，或对课堂上没有时间完成的思考题在课外展开研究，从而体会数学学习的价值，使数学思维得到进一步的升华。例如，学习了长方形、正方形的周长和面积后，可布置一个课外拓展练习，让学生做一回家装设计师：如果你家的地面要进行重新装修，你能为爸爸妈妈提供一份装修方案吗？建议学生从下面几个问题来考虑：首先，量出每间房间的长和宽分别是多少，计算每间房间的面积是多少，然后，根据家庭生活条件和个人喜好，选择需要的材料（可上网查找价格），算出所需材料的数量和所需的经费。

值得一提的是，练习巩固环节并非固定于新授环节之后，数学教学讲求“讲练结合”，教师在教授新知的过程中应及时给予学生相应的练习，起到及时巩固、提高效率的作用。另外，练习题的设计还鼓励原创，教师应发挥智慧，结合生活实际设计优质的练习题。

4. 回顾反思提升

“回顾反思”是对亲身经历的学习活动进行再认识和再思考的过程。通过回顾反思，可以让数学活动由“经历”走向“经验”，由“方法”走向“策略”，由“特殊”走向“一般”，形成结构化认知，学会数学化思维。因而，无论是解决问题的教学，抑或是知识技能的教学，数学教学设计中都应安排“回顾反思”环节，以促进学生数学学习的内化和提升。

(1) 通过回顾反思，明晰知识结构

碎片化的知识、零打碎敲的教学，忽略了学生的主体性，使他们处于被动的状态中，无法形成联系紧密的知识网络和较为完善的认知结构。通过“回顾反思”的学习活动，把原本的旧知与现有的新知“对接”，可以使学生以整体性视角明晰知识的结构，完善认知体系。

(2) 通过回顾反思，提升认知能力

数学学习的反思活动将带来元认知能力的提升。教师在教学设计中应该有意识地安排回顾反思环节，引导学生对一个知识点、一节课及一阶段行为、经验进行回顾提升，在整体视野下，有意识地揭开经验面纱背后潜藏的数学实质，让数学学习既见“树木”，又见“森林”，实现知识与能力的迁移。

(3) 通过回顾反思，感悟数学思想

数学的思想和方法蕴含在数学知识技能的学习过程之中。数学思想方法的形成需要经历一个从模糊到清晰、从理解到应用的长期发展过程，需要在不同的数学内容中通过提炼、总结、理解、应用等循环往复的过程逐步形成；学生只有经历这样的过程，才能逐步“悟”出数学知识、技能中蕴含的数学思想。数学教学，不能局限于知识技能的层面，更应让学生透过知识技能的学习感悟数学思想方法的价值。

(4) 通过回顾反思，获得活动经验

《数学课程标准》从“双基”转变为“四基”、从“两能”转变为“四能”，更注重引导学生经历发现和提出问题、分析和解决问题的完整过程，帮助学生激活已有的知识经验和智慧潜能，并通过回顾学习过程，反思探索活动，切实帮助学生自我调节学习过程，改善学习策略，促进自主学习能力的提高，丰富个体的数学活动经验。

总之，“回顾反思”环节可以促使学生把数学学习的一些具体活动经历提升为数学活动经验，不断增强运用数学知识解决实际问题的有效性和自觉性，发展初步的应用意识和创新意识。“回顾反思”的目的不仅是回顾过去或培养元认知意识，更重要的是帮助学生学会数学的思维，获得终身发展的必备品格和关键能力。

☞ 例11 义务教育教科书苏教版小学数学三年级上册第三单元《认识长方形和正方形》教学设计“回顾反思”环节

回顾：同学们，这节课上我们探索了什么知识？（长方形和正方形的特征）长方形和正方形有哪些特征？我们是如何学习的？

根据学生回答小结：让我们来回顾一下这节课的学习过程。我们先通过观察，提出了长方形特点的一些猜想，再用量、折、比的方法进行了验证，这些都是我们认识图形的好方法。从边和角两个方面出发，用上这些好方法，我们能认识更多的平面图形（图3-4-1）。

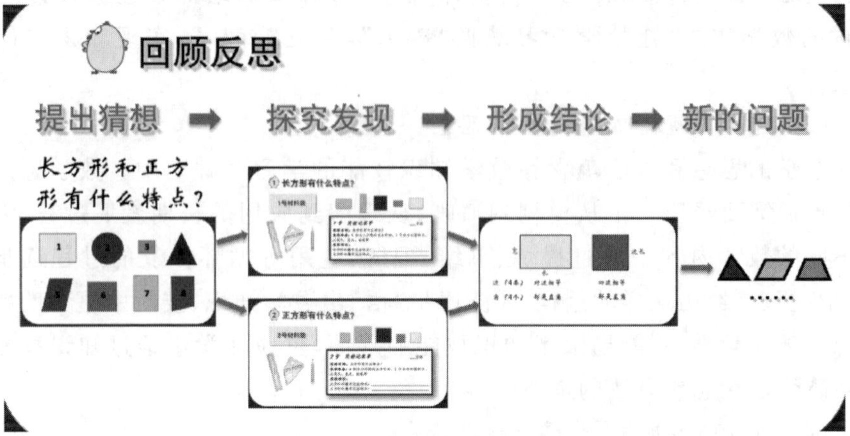

图 3-4-1 《认识长方形和正方形》"回顾反思"环节

这节课是认识图形的一节种子课。学生通过这节课的学习，了解认识图形应关注边和角两个维度，初步掌握认识图形的一些基本方法。这就为学生的数学学习埋下了一颗种子，当学生在认识其他平面图形的时候，这颗种子便会让其回想起观察、操作、想象和推理的过程，从而在图形认识的过程中生根发芽。"回顾反思"的环节让学生经历经验梳理提升的过程，体会知识学习背后更深层次的价值。

5. 评价学习表现

《数学课程标准》强调：评价的主要目的是全面了解学生数学学习的过程和结果，激励学生学习和改进教师教学。评价应以课程目标和课程内容为依据，体现数学课程的基本理念，全面评价学生在知识技能、数学思考、问题解决和情感态度等方面的表现。设计和实施有效的数学学习评价，恰当运用评价的内容与结果，对于激发学生的学习兴趣，提高学生学习的信心，促进学生的发展起着重要作用。同时，评价也是教师了解学生学习状况、诊断学习的效果、改进教学的重要途径。在课程实施的过程中，必须有效地设计、组织和实施评价。

对于学生而言，学习评价可以促进学生的学习和发展，主要发挥反馈作用、促进反思，实现自我管理和激励的功能。对学生的学习过程应进行持续全面的评价，评价的内容要使学生了解哪些知识、哪些技能、哪些能力是重要的，向学生反馈信息可以使之了解自己本节课的学习情况，促使学生反思自己的学习决策。比如,哪一部分知识还应该继续学习、深入思考,自己的学习方式是否需要改进,等等。进而对学生的学习过程进行系统的评价,这将影响学生日常生活和学习的各个方面,促使学生自我调节。比如,激励学生有意识地强化自身的优势;有意识地纠正学习中的错误;帮助学生明确学习目标,自己承担学习责任,更自觉地学习,学会学习的自我管理。

对于教师而言,学习评价是进行教学决策的重要参考,它帮助教师充分了解学生,提高教学的有效性,改进教学方式。每一节课的学习表现评价,有助于教师了解学生及整个班级在学习方面的状况、变化,了解核心知识掌握与否,学习中存在什么问题;有助于教师不断调整自己的教学方向,改进自己的教学方法,正确合理地决策:教什么,怎么教;等等。

数学教学设计中的评价环节应注意以下几点:

① 全面性:评价学生学习表现应包括学习态度、知识、技能、能力、思维水平等;② 及时性:每课时结束之时,组织学生对这节课中的所学知识、参与学习情况及存在问题进行及时的反思和评价,逐步提高学生自主学习意识;③ 客观性:帮助学生对自我的学习表现形成客观正确的认识,激励学生的学习积极性;④ 多元化:评价的内容可以是知识技能的掌握情况,也可以是学习过程的参与情况,抑或是学习效果的优劣等;⑤ 多样化:评价方式可以是自评、学生互评、师生互评等。

比如,在《认识百分数》一课的最后,可以设计这样的评价环节:"如果请你用一个百分数来表示你今天课上的学习表现,你会用哪个百分数呢?如果不是百分之百的话,你觉得哪方面还需继续努力?如果请你用一个百分数来给老师今天的这节课打分,你又会用哪个百分数呢?"

6. 小结

基于教材分析,确立教学目标,展开任务分析,设计教学过程,在这样的分析和思考基础上,教师可以初步形成课堂教学的设计方案,即教案。教案一般是书面材料,根据所选择的教学手段,有时需要配合一些音像资料或自己设计制作的多媒体课件。

教案内容主要包括:课题、教学内容、教材简析、学情分析、教学目标、教学重难点、教学准备、教学过程、作业设计、板书设计、教学反思等。其中,教学过程部分是教案的主体内容,包括教学的各个阶段及在各阶段实施教学的主要活动内容。该部分内容应尽可能详尽,特别是重点环节的任务设计和教学语言。教学设计不仅要让教师自己看懂,也应让别人都能看懂,以便优秀的教学设计得以推广应用，产生辐射价值。有时，为了让他人更清楚地了解设计者的教学理念和思考，教学环节之后可以增设“设计意图”加以说明。

第五节　板书设计

教师讲课过程中，将文字、字母、符号及图表等与授课要点紧密相关的内容简练地书写在黑板上，形成“板书”。板书，是开启思路的“钥匙”，是排疑解难的“桥梁”，是教学实施的“蓝图”，也是一堂课教学内容的浓缩和精华，具有很强的示范性、生成性和概括性。板书可以使静态的教学内容有条理地动态生成，能突出教学重点、展示知识间的内在联系，让转瞬即逝的口头语言以凝练的书面语言形式留存于黑板上，帮助学生全面、完整、清晰地掌握学习内容。因而，板书设计不仅体现了教师对教学内容的整体把握、对学科教学的深刻理解、对教学过程的精心设计，也在一定程度上体现了教师的艺术修养，是教师教学专业素养的集中体现。板书设计是教学设计的重要组成部分。

数学教学中的板书具有三种功能，即提要功能、注释功能和示范功能。除了这些功能之外，板书艺术也是课堂教学艺术的重要组成部分，它的基本要求包括：布局合理、字迹清楚、格式规范、文字精练、适时恰当。要充分发挥板书的功能，体现板书的艺术性，教师在课前必须充分做好板书计划，精心设计，以起到最佳的配合教学的效果。

1. 板书设计的原则

（1）正确性

板书通常是一节课教学内容中的重点、难点和关键点，这些数学定义、定理、公式、性质、法则、例题及重要规律的总结必须是正确的，表述的语言（包括文字、字母、符号、图形、表格等）是科学规范的。

（2）整体性

板书有“微型教案”之称。板书设计应在认真钻研教材，精心设计教案的基础上通盘考虑、逐步梳理，合理安排其内容和顺序。主板块应在黑板显要位置全面地展示课题和知识点，并保留到下课；副板块可以书写提要内容或学生生成性学习资源，可以在适当的时刻擦去，亦可保留，如图 3-5-1 所示。一堂课结束时，黑板上应留下布局合理、简明完整的讲课提纲，便于学生回顾总结并记录，便于学生积累数学活动经验。

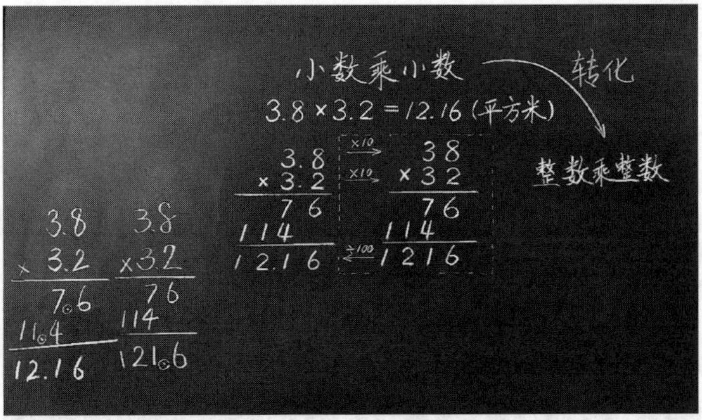

图 3-5-1　主、副板应用示例

(3) 启发性

板书要贯彻由浅入深、由表及里的认知规律。利用板书引导学生按教学的线索、顺序进行归纳和整理，总结规律，将易混淆的概念加以对比，将有联系的知识串联起来，增强板书的启发性，促进学生积极思维，提高教学效果。

(4) 逻辑性

数学知识具有严密的逻辑性，因此数学板书应能充分体现数学知识之间的逻辑联系。这些联系可运用色彩、虚线、实线、箭头图、框图、集合图等来描述，让学生在学习数学知识的同时发展逻辑思维能力(图 3-5-2)。

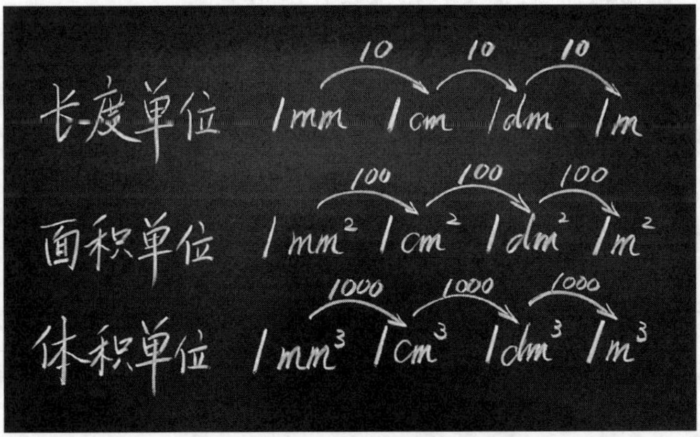

图 3-5-2　板书逻辑性示例

(5) 示范性

无论是计算还是作图，教师都应通过板书给学生做出示范。教师的板书不规范，会使学生所学的数学知识不正确或不完整，或者养成不良的书写、解题和作图习惯,因而教师要避免板书的随意性,注意使用正确的数学语言、规范计算过程,特别在作图过程中要按照规定使用尺规作图(图 3-5-3)。

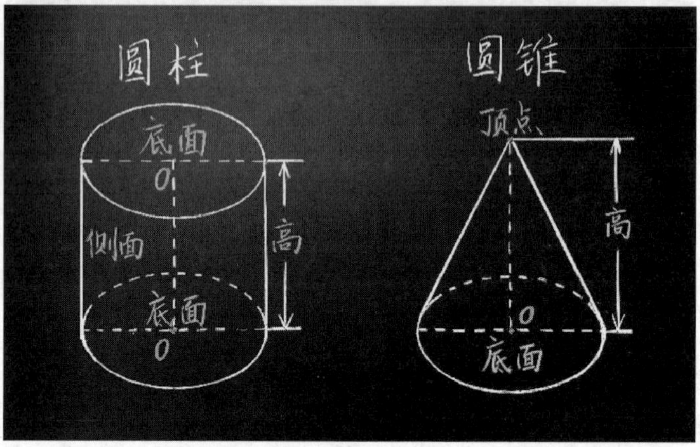

图 3-5-3 板书示范性示例

(6) 简洁性

古人说:“少则得,多则惑。”面向小学生书写的板书,字体不宜过小,字数也不宜过多,因而不能面面俱到,而要“少书”“精书”,才能起到画龙点睛、提纲挈领的作用。数学知识要凝练成简洁的短语或词句加以板书,将最具有代表性的算式,以及规律、性质等结论书写在黑板上。

(7) 艺术性

优美的板书不仅能启迪学生思维,而且还给人以美的享受,因此板书版面设计要合理、图文并茂、标题醒目、版式别致。提高板书的艺术性,首先要做到书写流畅优美;其次要注意板书的直观效果,对板面进行合理布局;最后,要合理使用彩色粉笔,并配合使用教具以烘托板书的艺术效果。

2. 板书设计的类型

板书款式多样,设计风格因课、因人而异,数学教学中比较常用的类型有以下几种。

(1) 主题式

主题式的板书款式,要求在黑板上写的文字较少,只要将教学内容的主题词句、公式、定理写在黑板上,有助于学生一目了然地抓住重点,准确地掌握主要内容(图 3-5-4)。

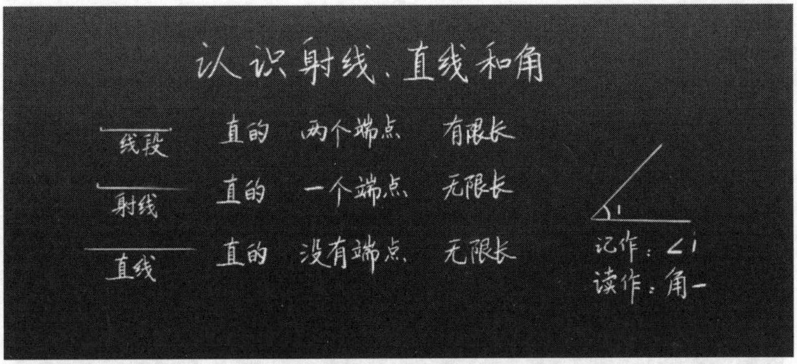

图 3-5-4　主题式板书示例

(2) 对比式

数学知识的学习是一个螺旋上升的过程，许多知识可以通过旧知迁移而来，以旧引新的教学活动中可以采用新旧对比的方式呈现板书，帮助学生实现知识的"正迁移"。通过比较，学生能发现数学知识的本质特征，因而教师可以将两个或多个相互联系又有本质区别的概念、算式、规律等进行板书，便于学生观察、分析、比较和归纳。对比式板书应简洁明了，突出两者的主要联系或区别(图 3-5-5)。

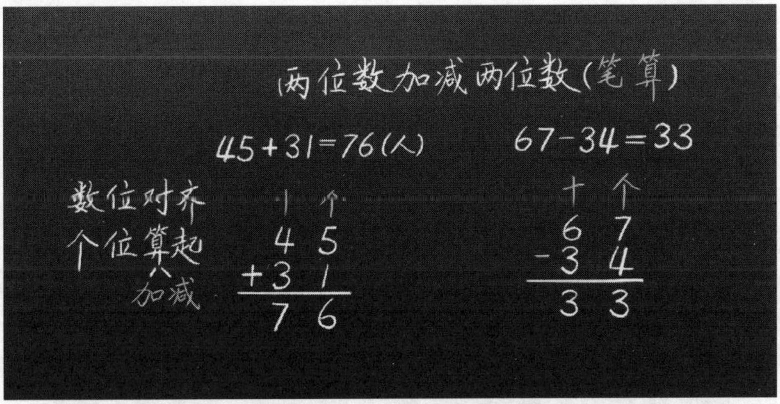

图 3-5-5　对比式板书示例

(3) 表格式

这一类型的板书适用于对有关概念、实验、性质规律的归类对比，有利于学生提高抽象概括能力(图 3-5-6)。

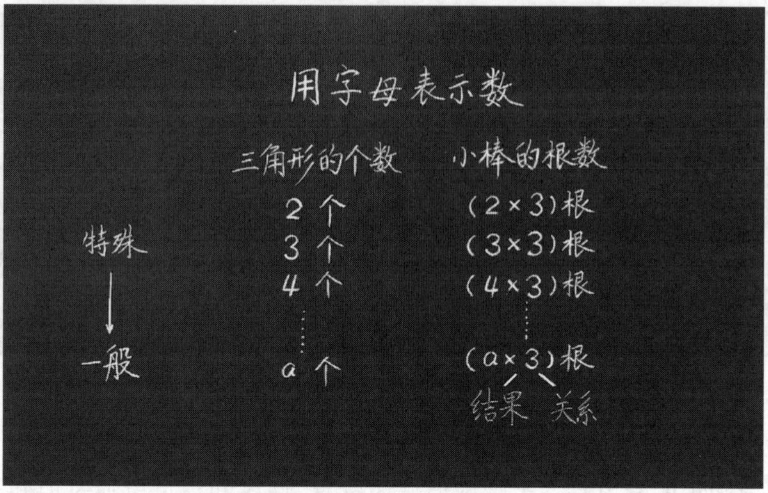

图 3-5-6　表格式板书示例

(4) 图解式

认识数学图形等知识的教学中，教师可以采用这种类型的板书，即在黑板上画出该图形，再通过深入研究图形的特征，在图形上加以标注和说明(图 3-5-7)。

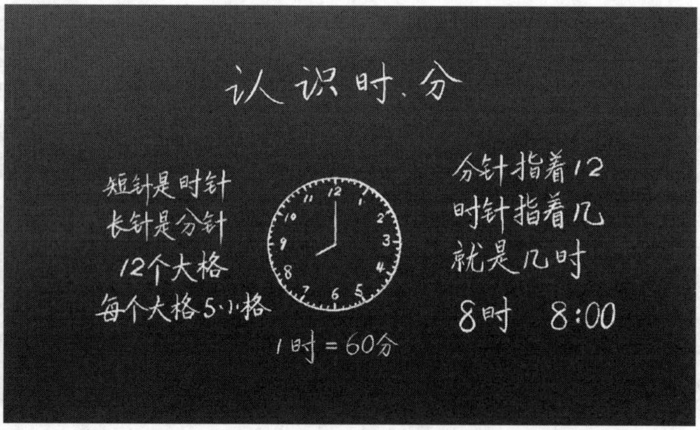

图 3-5-7　图解式板书示例

(5) 总分式

单元复习或知识归类整理过程中，师生共同回忆所学数学知识，分析并揭示各知识点之间的联系，使学生捋清知识脉络，形成知识结构(图 3-5-8)。

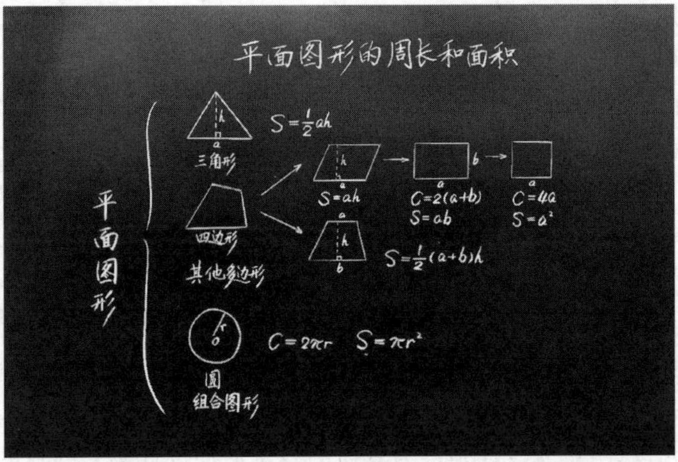

图 3-5-8　总分式板书示例

教学设计时，教师应根据教学需求灵活选用不同类型的板书款式，也可以同时选用其中的两种或三种加以组合，应善于根据教学实际不断改进和创新。

“板书设计”不仅包括教师在黑板上书写的文字、符号、图形、表格等具体内容，也包括整个板面的布置、书写内容的条理性、书写内容与口授内容的协调性等。教师备课时，除了创造性地进行板书设计以外，还应清楚什么地方书写什么内容，什么时间书写什么内容，在教学环节中要有所体现并做到心中有数，以便课堂教学时即时生成、完美呈现。

第六节　不同视角下的教学设计

1. 整体设计、局部设计和单元设计

不同的数学教学对象显然会导致不同类型的数学教学设计，据此可以把数学教学设计分为：整体设计——学习对象是某个知识领域；局部设计——学习对象是某个具体内容；单元设计——学习对象是某个确定课程（马复，2003）。

① 整体设计：作为一种特殊的数学教学设计工作，开展整体设计要做的工作自然还是确立目标、分析任务、了解学生、设计活动、评价结果这五个步骤。整体教学设计的对象都比较“大”，通常是一个学习领域，如某一学段的

数、代数、几何、统计、概率等，而且与此相关的教学活动都是一个教学系列。所以，整体设计应当从对相应教学设计对象的整体分析与定位开始。

② 局部设计：局部设计所牵涉的学习对象是某个具体内容，如认识图形等。相对而言，这一层面的教学设计比整体设计具体、明确，但又比单元设计宏观、有弹性。事实上，就具体设计定位而言，局部设计的含义可以从两个方面去体会：一方面，局部设计是实现整体设计的一个重要环节，因此，它的设计必须以贯彻整体设计的基本教学思路、实现整体设计的基本教学目标为准绳；另一方面，局部设计又是指导单元设计的一个"纲目"——规范相应部分单元设计的基本要素，同时也为不同的教学设计留有一定的创造空间。而每一个局部设计所具有的独特性由它所指向的教学对象决定。

③ 单元设计：单元设计是最为具体的教学活动设计。它的目的是研究一个特定的数学课题，或者学习一个具体的数学对象，而它所面对的设计对象也就是某个确定的学习课题。通常，这一设计所针对的数学对象多为一个概念、定理或法则，所涵盖的数学时间也多为几节课。具体来说，单元设计的指向就是解决某个概念的认识、定理或法则的初步（或深入）理解、某个方法的意义（使用程序）的熟练掌握的教学问题。

整体设计、局部设计、单元设计作为服务于不同教学目标的"系列性设计"，对各类设计间关系的理解、把握是实施具体设计活动的核心。一般来说，整体设计属于"总揽全局"式的教学规划，它规划了整个学习领域学习目标的实现途径。而每个途径的实施则有一个局部设计来完成。局部设计是整体设计的一个环节，它的全体教学目标通常就是整体设计中教学目标的一个方面。在总体上，它的实施策略受整体设计的基本思路制约，而它的具体实现则通常分解为若干个单元设计。单元设计是最基本的教学设计。通常，它的全部教学目标就是局部设计中的一个具体的"点"。它所牵涉的核心教学对象也是一个具体的教学内容——一个概念、定理、法则、公式或者问题。

形象地说，一组课（单元设计）组成一个课题（局部设计）；一组课题组成一门系统的课（整体设计）。而一门系统的课就极大地影响个体在某一数学方面的发展。

2. 逆向设计

格兰特·威金斯在《追求理解的教学设计》一书中写道：最好的设计应该是"以终为始"，从学习结果开始的逆向思考。

许多教师从输入端开始思考教学，即从固定的教材、擅长的教法，以及常见的活动开始思考教学，而不是从输出端开始思考教学，即从预期结果开始思考教学。换句话说，太多的教师都只关注自己的“教”，而不是学生的“学”。他们首先花大量的时间思考的是自己要做什么、使用哪些材料、要求学生做什么，而不是首先思考为了达到什么学习目标，学生需要什么。“与其说是‘设计’教学，还不如说是在‘撞大运’。这就好比站在讲台上丢下一些内容和活动，然后盼着总有些内容或活动会起作用。”①

逆向设计要将习惯的做法进行“翻转”，要求设计者在开始的时候就要详细阐明预期结果，即学习优先次序，以及根据学习目标所要求或暗含的表现性行为来设计课程。与很多常见做法不同的是，设计者在制定目标之后需思考以下问题：什么可以用来证明学习目标的达成？达到这些目标的证据是什么样的？教与学所指向的、构成评估的表现性行为是什么样的？只有回答了这些问题，我们才能在逻辑上导出合适的教学和学习体验，从而使学生成功地完成学习任务，达到内容标准的要求。

逆向设计有如下三个阶段：

① 确定预期结果。学生应该知道什么，理解什么，能够做什么？什么内容值得理解？什么是期望的持久理解？我们思考教学目标，查看已发布的内容标准，检验课程预期结果，明确学习内容的优先次序。

② 确定合适的评估证据。我们如何知道学生是否已经达到了预期结果？哪些证据能够证明学生的理解和掌握程度？逆向设计告诉我们要根据收集的评估证据（用于证实预期学习是否已完成）来思考单元或课程，而不是简单地根据要讲的内容或是一系列学习活动来思考单元或课程。这种方法鼓励教师和课程设计者在设计特定的单元和课程前，先要“像评估员一样思考”，思考如何确定学生是否已经达到了预期的理解。

③ 设计学习体验和教学。在这一阶段，我们必须思考几个关键问题：如果学生要有效地开展学习并获得预期结果，他们需要哪些知识（事实、概念、原理）和技能（过程、步骤、策略）？哪些活动可以使学生获得所需知识和技能？根据表现性目标，我们需要教哪些内容，指导学生做什么，以及如何用最恰当的方式开展教学？要完成这些目标，哪些材料和资源是最适合的？

可以根据以下模板开展逆向设计（表 3-5-1）。

---

① 威金斯，麦克泰格．追求理解的教学设计[M]．闫寒冰，宋雪莲，赖平，译．2 版．上海：华东师范大学出版社，2017：16.

表 3-5-1　逆向设计模板

阶段 1——预期结果	
所确定的目标： G • 此设计将达到什么目标（例如：内容标准、课程或项目目标、学习结果）？	
理解： U *学生将理解……* • 大概念是什么？ • 期望他们获得的特定理解是什么？ • 可预见的误解是什么？	**基本问题：** Q • 什么样的启发性问题能够促进探究、理解和学习迁移？
学生将会知道…… K • 作为本单元的学习结果，学生将会获得哪些关键知识和技能？ • 习得这些知识和技能后，他们最终能够做什么？	*学生将能够做到……* S
阶段 2——评估证据	
表现性任务： T • 学生通过哪些真实的表现性任务证明自己达到了预期的理解目标？ • 通过什么标准评判理解成效？	**其他证据：** OE • 学生通过哪些证据（例如：小测验、考试、问答题、观察、作业、日志）证明自己达到了预期结果？ • 学生如何反馈和自评自己的学习？
阶段 3——学习计划	
学习活动： L 哪些学习体验和教学能够使学生达到预期的结果？设计将如何？ W＝帮助学生知道此单元的方向（Where）和预期结果（What）？帮助教师知道学生从哪（Where）开始（先前知识、兴趣）？ H＝把握（Hook）学生情况和保持（Hold）学生兴趣？ E＝武装（Equip）学生，帮助他们体验（Experience）主要观点和探索（Explore）问题？ R＝提供机会去反思（Rethink）和修改（Revise）他们的理解及学习表现？ E＝允许学生评价（Evaluate）他们的学习表现及其含义？ T＝对于学生不同的需要、兴趣和能力做到量体裁衣（Tailor）（个性化）？ O＝组织（Organize）教学使其最大限度地提升学生的学习动机与持续参与的热情，提升学习效果？	

虽然这个单页版本的模板没有提供大量的细节，但它的价值在于：第一，提供逆向设计的全景图，简洁清晰；第二，它可以用于快速检查、调整评估（阶段 2）和学习活动（阶段 3）与既定目标（阶段 1）的匹配程度；第三，该模板可以用来审查教师或地区开发的已有单元；第四，这个单页模板提供了一个初步的设计框架。

关于逆向设计，我们可以阅读《追求理解的教学设计》一书。

备好课是上好课的先决条件，认真备课是提高教学质量的关键，也是课堂教学艺术的一种体现。备好教材，心中有书；备好学生，心中有人；备好目标，有的放矢；备好难点，重点突破；备好教法，心中有术；备好开头，引人入胜；备好过程，科学合理；备好学案，渗透学法；备多用寡，左右逢源；终身备课，提升素养。

【导读书目】

[1] 北京教育科学研究院基础教育教学研究中心.学科能力标准与教学指南：小学数学[M].北京：北京师范大学出版社，2015.

[2] 涂荣豹，杨骞，王光明.中国数学教学研究 30 年[M].北京：科学出版社，2011.

[3] 上海市教育委员会教学研究室.小学数学单元教学设计指南[M].北京：人民教育出版社，2018.

[4] 威金斯，麦克泰格.追求理解的教学设计[M].闫寒冰，宋雪莲，赖平，译.2 版.上海：华东师范大学出版社，2017.

[5] 丁家永.小学教学心理与教学设计[M].苏州：苏州大学出版社，2001.

[6] 张国红，等.基础教育教学基本功：小学数学卷[M].北京：首都师范大学出版社，1997.

[7] 加涅.教学设计原理[M].皮连生，等译.上海：华东师范大学出版社，1999.

[8] 徐文彬.小学数学教学方法[M].北京：教育科学出版社，2017.

[9] 刘晓萍，陈六一.作为教育任务的小学数学核心内容[M].南京：南京师范大学出版社，2019.

[10] 曹培英.跨越断层，走出误区："数学课程标准"核心词的解读与实践研究[M].上海：上海教育出版社，2017.

[11] 张奠宙，巩子坤，任敏龙，等.小学数学教材中的大道理——核心概念的理解与呈现[M].上海：上海教育出版社，2018.

第四章

4

课件制作

——信息技术在数学教育中的应用

没有网络安全就没有国家安全，没有信息化就没有现代化。

——习近平

信息技术是从根本上改变数学学习方式的重要途径之一。

——《义务教育数学课程标准》

网络正在改变人类的生存方式。

——比尔·盖茨

没有掌握技术的人才，技术就是死的东西。有了掌握技术的人才，技术就能够而且一定能够创造出来奇迹。

——斯大林

教育中技术的运用要追溯到斯金纳的教学机。此后，带有技术性质的手段进入了课堂，斯金纳的程序教学开创了技术在教育中应用的先河。之后，随着计算机技术的迅猛发展，从计算机辅助教学到信息技术在教育中的大量使用，信息技术已经与教学形成了深度的融合。

计算机辅助教学(Computer Assisted Instruction，简称 CAI)是在计算机辅助下进行的各种教学活动，是以对话方式与学生讨论教学内容、安排教学进程、进行教学训练的方法与技术。教师借助计算机软硬件和网络平台，可以事先测量学生的起始水平。针对不同水平的学生，计算机会做出不同的教学决策，例如，低水平的学生先给予复习或补习，而高水平的学生可以直接进入新授课的学习阶段，等等。从 20 世纪 50 年代末 CAI 的兴起，到当今智能学习平台的推广应用，计算机辅助教学随着信息技术的不断革新和网络科技的发展而日新月异。

教育信息化是指把现代信息技术用于教育领域，其特点是数字化、网络化、智能化和多媒体化，基本特征是开放、共享、交互、协作。这是继计算机辅助教学之后的一次技术革命，对传统教育理念、教学模式都产生了巨大冲击。

第一节　数学教育中常用的信息技术

教育信息化兼备技术与教育的双重属性，从根本上改变了传统的教学模式，体现出信息传递优势、信息质量优势、信息成本优势和信息交流优势。

按照《数学课程标准》的阐述，信息技术的主要功能是“向学生提供并展示多种类型的资料，包括文字、声音、图像等，并能灵活选择与呈现，可以创设、模拟多种与教学内容适应的情境，能为学生从事数学探究提供重要的工具，可以使得相距千里的个体展开面对面交流”。因此，“信息技术是从根本上改变数学学习方式的重要途径之一”[①]，对信息技术辅助教学的开发与利用便成为促进“从根本上改变”数学教育的一个重要途径。

信息技术融入课程建设和课堂教学是一种必然的趋势。一方面，我们希望利用信息技术创设恰当的学习情境，提供更多的教学资源，发挥更加智能的教学支持；另一方面，数学课堂仍然离不开教师的指导作用。因而，混合式

① 中华人民共和国教育部.义务教育数学课程标准[S].2011 年版.北京：北京师范大学出版社，2012：68.

学习(Blending Learning)受到广泛关注,它将传统学习方式的优势和信息化学习的优势结合了起来。这样,既可以发挥教师引导、启发、监控教学过程的主导作用,也能充分体现学生作为学习主体的主动性、积极性与创造性。因而,我们必须清楚信息技术在数学教育教学中的定位,即作为教师从事教学实践与研究的辅助性工具。教师可以通过网络查阅资料,下载富有参考价值的实例、课件,并加以改进,使之适用于自己的课堂教学;还可以根据需要开发音像资料,构建生动活泼的教学情境,设计与制作有关的计算机软件、教学课件,用于课堂教学活动研究等。

“数学课程的设计与实施应根据实际情况合理地运用现代信息技术……要注重实效。”①信息技术运用要做到合理,应注意两点:一是充分了解信息技术的使用功能,熟悉它在数学课堂教学环境中运用的特点,正确把握它于特定内容教学中的长处与短处;二是清楚运用信息技术的目的是更好地解决教学上的难点,有利于学生更好地理解与思考。运用信息技术不是以它去替代以前行之有效的教学方式,也不是让它处处替代学生应有的数学技能和数学思考,而是希望解决传统教学中难以解决的问题。因此,教师要对什么样的课堂教学、什么样的教学内容更适宜采用信息技术教学做一定的研究,以便根据学生实际情况和既定的课堂教学目标合理地运用信息技术。注重实效是希望提高运用信息技术于数学教学的效能。我们看到在一些课堂上信息技术的使用成了一种形式,或是一种“花架子”,没有表现出有效支撑数学教学和学生学习的实际功能;在有的课堂上,多媒体屏幕仅仅起到替代板书的作用。有一些教师使自己的教学完全受控于鼠标,不注意观察学生的课堂反应,不去对课堂教学做适时调整,原本应该是生动活泼、多变的课堂都在所谓的信息技术主宰之下失去了应有的人文环境和交往空间,这样的“鼠标教学”显然是一种低效或无效的教学。

还应重视的是,信息技术不能成为数学教学过程中缩短思维过程、加大教学容量的工具。不提倡利用计算机演示来代替学生对实物的观察,比如,立体图形的结构、变化过程可以借助计算机进行演示,但不能取消学生对实物的观察、探究、想象等活动。不提倡用计算机上的模拟试验来代替学生能够操作的实践活动,比如,概率试验时仍应给学生提供摸球、抛硬币、转转盘、掷骰子等具体操作活动,应让学生成为真正的活动参与者,亲身感受活动过

① 中华人民共和国教育部.义务教育数学课程标准[S].2011年版.北京:北京师范大学出版社,2012:25.

程，理解其中存在的许多变化及其原因，探寻数学知识的内涵和本质。

数学教育中常用的信息技术主要有：慕课（MOOC）、翻转课堂、微课和数学软件等。

1. 慕课(MOOC)

慕课（MOOC）即大规模开放的在线课程（Massive Open Online Course）的简称，起源于20世纪60年代。

由于这样的课程授课对象人数众多，因而需要能促进大量回应和互动的教学设计。首先，依赖网络的大数据处理功能了解学习者的学习情况，实现人机互动；其次，使用客观、自动化的线上评量系统进行学习评价。实施慕课教学有如下优势：借助网络，慕课能够集结大量线上资源，并进行归类整合，便于学习者选取；内容丰富，可以实现不同课程内容之间的交融，训练学习者的综合能力；按需施教，根据学习者的不同水平，提供不同的教学方案，以适应不同学习者的需求；促进交流，学习小组或在线论坛等形式可以共享学习者的学习反馈，相互学习，改进个人学习方式；等等。

慕课的主要构成是系列化的课堂演讲视频，每课通常为8～12分钟。视频中可以安排小测试，以弹窗的方式在视频播放的过程中出现，以检测学生对知识的掌握情况；一般课程中还会安排作业和考试等。

2. 翻转课堂

翻转课堂译自“Flipped Classroom”或“Inverted Classroom”，也可译为“颠倒课堂”，是指重新调整课堂内外的时间，将学习的决定权从教师转移给学生。在这种教学模式下，课堂内的时间里学生更专注于主动地从事项目的学习，教师不再占用课堂的时间来讲授信息。这些信息需要学生在课前和课后自主完成学习，他们可以看视频讲座、听播客、阅读功能强大的电子书，还能在网络上与别的同学讨论，能在任何时候去查阅需要的材料。

对于翻转课堂，有一些不完全相同的认识。一种观点认为它是教学流程的翻转，学生课前观看教师在教学平台上发布的教学视频了解知识点，最大化地利用课堂时间展开师生、生生间的互动交流和合作探索；一种观点认为它是知识传授和知识内化环节的翻转，即通过信息技术的辅助在课前完成知识的传授，课中经教师的帮助和同学的协助来完成知识的内化；还有一种观点认为它是集体学习和个人学习的翻转，这种教学方法把集体空间变成一种动态的、交互的学习环境，教师在学生运用概念和创造性地参与科目学习的过程中给予指导。总之，翻转课堂是“直接教学内容”的翻转，是适合个性化学习内容和适合集体探究学习内容的翻转。由于学习者能在课堂上得到教师的指导和同学的帮助，课堂上更适合处理更为复杂的概念，建构更艰深的认知图式，这对教师本身也提出了更高的要求。要提高翻转课堂的教学效益，需要做到：教学视频质量高、针对性强，有利于学生的自主学习；教师在课堂教学之前要了解学生课前学习情况，在课堂上给予有效的辅导，促进学生知识的内化吸收；实施有效的评价技术，这样既能提高学生课前学习的效率，也能帮助教师利用网络平台收集数据、分析教学质量。

3. 微课

微课（Microlecture）是指为使学习者自主学习获得最佳效果，经过精心的信息化教学设计，以流媒体形式展示的围绕某个知识点或教学环节开展的简短、完整的教学活动。

微课的核心组成内容是课堂教学视频（课例片段），同时还包含与该教学主题相关的教学设计、素材课件、教学反思、练习测试、学生反馈、教师点评等辅助性教学资源，它们以一定的组织关系和呈现方式共同“营造”了一个半结构化、主题式的资源单元应用“小环境”。因此，微课既有别于传统单一资源类型的教学课例、教学课件、教学设计、教学反思等教学资源，又是在其基础上继承和发展起来的一种新型教学资源。

微课的主要特点有：① 教学时间较短。教学视频是微课的核心组成内容。根据中小学生的认知特点和学习规律，微课的时长一般为 5～8 分钟，最长不宜超过 10 分钟。因此，相对于传统的 40 或 45 分钟的一节课的教学课例来说，微课可以称为“课例片段”或“微课例”。② 教学内容较少。相对于较宽泛的传统课堂，微课的问题聚集，主题突出，更适合教师的需要。微课主要是为了突出课堂教学中某个学科知识点（如教学中重点、难点、疑点内容）的教学，或是反映课堂中某个教学环节、教学主题的教与学活动，相对于传统教学一节课要完成的复杂繁多的教学内容，微课的内容更加精简，因此又可以称为“微课堂”。③ 资源容量较小。从大小上来说，微课视频及配套辅助资源的总容量一般为几十兆，视频格式须是支持网络在线播放的流媒体格式（如 rm、wmv、flv 等），师生可流畅地在线观摩课例，查看教案、课件等辅助资源，也可灵活方便地将其下载保存到终端设备（如笔记本电脑、手机、MP4 等）上以实现学生的移动学习、“泛在学习”，同时也非常适合于教师之间的观摩、评课、反思和研究。④ 资源结构“情景化”。微课选取的教学内容一般要求主题突出、指向明确、相对完整。它以教学视频片段为主线"统整"相关教学资源，构成了一个主题鲜明、类型多样、结构紧凑的"主题单元资源包"，营造了一个真实的"微教学资源环境"。这使得微课资源具有视频教学案例的特征。⑤ 研究主题"案例化"。一个微课一个主题，研究的问题来源于教育教学具体实践中的具体问题。⑥ 制作简便实用。微课以实用为主旨，可以由多种途径和设备制作，人人都可以成为课程的研发者，研发内容是教师自己熟悉的、感兴趣的、有能力解决的问题。⑦ 成果简化、便于传播。因为内容具体、主题突出，所以适合学习者自主学习；因为容量微小、用时简短，所以传播形式多样。

在网络 web 2.0 时代，随着信息与通信技术快速发展，与当前广泛应用的众多社会性工具软件(如微信、博客、Youku、Tudou 等)一样，微课也将具有十分广阔的教育应用前景。对于学生而言，微课能更好地满足学生对不同学科知识点的个性化学习、按需选择学习，既可查缺补漏又能强化巩固知识，是传统课堂学习的一种重要补充和资源拓展。因而，教师应从学生的角度去制作微课，而不是从教师的角度去制作，应体现以生为本的教学思想。对于教师而言，微课将革新传统的教学与教研方式，突破传统的听评课模式，基于微课资源库的校本研修、区域网络教研将大有可为，并成为教师专业成长的重要途径之一。随着手持移动数码产品和无线网络的普及，基于微课的移动学习、远程学习、在线学习、"泛在学习"将会越来越普及，微课必将成为一种新型的教学模式和学习方式。

4. 数学软件

常用数学软件有：符号运算软件(如 Mathematica、Maple、Wolfram-Alpha)、图形处理软件(如几何画板、超级几何画板、Desmos)、统计处理软件(如 SAS、SPSS、Origin)、数学 CAD 软件(如 Mathcad)、矩阵处理软件(如 MATLAB)、优化软件(如 LINDO、LINGO)等。

其中，几何画板的主要功能是作图，不仅可以展示静态的图形，还可以动态地展现出图形的生成过程、几何对象的位置关系及运行变化规律等，而且这个过程可以在短时间内完成。正是因为有着这些强大的图形功能，几何画板在教学中可以发挥较好的直观效果。首先，几何画板可以帮助学生理解知识。数学概念、命题比较抽象，特别是对于有些几何概念和性质，用普通的教学手段很难直观、精确、生动地展示其形成过程，而使用几何画板辅助讲解，可以实现这个过程的直观化，从而帮助学生理解概念。其次，几何画板可以帮助学生探究学习。在几何学习中，许多问题都是由图形的变化产生的。如果只是静态地观察图形，那么学生主要是由直观想象、心理操作等心理过程去想象图形变式，显然这是一个困难的工作。对于要经过复杂变式才能产生的图形，不经过图形的变化过程，很难只凭想象得出最后的结论。

☞ **例1　义务教育教科书苏教版小学数学四年级下册第七单元《梯形的认识》**

在这节课上，学生通过观察、操作、比较、抽象和推理等，经历认识梯形的数学活动，掌握梯形的特征，知道梯形各部分的名称，认识梯形的高，并初步了解等腰梯形和直角梯形。在最后的拓展练习环节，教师运用几何画板出示练习（图4-1-1）。

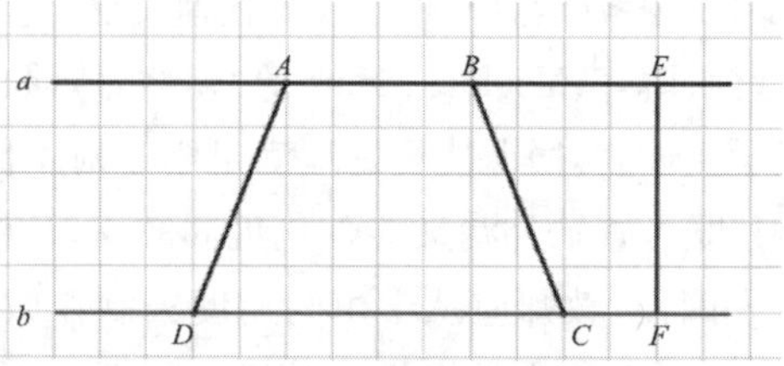

图4-1-1　《梯形的认识》练习

学生根据梯形的特征判断出两条平行线内有梯形 ADCB、梯形 BCFE 和梯形 ADFE。接着，线段 EF 消失，教师引导："如果点 D 能在直线 b 上任意移动，那么四边形 ADCB 可能变成哪些图形？"此时，学生在头脑中想象点 D 移动后出现的不同情况，并根据已学的平面图形的特征推测。学生认为，点 D 向左移动时，无论移动多少距离，这个四边形始终都是梯形（图4-1-2(a)）；而点 D 向右移动时，会从一般梯形变为直角梯形（图4-1-2(b)），继而变为一般梯形（图4-1-2(c)），再变成平行四边形（图4-1-2(d)）、一般梯形（图4-1-2(e)）和三角形（图4-1-2(f)）。教师通过几何画板的动点操作，可以展示学生想到的各种情况，直观地验证学生的想象和猜测。

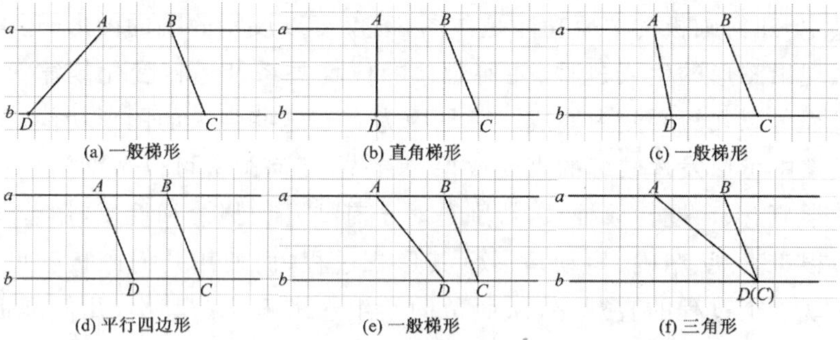

图4-1-2　点 D 的移动所产生的图形变化

这道练习题的价值还不止于此。教师继续追问并引导学生进一步思考：出现的这些情况中大多是梯形，只有一次是平行四边形，这是为什么呢？通过重复演示动态变化的过程，学生能够发现，这组平行线使这个四边形总有一组对边是平行的，因而无论怎样移动，都是梯形；而平行四边形则需要两组对边分别平行，所以，只有当点 D 移动到特定位置时，才能使 $AD /\!/ BC$，从而构成平行四边形。这个环节使学生加深了对梯形和平行四边形特征的理解，也能通过比较，明晰两者的区别与联系，从而建立更为完整的认知结构。

几何画板的计算功能比较弱，也没有编程功能，因此张景中院士开发了超级画板。他把超级画板的功能用一个等式表达：

超级画板＝动态几何作图＋函数曲线作图＋几何图形变换＋图形和表达式动态测量＋逻辑动画＋图形跟踪和轨迹＋符号计算＋数值计算＋编程环境＋统计图表工具＋公式编辑器＋课件平台＋…

超级画板的基本功能是动态几何，还加上了编辑环境，可以赋值、编写语言、用程序作图等，功能超过了几何画板。它的统计图表功能就是 Excel 的基本功能，它的课件功能可以替代 PPT，而且使用更加灵活方便。一个屏幕上可以放多个文本框，可以随意放大和缩小，而且可以隐藏，就像使用黑板一样，不用时可以把字擦掉，但不同的是擦掉后又可以重现。它有符号计算功能，就是 Mathematica 的基本功能。可见，超级画板集多种软件的功能于一体，产生了一种集成的效应，特别适合数学教学的课件设计。

第二节　PPT 课件设计与制作

课件是一种程序化的教材，其内容可以针对一个问题、一节课、一个单元或一门课等。通过计算机的描述，课件能够具体反映出教材的内容、结构和教师的教学意图。

1. 课件设计原理

课件设计之前，教师首先要考虑两个问题：一是如何根据教学目标、学生学习特点和教学资源的可利用性进行课件设计;二是课件设计中应遵循哪些心理学原理,以达到最佳的效果。

(1) 运用注意规律设计课件

在我们周围,信息无处不有,只有我们去注意它时,它才能被感知。没有注意就不可能产生学习,注意的引起与客观刺激物有关,也与主体的主观状态有关。课件的设计和使用都应遵循注意规律来提高教与学的效率。

人们在单位时间内一次只能注意到环境中的一小部分,而且其中看得最清楚的只是视野中很小的中心部分。在认识事物的过程中,人们有选择地从中选出那些对自己有意义的事物作为注意对象。因此,在课件设计时,应突出要求学生掌握的主要信息,以引起注意。比如,基于小学生的认知特点和规律,每个页面中出现的文字不宜过多,应简练并重点突出;图片应尽量清晰,色彩鲜明;构图应简洁,避免无关因素对学生注意的干扰;难易适中、富有变化的学习材料更易引起学生的注意。

(2) 运用知觉规律设计课件

没有感知就不可能产生学习,学习只能发生在学习者的感知范围之内。一般认为,课件以两种感知形态呈现优于以单一的感知形态呈现。这符合人的心理活动规律:多种感官同时参与某一知识的学习时,可在人的大脑的不同部位留下痕迹。因此,课件设计应在条件允许的情况下,尽可能多地调动学习者的各种感官的参与。比如,重要的学习内容呈现时,可以同时配音,以增强学生的感知。

加大知觉对象与背景的差别性有助于个体从知觉的背景中分辨出知觉对象。根据这一规律,课件设计时应加大对象与背景的差别,使主要内容占据显著位置。比如,可以将重要部分的字体放大、圈画、加上下画线或变换醒目的颜色等,也可以运用动画功能将关键内容动态呈现。

(3) 运用认知规律设计课件

认知心理学主要强调两个因素对有意义学习的重大影响:一是呈现内容的组织,如奥苏伯尔提出的先行组织者技术;二是学生对呈现内容的原有知识的理解水平。为此,课件设计时要对教学内容的潜在意义进行挖掘,尽可能地使学习内容之间产生联系,同时关注学生的已有知识水平,使学习材料与学生的认知结构之间建立联系,从而产生意义学习。由于信息在传递的过程中,往往会因为主观、客观方面的干扰而减弱,影响预期效果,因而课件设计时必须有选择地突出一些重要的、关键性的信息,以促进学生对知识的理解和掌握。通过多种形式改变刺激模式,重复关键信息,学生能在与之多次交互作用中提高学习效果。

2. 课件制作步骤

(1) 教学目标分析

明确教学内容与要求、教学对象和课件运行环境，确定课件所要完成的任务和达成的目标。必要时可以画出学习目标分析图并将目标分解为若干子目标。

(2) 教学逻辑设计

按照数学学习目标(或系列子目标)及其所属概念，依教学顺序加以组织和整理，使其有清晰的层次结构。

(3) 教学画面设计

将教学内容通过一系列的教学画面表示出来。教学画面设计在课件制作过程中占有重要地位：一方面，它工作量大；另一方面，它直接面向学生，必须考虑教育、心理、美学等方面的因素，其设计直接影响到数学教学效果的优劣。

(4) 测试与评价

经上述步骤生成课件后，需要进行测试与评价，通常要测试是否能实现画面设计，评价是否达到教学要求、教学目标或实现课程计划等。若有问题则要进行修改，直至能够真正实现辅助教学的意图为止。

3. PPT 课件设计与制作

PowerPoint，简称 PPT，是微软公司开发的演示文稿软件，是较为常用的课件制作软件。用户可以在投影仪或者计算机上进行演示，也可以将演示文稿打印出来，制作成胶片，以便应用到更广泛的领域中。利用 PPT 不仅可以创建演示文稿，还可以在互联网上召开面对面会议、远程会议或在网上给观众展示演示文稿。PPT 演示文稿，其格式后缀名为 ppt、pptx，或者也可以保存为 pdf、图片格式等，2010 及以上版本中可保存为视频格式。演示文稿中的每一页称为幻灯片，每张幻灯片都是演示文稿中既相互独立又相互联系的内容。

PPT 在教学中的使用功能可以体现在以下几个方面：① 展示的画面直观形象。PPT 以幻灯片形式播放，画面可以通过字体、字号、色彩的变化来设计，并且可以加入动画效果，可以配音。它将视觉与听觉统一起来，充分体现了多媒体的综合效应。② 利于知识系统化。可以用概念图、思维导图将系统化的知识进行合理组织，通过 PPT 演示，使知识的来龙去脉一目了然。③ 可以节约教师板书的时间。板书是教学的重要载体，但是如果板书内容较多，也可能会花费大量的时间。PPT 的使用在一定程度上节约了时间，在相同的时间内可为学生提供更多的信息。④ 课件的设计可以发展教师的创造性思维。课件的设计是一种创造性活动，特别是随着 PPT 技术的不断更新，其功能变得更加强大。教师利用 PPT 制作课件，就要不断学习、不断思索。相同的内容可以设计出效果完全不同的课件，追求效果、追求完美无疑是推动教师创造性思维发展的一种动力源。

(1) 恰到好处——发挥实用功能

① 运用显示功能，体现抽象过程。

☞ **例 2　义务教育教科书苏教版小学数学三年级上册第三单元《认识长方形和正方形》**

长方形和正方形这两个图形是学生认识平面图形的起点。通过长方形和正方形特征的学习，学生学会通过观察、操作、比较、抽象概括等活动，从边和角两个方面探索平面图形的特征。

首先，课件播放校园实景视频，带领学生参观美丽的校园。然后定格画面，出示一组校园场景图片（图 4-2-1(a)），请学生通过观察，找出认识的平面图形。接着，根据学生回答，先闪烁突出，再从图片中逐一抽象出这些平面图形（图 4-2-1(b)）。

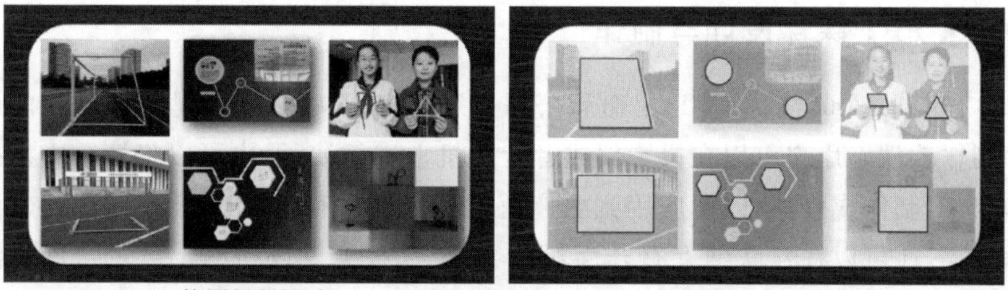

(a) 校园场景图片　　(b) 抽象出的平面图形

图 4-2-1　《认识长方形和正方形》导入部分

恩格斯指出，和数的概念一样，形的概念也完全是从外部世界得来的。因而，儿童的认识是具体的，我们要从学生所熟知的身边事物入手，引入数学世界的图形。而图形认识的本质是抽象的，把具体的对象和抽象的图形建立联系非常重要。这个抽象的过程就是舍去事物的一切物理属性：点没有大小；线只有长短，没有粗细；面只有宽窄，没有厚薄。因此，只有成为这样的点、线、面、体才是真正实际意义上的抽象。[①] 运用课件展示实物，再描画图形，然后隐去实物图片保留图形，这个过程较好地体现了图形的抽象过程，有利于学生建立数学意义上的图形的表象。

② 运用开发工具，便于即时输入。

☞ **例 3　义务教育教科书苏教版小学数学五年级上册第六单元《复式统计表》**

曹培英老师指出，从统计过程层面来看，所谓“数据分析观念”，离不开亲身经历之后的“感悟”，包括对收集数据必要性的感悟、对数据蕴含信息即数据分析应用价值的感悟。因此，数据分析观念的形成，有赖于统计过程的亲历，即数据收集、数据整理描述、数据分析判断。脱离了统计过程层面的基础，观念就成了无源之水、无本之木。执教者设计的这节课以“绿色助学行动”为主题，课前让学生收集自己家中可回收物的数据，课上先由小组整理成复式统计表，再进行全班汇总，以此让学生亲历真实的数据统计全过程。在全班汇总的活动中，教师利用 PPT 中“文本框(ActiveX 控件)”工具，实现实时输入功能，将各组汇报的数据逐一输入复式统计表中。

具体操作方法：在 PPT 软件界面，进入“文件”—“选项”—“自定义功能区”，勾选“开发工具”选项(图 4-2-2)。

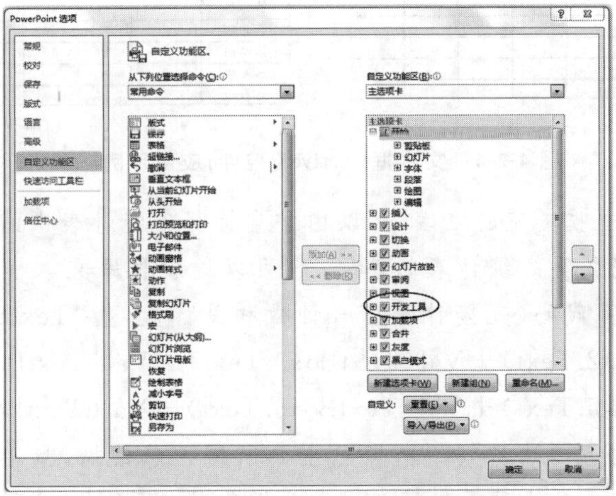

图 4-2-2　“开发工具”选项设置路径

① 马云鹏.“图形的认识”及其教学设计[J].小学数学教育，2018(18)：3.

此时，菜单栏中显示“开发工具”选项卡。我们可以在“控件”组中单击“文本框(ActiveX 控件)”按钮，插入“文本框(ActiveX 控件)”于相应位置；双击后可以在“属性”栏中对输入的文字式样进行编辑(图 4-2-3)。

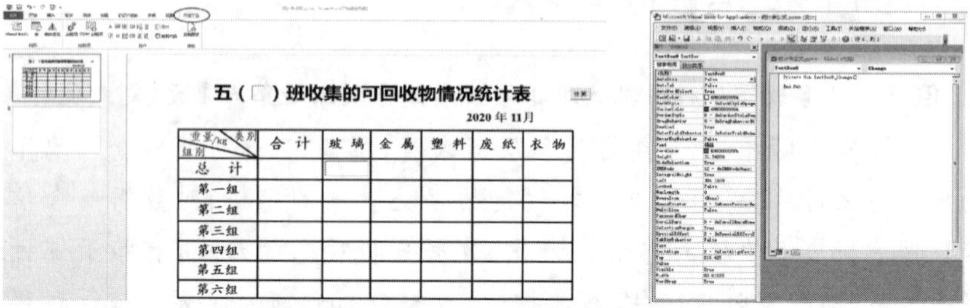

重量/kg 类别 组别	合 计	玻 璃	金 属	塑 料	废 纸	衣 物
总 计						
第一组						
第二组						
第三组						
第四组						
第五组						
第六组						

图 4-2-3 文本框(ActiveX 控件)编辑页面

接着，我们可以复制编辑好的“文本框(ActiveX 控件)”粘贴到所需要的位置，这些“文本框(ActiveX 控件)”也将发挥相同的功能(图 4-2-4)。

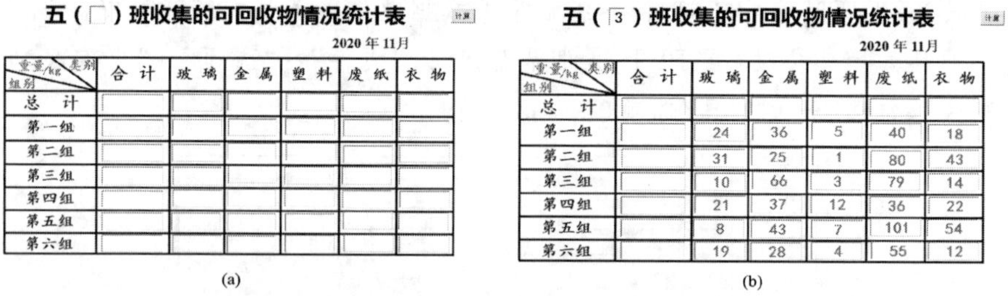

重量/kg 类别 组别	合 计	玻 璃	金 属	塑 料	废 纸	衣 物
总 计						
第一组						
第二组						
第三组						
第四组						
第五组						
第六组						

(a)

重量/kg 类别 组别	合 计	玻 璃	金 属	塑 料	废 纸	衣 物
总 计						
第一组		24	36	5	40	18
第二组		31	25	1	80	43
第三组		10	66	3	79	14
第四组		21	37	12	36	22
第五组		8	43	7	101	54
第六组		19	28	4	55	12

(b)

图 4-2-4 文本框(ActiveX 控件)应用示例(一)

各组数据收集完成之后，可以由学生计算出统计表中的“合计数”和“总计数”，完成复式统计表的填写，也可以继续利用文本框(ActiveX 控件)，编写计算代码，直接计算出合计数和总计数，如“TextBox1.Text=Val(TextBox2.Text)+Val(TextBox3.Text)+Val(TextBox4.Text)+Val(TextBox5.Text)+Val(TextBox6.Text)+Val(TextBox7.Text)”。单击课件右上方“计算”按钮，即可出示所需汇总数据，减轻学生计算负担，让学生有更多的时间和精力用于分析数据方面(图 4-2-5)。

五（3）班收集的可回收物情况统计表 计算

2020 年 11 月

重量/kg 类别 组别	合 计	玻 璃	金 属	塑 料	废 纸	衣 物
总 计	934	113	235	32	391	163
第一组	123	24	36	5	40	18
第二组	180	31	25	1	80	43
第三组	172	10	66	3	79	14
第四组	128	21	37	12	36	22
第五组	213	8	43	7	101	54
第六组	118	19	28	4	55	12

图 4-2-5 文本框（ActiveX 控件）应用示例（二）

③ 运用动画功能，实现图形旋转。

☞ 例 4 义务教育教科书苏教版小学数学四年级下册第一单元《图形的旋转》

这节课在学生初步认识旋转现象的基础上，引导学生通过观察、操作等具体活动，进一步认识旋转，体会图形运动的基本方式，积累一些图形变换的经验，发展初步的空间观念。相较于平移运动，图形的旋转涉及旋转中心、旋转方向和角度等要素，学生理解起来有一定的困难。有的教师认为，PPT 课件中无法制作图形绕一个点旋转的动画效果，只能借助 FLASH 等动画制作软件来实现。其实不然，只需一些小技巧，就能在 PPT 软件中同样实现图形绕点旋转的功能，从而化解教学难点，体现思维过程。

比如，要实现一条线段绕一个端点向右旋转 90°，可以这样制作：首先，在一张幻灯片上绘制一条线段（图 4-2-6(a)）；然后，复制这条线段，接于旋转中心的对侧；再将复制的线段的“形状轮廓”设置为“白色”（若是平面图形则将“形状轮廓”设置为“无轮廓”、“形状填充”设置为“无填充颜色”），使其“隐身”；接着，将两条线段设为一个组合图形（如果有中心点，则一并组合）（图 4-2-6(b)）；然后，选择该组合添加“陀螺旋”动画效果（图 4-2-6(c)）；最后，在效果选项中设置“顺时针”“四分之一旋转”，即可实现预期旋转效果（图 4-2-6(d)）。其他平面图形的旋转也同样按此方法设置。

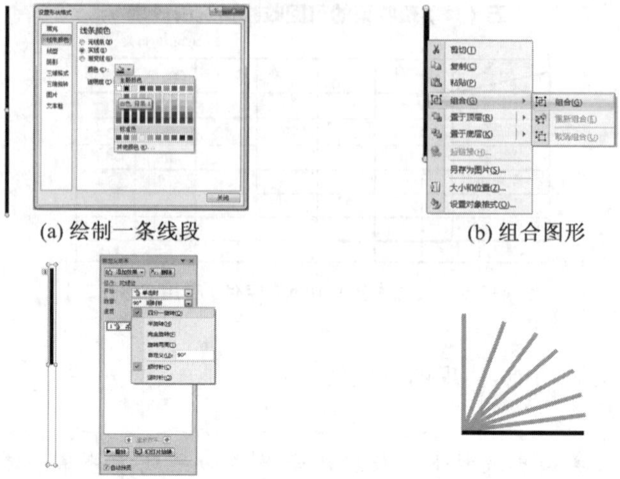

(a) 绘制一条线段　(b) 组合图形

(c) 添加“陀螺旋”动画效果　(d) 旋转效果

图 4-2-6　PPT 软件实现旋转功能示例

以上,通过三个实例展示了 PPT 课件辅助数学教学的一些实用功能。可见,PPT 课件在数学课堂教学中能发挥一定的作用,有助于数学知识的抽象、数学活动的探究,以及数学图形的动态呈现和变幻。数学教师要基于数学教学的本质,敢于创新、勇于探索,不断开发 PPT 软件中的各项功能,更好地助力数学课堂教学。需要指出的是,数学教师制作的课件应具有普适性和推广性。比如,课件中的各项功能应便于识别和操作,如有必要可以在功能按钮上添加文字信息或加以备注。

(2) 锦上添花——发挥优化功能

① 优化整体风格。

每一个 PPT 演示文稿都是由一张一张的幻灯片组合而成的,给人的感觉就像是一本小册子。教师要在动手制作之前考虑整篇文稿的风格和版式,这样才能让整篇文稿显得细致美观,也能体现教师课件制作的专业水平。

首先,创建一个模板。幻灯片页面尺寸的长宽比例一般有两种选择:一种是标准(4∶3),另一种是宽屏(16∶9)。目前,大多数教室中使用的一体机屏幕的长宽比例为 16∶9。创建 PPT 模板时可以利用软件自身附带的主题模板。点击菜单栏中的“设计”,即可出现主题模板,我们可以通过“设置背景格式”等功能进行调整和修改。如果对软件中的幻灯片版式不满意,也可以按照自己的想法创建模板。在菜单栏中选择“视图”—“幻灯片母版”,再通过设置背景格式、形状格式、文本格式，以及添加图片、图案等进行创作。设计完成后保存母版，关闭母版视图，切换到普通视图，此时，整个文稿的风格便统一为母版的设计，新建的幻灯片也具有同样的版式。

其次，添加一组标题。按照教学环节，在每一张幻灯片中添加统一风格的小标题，以体现教学要点和进程（图 4-2-7）。

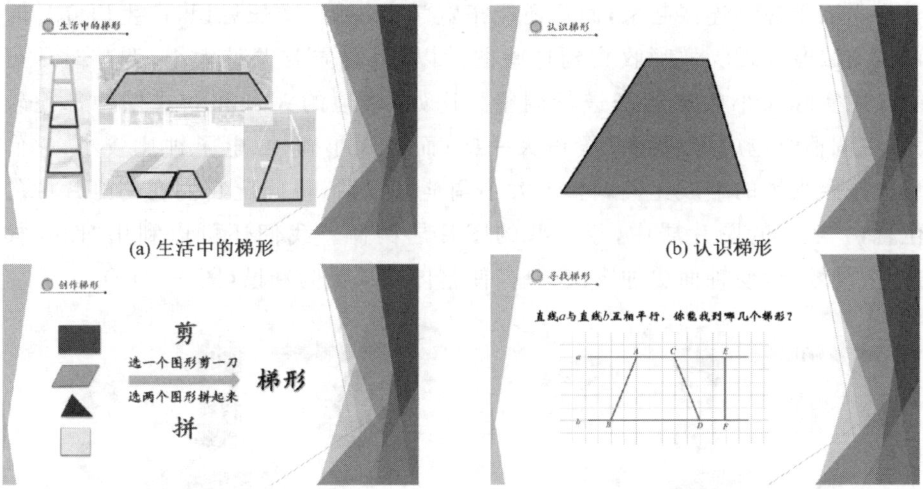

(a) 生活中的梯形　　(b) 认识梯形

(c) 制作梯形　　(d) 寻找梯形

图 4-2-7　幻灯片设计的整体风格

② 优化图片效果。

首先，插入 PPT 中的图片应尽量选择构图合理、主体突出、清晰度高的，这样在放映时能提高视觉效果。单张图片插入幻灯片页面时应居中，不宜过小，也不宜过大，不能顶天立地，上下左右均要留出一定的边距。如果背景颜色与图片区分不明显的，可以添加一块颜色对比度大的底色，以突显图片内容（图 4-2-8）。

图 4-2-8　幻灯片中的图片设置效果

其次,对于以欣赏为主的图片,可以双击图片,在“图片工具”—“图片样式”中添加边框、设计不同的图片效果。《认识时、分》一课准备通过幻灯片向学生展示一些造型各异、款式不同的钟表。教师在选择图片时有意选择不同类型的钟,如机械钟和电子钟、挂钟和座钟、室外钟和室内钟、常见的钟和奇特的钟,还有卡通造型的钟,等等(图 4-2-9)。这些图片不仅能将数学课堂与学生生活很好地连接起来,而且还能拓宽学生视野,增长见识,产生研究计时单位的浓厚兴趣。教师收集到这些图片以后,首先要调整大小,调整时尽可能按照实际大小的比例来进行调整。比如,楼顶的大钟和立式摆钟都比较大,在调整时也应将它们设置得大一些;而台式小闹钟、电子钟比较小,它们也应按照大钟的缩放比例调整。大小调整好以后,再确定它们在幻灯片中的位置,一般大的图片居中,小一些的图片居两侧。我们还可以利用“图片样式”中的效果,使钟面更加突出一些,使整体效果更为和谐(图 4-2-10)。

图 4-2-9　图片优化之前的幻灯片

图 4-2-10　图片优化之后的幻灯片

除此之外,抠图功能也是数学教学课件中常用的。比如,在《9 加几》这一课中,小猴子要计算盒子里的 9 个桃和盒子外的 4 个桃合起来是多少个。学生根据情境图,很容易想到将盒子外的 1 个桃放进盒子里,使盒子里面凑成 10 个桃。课件中的桃子图片应抠图处理,便于移动,具体流程如图 4-2-11 所示。

首先,插入一张桃子图片(图 4-2-11(a));然后双击图片后出现“图片工具”菜单,点击“删除背景”,调整删除选框的大小,以保证图片的完整性(图 4-2-11(b));最后,桃子图片的背景已经删除,可以调整图片大小并将其放在合适的位置(图 4-2-11(c))。

数学课件中常常要呈现几何图形,如若这些几何图形的边有具体长度,那么在作图时应严格按照其比例进行缩放,以免造成科学性错误。

(a) 插入桃子图片

(b) 删除背景

(c) 按要求放置图片

图 4-2-11　PPT 软件中的图片抠图功能

③ 优化文字效果。

教学课件中的文字既要让学生看清、看懂，也要让人赏心悦目。鉴于文字的规范性和小学生的认知特点，课件中的文字一般选用宋体、黑体、楷体、姚体、新魏等常规字体；有时，为了引起学生兴趣和增强视觉效果，也可以少量选用卡通字体。

制作 PPT 时，教师应根据每一张幻灯片中文字的数量、配图及重要程度确定字号和颜色。原则上，学生年龄越小，页面中的字数应越少。比如，一、二年级的数学课件中，一个页面一道口算题，这是完全可以的，能让学生注意力高度集中在这一道题上，快速作答。面向高年级制作的课件中，文字量也不宜过多，字号不能过小，应保证教室最后一排的学生也能清楚地看到其中的每一个字。

文字的颜色应与背景颜色明显区别开，如白底黑字、白底红字、黑底白字等。文字内容的位置与图片一样，在幻灯片页面中应上下左右留有边距。其中，字距、行距也应适当调整和控制，不宜过紧。一般行间距要大于单倍，但尽量不要超过 1.5 倍；段间距要大于行间距。适当留白也能优化视觉效果。当幻灯片页面中的文本框不止一个时，应注意上下左右对齐(图 4-2-12)。

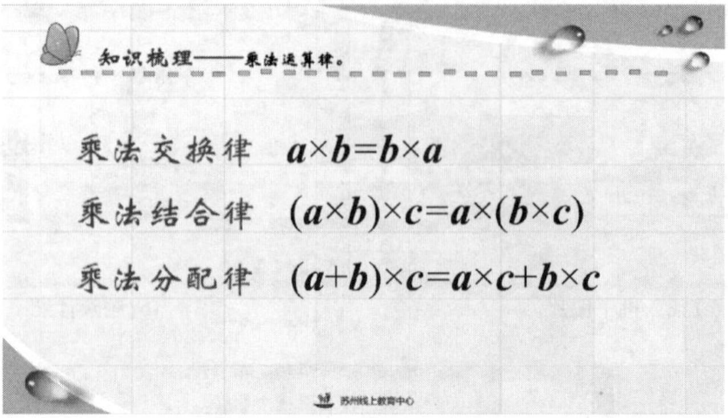

图 4-2-12 PPT 软件中的文本设置效果

为了让学生直接而快速地获取学习内容的要点，课件中不宜出示大段文字，否则学生在观看时很难快速阅读完所有内容，不容易理解知识、把握重点。如果幻灯片页面中文字较多，我们有以下几种方法可以进行优化：

a. 提取重点，图文并茂（图 4-2-13、图 4-2-14）。

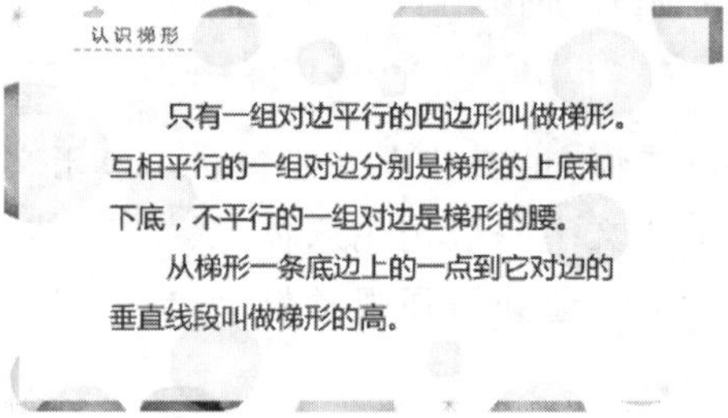

图 4-2-13 文字优化之前

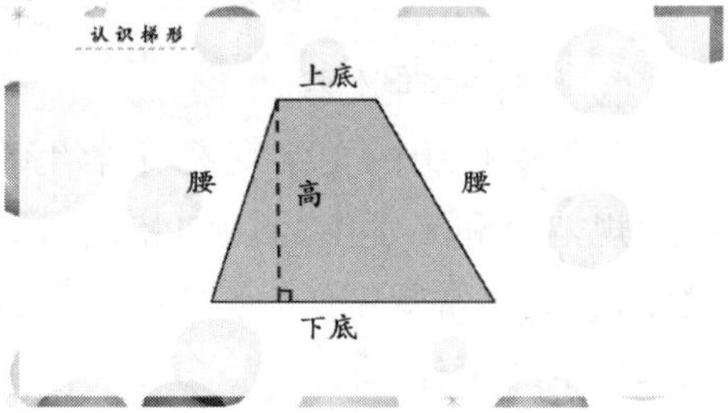

图 4-2-14 文字优化之后

b. 归类整理，图框模块（图 4-2-15）。

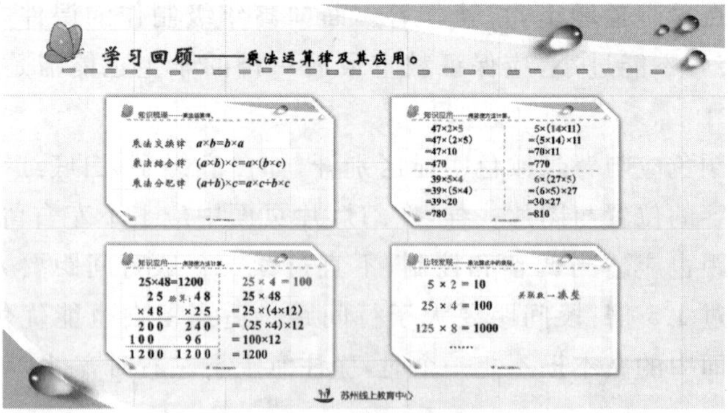

图 4-2-15 PPT 软件中的图框模块

c. 按序编排，形成条目（图 4-2-16）。

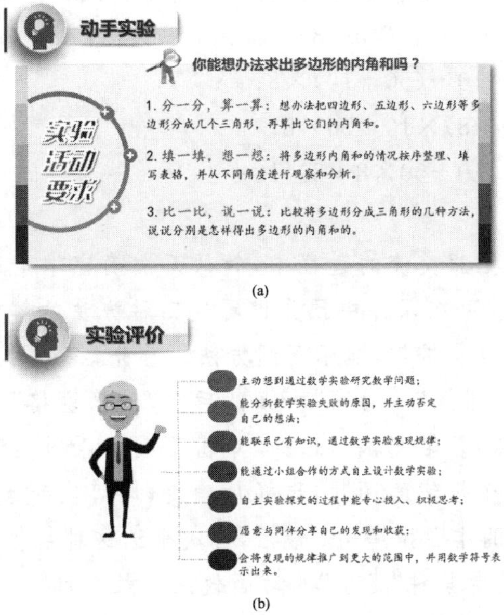

图 4-2-16 PPT 中的条目模块

（3）见招拆招——发挥交互功能

PPT 课件不只是出示文字和图片的工具，如果能掌握一定的制作技巧，也能使 PPT 课件成为具有集交互性、灵活性和趣味性于一体的辅助教学手段。对于同一个问题，不同的学生会有不同的解题思路和解答方法，PPT 中的“触发器”功能可以做到随机出示教师预设的内容。

☞ **例 5 义务教育教科书苏教版小学数学四年级下册第五单元《解决问题的策略——画图》**

练习：有一个长 50 米、宽 40 米的长方形鱼塘，如果长增加 10 米，宽增加 8 米，那么扩建后的鱼塘增加多少平方米（图 4-2-17）？

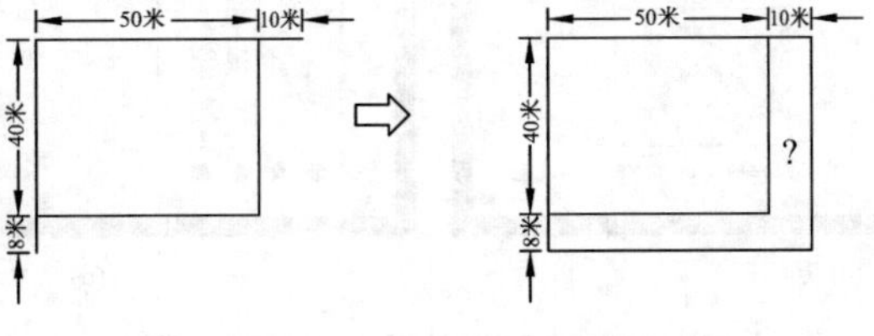

图 4-2-17 练习示意图

借助画图的策略分析数量关系，学生可能想到以下几种解答方法：

方法一：(50＋10)×(40＋8)－50×40；

方法二：40×10＋(50＋10)×8；

方法三：(40＋8)×10＋50×8；

方法四：40×10＋50×8＋8×10；

…………

由于在学生汇报交流的过程中，教师无法确定学生运用的是哪一种解答方法，因而可以在课件中预先设置这四种方法的解答过程，通过“触发器”功能，随机点击按钮，显示不同方法。首先，将一种解答方法的作图和算式设置某种“进入”的动画效果，然后在“动画窗格”的下拉菜单中选择“计时”选项，点选“触发器”，选择“单击下列对象时启动效果”，在选项菜单中选择第一个按钮的图片，选择后确定，即可实现点按所选按钮，出示此种解答方法的作图和算式。最后，再次全选这种解答方法所出示的所有图片和算式，设定某种“退出”的动画效果，“触发器”选项为右下角的按钮，此时，点按右下角按钮即可回到题目初始状态。每种方法的设置过程相同(图 4-2-18)。

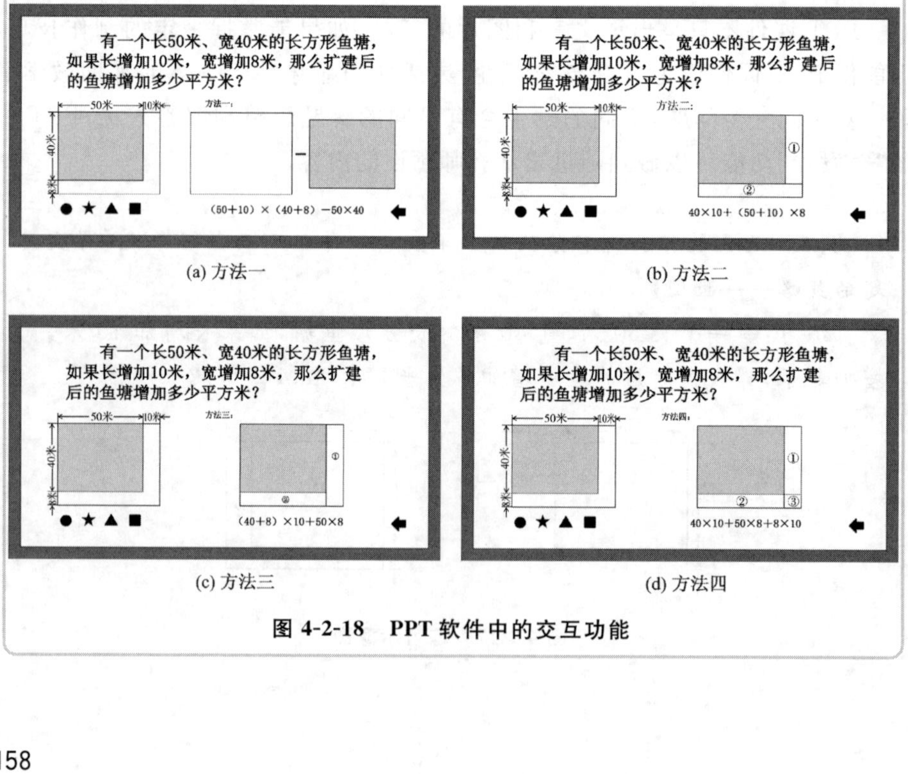

(a) 方法一　(b) 方法二

(c) 方法三　(d) 方法四

图 4-2-18　PPT 软件中的交互功能

第三节　信息技术在数学教育中的新探索

信息技术的运用致力于有效地改进教与学的方式，教师在教学中要善于运用信息技术，突破教学时空的限制，为学生创造出图文并茂、人机交互、及时反馈的学习环境，使学生在这一环境中能让多种感官协同活动，充分调动自我的学习积极性，发挥主动性和自主性。新的时代背景下，以“互联网＋”为代表的教育模式也为教师创设更多线上、线下或线上线下混合的教学模式提供了可能。

1. 线上教学

新冠疫情突然来袭之时，“互联网＋”的教学模式逐渐被广大师生所接受。虽然师生不能面对面地交流互动，但是线上授课平台也能为学生提供一些更为新颖的学习内容和方式，使传统课堂变得更加丰富多彩。目前，线上教学方式有多种，如直播、录播、微课教学和直播相结合、聊天软件群聊等。教师应结合学生的实际情况选择适合的线上教学方式，努力提高线上教学的有效性，避免增加学生学习负担、影响学生身心健康发展。面对小学生，教师应选择尽可能简便的信息技术，保障线上教学的实施，要从关注“技术”变为关注使用技术的“人”。①优化教学目标。由于长时间使用电子设备会影响学生视力，所以每节线上课程的时间应控制在20分钟以内。这样的规定并非让教师将原先40分钟的授课内容在20分钟内全部教完，而需要教师重新定位20分钟内的线上教学目标，遵循学生身心发展规律，尊重数学学科的本质，以“教”促“学”，培养学生自主学习的能力。②简化教学环节。根据目标定位，教师要重新优化教学模式，根据线上教学的特点选择适合的教学内容，难度要适中、内容要适度，学习素材要注重激发学生的学习兴趣，重在点拨学生学习上遇到的困难，教学评价力求简洁、实用、有效。教师在实施过程中采取适时变化、灵活运用的策略对既定的教学环节进行适度优化，以发挥更高效的教学效果。③活化教学形式。学生进行线上学习时，往往无法像课堂学习那样全神贯注，为提高听讲效率，教师可以在课前布置预习任务，让学生通过阅读教材、观看微课等方式对基础性知识进行自学，带着问题进入线上课堂。教师也可以打破常规的讲练模式，根据学生课前练习的情况，有针对性地答疑解惑、突破难点，抓住课堂交流的机会，与学生进行思维碰撞，促进学生基于自主学习的知识理解和内化。

2. 未来教室

标志着教育信息化新时代的“未来教室”已经进入了校园，其双轨展示、多元互动、自由板书、知识可视等特点让人耳目一新。这不仅仅是学习空间、手段方式上的变化，更是教师教学理念、课程形态、课堂结构及教育教学模式等方面的一场重大变革。

高端先进的多媒体设备为学生打开了更多的信息渠道，在视听感官方面的刺激增强，能提高学生学习的兴趣与积极性；即时书写、作业上传等交互方式能让课堂教学突出学生主体，体现教学的生成性和有效性；“未来教室”所提供的网络环境让生生、师生之间及课内课外的界限得以打通，学生可以在组内分享，也可以在组际交流，甚至在互联网中与世界各地的同龄人探讨问题，它为学生提供了一个更为广阔和开放的学习场域。然而，这些优势还不足以完全体现“未来教室”在数学教学中的价值。

数学学科具有高度的抽象性和严密的逻辑性，而数学思维的形成必须经历一个“数学化”的过程，缺失过程的抽象结论对于学生来说是毫无意义的。因而，数学学习要让学生在操作、实验、观察、比较、想象和思辨的过程中自主探索，抽象概括数学的本质，同时积累与之相关的活动经验，发展数学学习的能力。“未来教室”的双屏显示功能拓宽了信息传输渠道，利于加强学生生活与数学知识之间的过渡与联系，便于学生通过对比，在“变”与“不变”中抓住知识的本质。“未来教室”的交互工具给学生提供了一个开放式的自主探索空间，以交互工具的可控性避免或减少实物操作的不规范所带来的认知障碍。“未来教室”的互动环境为学生创设了直接感知与即时评价有机结合的学习平台，将模糊的直觉感受进行量化，将内隐的思维过程显性化，帮助学生积累数学学习经验，促进学生元认知的发展。

☞ 例6　义务教育教科书苏教版小学数学二年级下册第二单元《认识时、分》

①静态演示：利用触控双屏强化比较，揭示知识本质。

与原来传统教室中一块黑板一支粉笔相比，“未来教室”中的液晶触控显示双屏、平板电脑等学生移动终端，以及电脑一体机触控显示屏等丰富的多媒体设备为学生构建了一个信息通道多元的学习环境。学生置身其中，自然会接收到更多的信息。通过对信息的接收、选择和处理，学生能够对知识进行深入思考和理解，同时也锻炼了学生的信息加工能力和观察思辨能力。

以液晶触控显示双屏为例，这并不是简单意义上的将一块屏幕增加到两块屏幕，用以显示双倍的内容，而是利用副屏与主屏之间的信息关联与叠加，起到“1＋1＞2”的功效。

时钟是人们生活中常用的计时工具，学生认识时刻有一定的生活经验，同时学会认识时刻也能为生活服务，但是要能分清时针和分针，准确读出钟面上现实的时刻，对于二年级的学生来说是个难点。因此，本课在教学“认识整时”这一环节时，以生活情境引入，左屏出示一张小朋友起床的图片，唤醒学生对于时刻的生活经验，这时右屏出示钟面，学生能准确地读出时刻——7 时。第二张情境图是学生上学，学生也有生活经验，知道上学时间是 8 时，这时右屏出示的钟面学生也能准确报时。接着，教师告诉学生 7 时和 8 时都是整时，左右两屏分别显示这两个整时钟面，并将情境图隐去，此时便引导学生从生活数学渐渐地走进学科数学。学生通过观察和比较，发现这两个钟面上既有相同又有不同，相同的是分针都指向 12；不同的是，7 时时针指向 7，而 8 时时针指向 8。通过比较，学生对于整时有了本质的理解：整时时分针指向 12，时针指向几就是几时。

② 动态操作：运用平板电脑交互操作，探索数学规律。

“未来教室”里所配置的学习终端包括液晶双屏、电脑一体机和学生平板电脑等，除了显示功能以外，还都具备触控交互功能。特别是人手一个的平板电脑为每一位学生使用“交互工具”参与探究性学习提供了可能。教师根据学习内容，为学生提供相应地数学“交互工具”，如 PPT、白板课件、FLASH 小程序、Authorware 课件等。学生在教师的引导下，在“交互工具”模拟情景下，根据已有的知识经验，有目的地改变工具的各种参数进行自主探究学习，工具会根据学生的操作即时做出反馈、呈现结果。在这样的环境下，学生与电脑互动，经历发现知识、掌握方法和寻找规律的过程，逐步建构数学知识的意义与内涵。

认识钟面是认识“时”“分”这两个时间单位、认识时刻及计算经过时间等知识和技能的基础，认识钟面即是认识钟面上隐含着的一套极为严谨的数学结构。笔者通过设计“做钟面”的“交互工具”来突破这一教学难点。学生通过对大量钟面图片的观察及生活经验知道，钟面上有1～12的数、长针和短针，还有一圈刻度。此时，教师提供给学生的“交互工具”即是一个空白的钟面，在工具栏中给出这些组成部分，让学生通过拖移的方式重新组装成一个完整的钟面。如果学生将数拖移摆放到不正确的位置，“交互工具”将会做出即时反应，将这个数退回工具栏中，这就会促使学生重新思考并认识钟面上各个数的位置。在反复操作、尝试探索及小组讨论的过程中，学生能逐渐发现钟面上各数位置的顺序关系和对应关系。比如，有的小组能发现钟面上四个数的位置比较特殊，12在最上面，6和它相对，3和9左右相对。“交互工具”的设计契合儿童的年龄特点，功能强大，操作简便，突破了传统的单纯依赖观察和记忆认识钟面的弊病，也较好地改善、优化了学生对纸质模拟钟拼贴的操作，从而使探究活动在深度和广度上都超越了传统的教学。

“交互工具”还具有可反复操作的优越性，因此不仅能在课堂上辅助学生探究学习，亦可作为一个“微教学单元”发挥更大的教学效用。除了“做钟面”这一个“交互工具”以外，本课还设计了一个学生认识时刻的“拨钟”练习。学生用鼠标点击拖动时针和分针，当拨对或拨错显示的时刻时，会有相应的提示语音。像这样的“交互工具”上传到云端，可以为更多的学校及师生所使用，也可以让学生在课前自学，实现课堂的翻转，或者让学生课后反复操作练习等。当然，“未来教室”教学过程中，同样可以利用网络空间资源，以此实现教学的泛在化、自主化和个性化。

③ 智能互动：借助信息终端科学判析，提升活动经验。

“未来教室”借助StarC等信息平台实现课堂教学的智能互动。例如，教师可以随时将触控双屏上即时生成的任何信息截屏后以图片形式发送给学生，或者将课前准备好的文字、图片、音视频资料以作业发布的形式推送到学生学习终端上；当学生完成并提交图片或作业后，系统能进行相关的数据收集和统计，如提交作业份数、选项统计等。利用好这些智能互动的功能可以帮助教师对学生学习情况进行全样本和全过程的分析，使得教与学的分析、诊断、评估更加清晰，可以有效地使教师对学生的终结性评价演变为形成性评价，利于促进学生的个性化发展。同时，即时反馈和数据分析功能也提高了学生自我评价的意识和效度，能有效促进学生感知觉及元认知水平的发展。

在《认识时、分》这一课中，让学生感受1分钟持续的时间，形成对1分钟时间的正确体验，是认识"分"这个时间单位、培养时间观念的关键。借助具有周期性的生理活动及学生感兴趣的游戏活动，让学生亲历1分钟时长的量化过程，对学生逐步增强1分钟的实际体验，抽象形成难以言传的1分钟时间概念，突破教学难点有着重要的作用。在教学这一环节中，教师将"活动菜单"发送给学生，其中包括数心跳、做口算、写字、读文章、拍球和画星星这几项，学生在小组中进行交流并确定自己所选的活动。当学生在1分钟内完成所选活动的操作后，将数据发送给系统，利用系统的统计功能，可以呈现1分钟内学生完成这些活动的数据分析，这样就避免了低年级学生因计数误差较大而引起的误识。为了让学生进一步体验1分钟时长，强化1分钟时长的衡量标尺，在体验活动之后安排一个"估计1分钟"的游戏活动。教师给学生提供了一个计时软件，让学生在刚才活动感受1分钟的基础上，用自己的"时间尺"估计1分钟的时间。当学生认为1分钟时间到时，按下软件中的确认按钮，这时学生终端显示结果并自动将学生估时提交到系统平台。这样学生能判断自己估时的准确性，教师也能通过系统平台数据统计了解学生估时情况，从而更好地帮助学生建立1分钟时长的感受，提升基本数学活动经验的效度。

从传统教室变革为"未来教室"，不是时空观相比较的概念，也不仅仅是硬件、设备、技术手段这些物理因素上的变革，更重要的在于教育教学理念和模式上的变革。"未来教室"开发和使用的目的是最大限度地通过课堂教学信息化助教与助学，这对教师操控信息技术能力和学生操控信息技术能力都有着较大的挑战性。然而，最为根本的、值得我们思考的问题是，如何将"未来教室"中丰富而充沛的信息化教学手段充分利用起来，在数学课堂教学中不仅仅是起到显示或演示的功效，而是能够更多地发挥其在帮助学生抽象概括、揭示本质上的作用。①

【导读书目】

[1] 陈桂芳.计算机辅助教学与课件制作技术[M].北京：人民邮电出版社，2011.

---

① 仲秋月."未来教室"：小学数学教学的新时空——以《认识时、分》一课为例[J].江苏教育研究，2017(02)：61-63.

[2] 倪彤，许文静，张伟.信息化教学技术[M].北京：清华大学出版社，2020.
[3] 顾小清，等.从辅助教学到重塑生态：教育信息化发展之路[M].上海：华东师范大学出版社，2018.

第五章

5

课堂教学

——如何上好数学课

不愤不启，不悱不发。举一隅不以三隅反，则不复也。——孔子

儿童不是一个需要填满的罐子，而是一颗需要点燃的火种。

——普罗塔克

教育人是艺术中的艺术，教育人使用的语言是艺术的语言。

——夸美纽斯

不断改进教学方法唯一的直接的途径，就是把学生置于必须思考、促进思考和考验思考的情境之中。

——杜威

学习数学的唯一正确方法是实行“再创造”，也就是由学生本人把要学的东西自己去发现或创造出来，教师的任务是引导和帮助学生去进行这种再创造的工作，而不是把现成的知识灌输给学生。——弗赖登塔尔

张奠宙教授认为课堂教学艺术有四重境界：美观、美好、美妙和完美。美观指在形式方面，追求给人一种感官视觉上的艺术享受；美好是美观的一种升华，其内涵丰富，不仅指感官上的满足，还注重思维、逻辑、方法等各方面的出神入化，更重要的是得到心理上的享受；一旦进入美妙的意境，可使人感到大地造化真理之巧妙；完美是课堂教学中追求的最高境界，通过各种教学环节的优化、教学艺术的综合方可达到完美境界。好的课给人以享受，那是师生真情交流的生命课堂，是点燃学生思维火花的智慧课堂，是品味数学之美的本真课堂，是"看得见学生"的对话课堂。我们向往美观、美好、美妙的数学课堂，我们不断探寻课堂教学的真谛，我们追求完美的课堂教学艺术。正所谓：医生的真功夫在病床上，教师的真功夫在课堂上。课堂教学是教师专业素养的综合体现，教师必须把锤炼课堂教学技艺作为自己一生的基本功。

第一节　数学课堂教学基本理念

我们常常情不自禁地赞叹名师的精彩课堂——教学氛围和谐自然、数学思维智慧灵动、教学设计精雕细琢、教态亲切语言生动，有气度、有深度、有温度，令人回味无穷，展现着学生的思维变化，演绎着学生成长的精彩，诠释着美好的数学教育理念。正如彭钢教授所言：仅有选材和设计是不够的，高水平的课程实施才是教师教学能力的"技术硬核"。[①] 精彩课堂的呈现正是名师所秉持的教师观、学生观和数学教学观，在数学课堂教学中的综合体现。

1. 教师观

古之学者必有师。师者，所以传道受业解惑也。教师是人类社会最古老的职业之一。对于人类社会而言，教师是文化科学知识的继承者和传播者；对于学生个体而言，教师是学生智力的开发者和个性的塑造者。在重视人才培养的当下，教师这一神圣职业备受关注。人们称教师为"人类灵魂的工程师""燃烧的蜡烛""辛勤的园丁"等。这些都是人们对教师职业的基本认识与价值判断，也寄予了人们对教师职业的理想与期待。

教师观是指教师的教育观念，是教师对教师职业的特点、责任、教师的角

① 彭钢.数学之美的师生合奏——华应龙"阅兵数学课"的启示[J].小学数学教师，2020(Z1)：135.

色及科学履行职责所必须具备的基本素质等方面的认识。它直接影响着教师的知觉、判断，进而影响其教学行为，具体体现在两个方面：一是教师角色定位，二是教师行为要求。除了这两个方面以外，教师必须具有一定的职业素养和专业水平。

(1) 教师角色定位

新时期课程改革对教师角色赋予了更高的期待：学生学习和发展的促进者、组织者和管理者；课程的建设者、开发者和设计者；教育教学的反思者、研究者和发现者；社区型的开放教师；同时也是一名学习者。

从教师与学生的关系看，教师应该是学生学习和发展的促进者、组织者和管理者。首先，教师应该把激发学生学习的动机，指导学生的学习方法，组织管理和指导学生的学习过程，培养学生自主学习、合作学习的能力等作为自己工作的主要目标。在教学过程中，教师要注重培养学生的发现和探究的能力及实践动手能力，激发学生的创造潜能，使学生学会学习、学会合作、学会做事、学会做人。其次，现代社会的发展要求教师不仅仅是向学生传播知识和社会规范，更要关注学生的人格的健康成长与个性发展，真正成为学生发展的促进者。

从教学与课程的关系看，教师应该是课程的建设者、开发者和设计者。教师应具有强烈的课程意识和参与意识，改变以往学科本位的观念和被动实施课程的做法。教师要整体理解基础教育课程的结构系统，熟悉国家课程方案，理解国家课程、地方课程、校本课程的关系，理解课程实施中从“专家课程”到“现实课程”的转变过程，正确认识教材在课程中的地位和功能，变过去习惯的“教教材”为“用教材教”，创造性地使用国家课程教材，积极进行国家课程地方化、校本化的实践探索。同时，积极参与地方课程和校本课程的建设，培养开发课程、评价课程、主动选择和创造性地使用新课程教材的能力。

从教学与研究的关系看，教师应该是教育教学的反思者、研究者和发现者。教师在教学过程中应以研究者的心态置身于教学情境中，以研究者的眼光审视和分析教学理论与教学实践中的各种问题，把握突破重难点的策略方法，对出现的教学问题进行研究，总结经验，并形成规律性的认识。努力实践新的教学方法，向更合理、更理想、更完美的数学教学迈进。

从学校与社区的关系来看，教师应该是社区型的开放教师。随着社会的不断发展，学校教育与社区生活正在走向终身教育要求的“一体化”，学校教育社区化，社区生活教育化。在这种情况下，教师的角色不能再仅仅局限于学校和课堂，教师不仅是学校的一员，也是整个社区的一员，是整个社区教育、文化事业建设的共建者。

作为一名数学教师，应自觉主动地成为学习型教师，既要学习新的数学专业知识、了解数学发展的最新动向，还要学习在数学教学中产生的新问题，了解学生在学习数学知识中遇到的问题和解决方法。数学教师要坚持学习新的知识、新的方法、新的思想，在学习中研究，又要在研究中学习。海纳百川、博采众长，方能成为有知识底蕴的卓越教师。

(2) 教师行为要求

在对待学生上，教师必须维护每一位学生的尊严，尤其是对于学习成绩不好的学生，有缺点和过错的学生。尊重学生意味着不能伤害学生的自尊心，这就要求教师不能体罚学生，不大声训斥学生，不羞辱、嘲笑学生，不随意当众批评学生。另外，教师不仅要尊重每一位学生，还要学会赞赏每一位学生。

在对待教学上，教师的本质在于引导，引导的特点是含而不露，指而不明，开而不达，引而不发；引导的内容不仅包括方法和思维，也包括价值和做人。

在对待自我上，教师应重视教学反思。按照教学的进程，教学反思分为教学前、教学中、教学后三个阶段。教学反思是教师专业发展和自我成长的重要因素，促使教师形成自我反思的意识和自我监控的能力。

在对待与其他教育者的关系上，教师应善于合作。不同年级、不同学科的教师要相互配合，齐心协力地培养学生。每个教师不仅要教好自己的学科，还要主动关心和积极配合其他教师的教学，从而使各学科、各年级的教学有机融合、相互促进。

(3) 教师职业素养和专业水平

教师的职业素养是教师从事教育工作应遵循的行为规范准则，对教育起着关键性作用。教师应具备过硬的政治思想素质，以国家和民族的发展为己任，时刻牢记自己的特殊身份和神圣责任，坚定正确的政治立场，弘扬正确的思想和价值观，向学生传递正能量；教师应具备高尚的职业道德素质，遵守爱国守法、爱岗敬业、关爱学生、教书育人、为人师表、终身学习的职业道德规范，无愧于这份“太阳底下最光辉的事业”。

数学教师应具备精湛的专业素养。从对数学核心素养——数学抽象、逻辑推理、直观想象、数学运算、数据处理、数学建模等要素的认识出发，数学教师需要具备丰富的数学专业知识和全面的知识背景，这样教学中才能居高临下、高瞻远瞩，带领学生深入浅出、触类旁通地学习。精通本学科知识的体系、了解前沿科学的发展方向，才能在教学中激发调动学生潜能，培养创新精神和实践能力。

卓越教师往往具备一种独特的气质和魅力，这正是内在教师观的外在体现——正气、大气、才气、书卷气。可见，教师的修养和观念会从他们的穿着打扮、言谈举止、仪容仪表、教育行为、为人处世等方面展现出来，我们应努力成为内外兼修的理想型教师。

2. 学生观

(1) 学生是发展的人

学生的身心发展是有规律的。个体身心发展的一般规律有顺序性、阶段性、不平衡性、互补性及个别差异性。

学生具有巨大的发展潜能。坚信每个学生都是可以积极成长的，是有培养前途的，是追求进步和完善的，是可以获得成功的，因而对教育好每个学生应充满信心。我们不能因为学生的小错误，就将学生完全否定，要看学生未来的发展潜力，要帮助学生更好地进行发展。

学生是处于发展过程中的人。作为发展的人，就意味着学生还不是一个成熟的人，是一个在教师指导下正在成长的人。学生是不是能生活得很有趣味，是不是学得很好，是不是能健康成长，是不是幸福欢乐，都和他们所在的学校和所遇到的教师有极大的关系。

故而，数学教学既要给学生创设独立思考、尝试、发现、探究的空间和平台，又要允许学生犯错误，并将错误转化为学习资源，让学生在尝试中有机会自我反思。数学课堂不是简简单单的“1＋1”的知识传授，而是师生生命中的重要经历。

(2) 学生是独特的人

学生是完整的人。学生并不是单纯抽象的学习者，而是有着丰富个性的完整的人。在教育活动中，作为完整的人而存在的学生，不仅具备全部的智慧力量和人格力量，而且体验着全部的教育生活。要把学生作为完整的人来对待，就必须反对那种割裂人的完整性的做法，还学生完整的生活世界，丰富学生的精神生活，给予学生全面展现个性力量的时间和空间。

每个学生都有自身的独特性。教育的生机和活力，就在于促进学生的个性健康发展。素质教育要求教师要正视学生的个别差异，克服按照统一标准和尺度去衡量学生，追求完全趋同、整齐划一的弊病，应根据学生各个方面的情况因材施教。

学生和成人之间是存在着很大差别的，学生的观察、思考、选择和体验，都和成人有明显不同。所以，“应当把成人看作成人，把孩子看作孩子”。教师在教学中，往往用自己的视角和观念思考和评价学生的想法和行为，这样不但不能达到预期的教学效果，反而会扼杀学生的想象力，伤害学生的心灵。

故而，数学教学应允许学生用不同的速度去探索和获取知识，允许学生用自己喜欢的方法学数学。在课堂上为学生创设各种不平衡的问题情境或“陷阱”，放手让他们自己去尝试、探究、猜想、思考，给学生留下足够的思维空间。探索，往往是要走弯路的，但毕竟是学生亲自经历和体验的学习过程，因而他们便能体会到用自己的方式实现数学“再创造”的快乐。

(3) 学生是具有独立意义的人

每个学生都是独立于教师的头脑之外，不以教师的意志为转移的客观存在。教师必须尊重学生的个体独立性，不能把个人意志强加于学生的思想之上，要客观地看待学生的成长与成才，把学生当作不依自己的意志为转移的客观存在，当作具有个体独立性的人来看待，因势利导地施加教育，推动学生的健康成长。

学生是学习的主体。教育家普罗塔克(Plutarch，46—120)曾说：“儿童不是一个需要填满的罐子，而是一颗需要点燃的火种。”学生的学习是一个动态生成的过程，是不断变化的，复杂、不可预测的，而学生是这一过程中的主体。学生基于生活经验与知识相互作用，或同化到原有的知识体系中，或产生新的想法，创造新的事物。课程改革强调学生在学习中是认识活动的主体、实践的主体、发展的主体，是学习的主人，教育的根本目的在于促进学生的主体性的发展。

学生是责权的主体。学生在教育系统中既享有一定的法律权利，也承担着一定的法律责任、伦理责任、享受特定的伦理权利，学校和教师要保护学生的合法权利，引导学生学会对学习、对生活、对自己、对他人负责，学会承担责任。

(4) 学生的数学学习

《数学课程标准》提出，学生学习应当是一个生动活泼的、主动的和富有个性的过程。认真听讲、积极思考、动手实践、自主探索、合作交流等，都是学习数学的重要方式。学生应当有足够的时间和空间经历观察、实验、猜测、计算、推理、验证等活动过程。

在实际教学中，教师为了追求教学中所谓的高效率，总是希望尽快将学生的学习纳入自己预定的轨道而不顾及学生学习的实际状况；在应试背景下，又总是以统一的考试标准为基准，通过“齐步走”的方式去实现教学的目标。这就不可避免地控制了学生数学学习自主性的发挥，也难以满足学生个性化的学习需求。

从数学学习心理学的角度看，即使处于同一年龄阶段的不同学生在认知水平、认知风格和发展趋势上也存在差异。学生的智力结构也是多元的，有的习惯于形象思维，有的习惯于抽象思维，有的长于计算，有的强于证明，这本没有优劣之分，只表现出不同的特征与适应性。另外，每个学生都有自己的生活经历、家庭环境和一定的文化背景，这导致不同的学生在数学学习中有自己的思维方式和解决问题的策略。数学教学中，我们应鼓励学生数学学习的自主性，发展学生的个性，给学生暴露已有观念和思维过程的机会，这样不仅能促进数学学习过程的开放、生动和多样，有利于学生创新意识的培养，而且就整个数学学习共同体而言，多种特征、风格的认知方式还可以为学生间的数学交流提供有力支持，相互启迪，促进大家共同发展。

认真听讲、积极思考、动手实践、自主探索、合作交流等，都是学习数学的重要方式。我们不仅应提倡数学学习方式的多样化，更应根据学生水平和学习内容，引导学生选用恰当的学习方式，以获得最佳的学习效果。

学生应当有足够的时间和空间经历观察、实验、猜测、计算、推理、验证等活动过程。数学的发展过程本身充满着观察与猜想，而教科书却将这一生动的活动过程“压缩”了，只见逻辑的形式结构。立足于学生更全面的发展，数学学习应该提供多样化的活动方式，让学生积极参与，并在这些丰富的活动中获得交流，积累经验。学生学习数学的目的不仅仅是获得知识与技能，更重要的是获得自己去探索数学的体验和利用数学去解决实际问题的能力，获得对客观事实尊重的理性精神和对科学执着追求的态度。因此，在数学教学中，学生必须通过主动的活动，包括观察、描述、画图、操作、猜想、实验、收集整理数据、思考、推理、交流和应用等，亲身体验如何“做数学”、如何实现数学的“再创造”，并从中感受到数学的力量。教师在学生进行数学学习的过程中应当给他们留有充分的思维空间，使学生能够真正地从事数学的思维活动。

3. 数学教学观

教学观是教师对教学本身及教学过程中的人和事形成的观念，是教学活动的准则。新课程改革推动传统教学观的根本转向，即教学从“以教育者为中心”向“以学生为中心”转变，从“教会学生知识”向“教会学生学习”转变，从“重结论轻过程”向“重结论更重过程”转变，从“关注学科”向“关注人”转变，引领教师教学观的重建，推动教学活动稳步前进。

数学教学观是教师立足于数学学科，对数学教学本质和过程的认识和看法。教师的数学教学观由数学观、认知观和教学观三个部分组成。首先，数学观是教师对数学本体的理解。不同的数学观产生不同的数学教学观，因此，教师要基于本学科建立正确、积极的数学观。其次，认知观是以教育心理学的理论作为基础建构的，教师在学习、接受这些理论时潜移默化地形成自己的数学教学观。最后，教师以数学观、认知观为基础形成教学观，并在教学活动中体现出来。教师数学教学观的形成和发展是一个漫长的过程，是教师在学习研究、课堂教学和反思总结中逐步沉淀下来的具有个人特色的成果。新一轮课程改革背景下，小学数学教师应以四个转变为起点，以《数学课程标准》为指导，因时、因地、因人塑造数学教学观。

(1) 学者观点

数学教学应从许多自然现象和社会现象中抽象出数量上或结构上的数学概念、数学规律和数学理论。数学教学的重点是发展学生的数学思维。数学思维是理性思维的一种，它不同于形象思维，也不同于物理、化学、生物学等使用的实证性思维。逻辑思维是数学思维的基础部分，但不是核心部分，数学思维的创造性与直觉思维、数学美学、合情推理、结构观念等思维方式密切相关，只靠逻辑推不出新东西。(张奠宙，2003)

数学教学应当是以理论取向为主，应用取向为辅的结构系统。基础教育应当以基础知识的学习为主，而理论取向的教学可以使学生在探究知识、理解知识的过程中掌握基础知识、锻炼数学思维、体验数学精神、感受数学奇美，从而发展个人的数学素养，这些功能是应用取向的数学教学难以做到的。再者，小学数学知识的根源都有现实原型，但是随着研究的深入，许多概念和理论已经超越了生活，经过多级抽象的数学概念和命题很难在现实生活中找到原型，如果一味强调数学应用，必然会使教学内容停滞在一些数学的初级概念层面，严重破坏数学的理论体系，这对于体现数学的科学价值和发展学生的思维都是十分不利的。

数学教学应当是以结果教学为主、过程教学为辅的结构系统。"结果"是指在一定阶段事物发展所达到的最充分条件，有结果必然有过程，有过程不一定有结果，过程的目的是追求结果，这就是结果和过程的关系。因此，结果是矛盾的主要方面，围绕结果探究过程才有意义，离开了结果性知识的过程性教学是不存在的。结果是应用的起点，学生学习的目标之一是会应用知识去解决问题，而应用知识必须以结果性知识为思维的起点，结果性知识才是知识迁移的源泉。过程的探究必然耗费大量时间，在有限的课堂教学时间内完成对每个结果产生的过程的探究显然是不现实的。

数学教学应当是以演绎取向为主、归纳取向为辅的结构系统。其一，从数学教学内容来看，数学知识是一系列逻辑关系联结而成的演绎体系，数学知识的生长依赖于逻辑，数学知识的严谨性不能脱离逻辑，数学知识的真理性只能借助逻辑证实，而逻辑的力量只能在演绎中得到彰显，因此，演绎取向应是教学的主要形式。其二，从学习的心理过程来看，概念形成、命题的上位学习都需要学习者对对象进行细致观察、辨别、分析、概括，并在此基础上进行归纳推理。这是一个复杂的信息加工过程，一般来说在短时间内难以完成。教学时间不允许对每一个知识点都采用这种方法去处理。相反，概念同化、命题的下位学习主要依赖学习者的认知结构，采用演绎方式进行，由于在进行演绎推理时要受到规则的限制，思维相对收敛，所以用演绎的方式展示知识，学习者容易实现知识的同化，节约大量教学时间。其三，从知识的应用来看，数学知识的应用就是利用已经学习过的定理、法则、公式去解决其他数学问题或者解决现实问题，这是典型的演绎方式，而知识的应用是数学教学的主要形式，这也就决定了演绎取向的教学应当是数学教学的主要形式。

数学教学是以知识教学为核心的文化教学。数学知识是数学思想、数学精神、数学理念、数学价值观的基础，两个层面相互依存、互为条件，同时又有相对独立性的一面。数学思想、精神、理念和价值观产生于对数学知识的探究与追问，依附于数学知识的生成而生成。学习数学本质上就是学习思维，而思维离不开具体对象。显然，离开具体数学知识来谈人的数学素质发展只能是空中楼阁。数学凸显独有的人文价值和数学文化。将知识为核心的教学扩大到数学文化的教学，可以使学生认识到知识根植于深厚的文化土壤之中，从中领略知识的鲜活性。数学教学不仅要教给学生数学知识，而且要教给学生数学文化；不仅要教形而下层面的实证知识，而且要教形而上层面的思想、理想、信念、精神境界、价值观和人生观；不仅要教书本上的数学，而且更要教数学与生活的联系，使学生体悟人如何创造数学及数学对人生的意义；等等。这样的教学就是以知识为核心的文化教学。①

(2) 课标要求

数学教学活动是师生积极参与、交往互动、共同发展的过程。数学教学应该是教和学的行为主体具有一定参与度的活动。这里的“参与”不仅指态

① 喻平.数学教育基本问题研究[M].南京：南京师范大学出版社，2019：82－83.

度、行为，更指数学思维；不仅指参与的形式，更指所收到的实际学习效果。数学教学不应是教师单向、独白式的教学，而是教师、学生、文本之间的多向交互关联的活动体。它通过交往获得动力，通过互动得到创生。数学教学不仅仅表现为抽象的符号传授，更应是生动的、富于思维碰撞的心灵沟通。数学教学最终实现的是师生的共同发展。这样，数学教学追求的就是一种和谐的、具有生命力和生长性的活动，它形成的实际上是一个数学学习的共同体，参与度、交往性、发展性成为刻画数学学习共同体的典型特征，也应该成为教师教学追求的目标。

(3) 数学教学的几个关注点

数学教学应关注数学兴趣的培养。"数学好玩"曾经是数学家陈省身先生对数学的赞美。但为什么数学所特有的魅力对许多学生来说常常难以感受呢？这值得我们思考。特别在义务教育的数学课堂上，教师要更多地在激发学生学习兴趣上下功夫，要通过自己的教学智慧和教学艺术，充分展示数学的亲和力，拨动学生的好奇心，激发学生学习数学的原动力，使学生对数学由厌学到乐学，最终达到会学。

数学教学应关注问题意识的培养。善于发现和提出问题是学生自主学习和主动探索的开始，也是探求新知识的动力。实践证明，在质疑状态下的学生求知欲和好奇心最强，他们会主动、积极地参与到学习中去，学习兴趣高，效率也高。正所谓："不愤不启，不悱不发。"提出问题是解决问题的开始，当学生"口欲言而不能，心欲求而不得"的时候，教师应鼓励学生提出问题、说出困惑。课堂中，当学生提出精彩的、有价值的问题时，教师要在全班给予充分的肯定，让学生获得成就感，并在班级形成善于思考、积极提问的学习氛围。要容许和鼓励学生有不同于教师的别出心裁的想法和做法，让学生敢想、敢说。

数学教学应关注数学思考。数学思考是数学教学中最有价值的行为，题型模仿、类型强化、技能操练固然在教学中需要去做，但如果这些措施离开了数学思考，也只能是无效行为。有思考才会有问题，才会有反思，才会有思想，才能真正感悟到数学的本质和价值，也才能在创新意识上得到发展。

数学教学应关注学生数学能力和素养的养成。学生有没有"会学数学"的能力和素养，直接影响学生学习数学的成效。数学教学过程中应时刻关注，学生是否能从各种具体的数学事实中抽象出数学概念、结果、方法、思想；是否能有条理地表述问题；是否能主动、自然地运用数学的三种语言（符号语言、图形语言、自然语言），针对不同的问题选择适合的语言描述问题。

数学教学应关注数学学习方法的养成。在传统教学中,学生的数学学习方式和方法比较单一,类型模仿、习题演练成为最主要的方法,学生在数学学习中显得比较被动,缺乏自主的、多样化的学习。在教学中,教师应把培养学生的数学学习方法放在一个重要的地位。方法的培养需要教师在数学教学的具体过程中进行。

数学教学应关注数学学习习惯的养成。学习习惯指在长期的学习中逐渐养成的、较稳固的学习行为、倾向和习性。在义务教育学习阶段,学生在学习上的习惯总是处于不断的养成过程中,它是与学习行为相伴而行的,客观存在的。良好的数学学习习惯具有很强的心理内驱力和学习目标达成的惯性力,它有利于学生通过自主学习形成学习的正向迁移,提高学习效率。良好的数学学习习惯能帮助学生逐步实现由"学会"到"会学"的转变,使学生今后在适应终身学习上受益。认真听讲、善思好问、预习复习、认真作业、质疑反思、合作交流……这些学习习惯需要在日常教学中刻意诱导、潜移默化、点滴积累,通过较长时间的磨炼,最后方能习以为常,形成习惯。

数学教学应关注课堂评价。《数学课程标准》强调:"学生在数学学习过程中,知识技能、数学思考、问题解决和情感态度等方面的表现不是孤立的,这些方面的发展综合体现在数学过程之中。在评价学生每一个方面表现的同时,要注重对学生学习过程的整体评价,分析学生在不同阶段的表现特征和发展变化。评价时应采取不同的方式记录、保留和分析学生在以下方面的表现。例如,主动参与学习活动;发现、提出问题和分析、解决问题;独立思考问题;与他人合作交流;尝试从不同角度思考问题;有条理地表述自己的思考过程;倾听和理解别人的思路;反思自己思考过程的意识;等等。"

第二节 数学课堂教学基本阶段

小学数学课堂教学的阶段是指小学数学教学过程的基本程序,通常表现为一些相对固定的教学环节。由于小学数学教学过程是一个师生共同参与的双边活动过程,在其阶段的划分上既要考虑教师教的过程又要考虑学生学的过程,更要考虑两者的相互适应。根据教的过程与学的过程必须相互适应、协调统一的原则,一般说来,数学教学过程划分为教学准备、教师的讲授和学生的理解相互作用、巩固运用、小结四个基本阶段。

1. 教学准备阶段

教学准备，指教师教的准备和学生学的准备，这一阶段既是教师教的过程的起始环节，同时也是学生学的过程的起始环节。教师教的准备过程，就其表现形式而言，主要是一个学习课程标准，明确教学目的要求，熟悉教材内容，了解学生情况，设计教学任务，选择教学手段和方法，在此基础上制订出切实可行的教学方案的过程。这个过程既是一个教学工作的准备过程，同时也是一个教学心理的准备过程。首先，在制订教学方案的过程中教师要给整个教学过程设计具体的教学目的和任务。教学目的一旦确定下来就会以观念的形式存在于教师的头脑中并成为教学追求的目标。这样，在教学过程中要实现什么目的，如何去实现这个目的，教师一开始就有充分的心理准备。其次，由于教学方案要预先设计整个教学过程，所以教学中采用哪些手段和方法，如何组织和调控学生的学习活动，教师要做到胸中有数，要早有思想准备。显而易见，这个阶段对教师教的活动来说，具有心理定向和心理动力作用。学生的学习准备，也包括知识准备和心理准备两方面。前者是指在开始新课学习之前，有意识地复习与新知识有紧密联系的旧知识，唤起对旧知识的积极回忆，并以此作为学习新知识的基础。后者主要是指教学前通过教师引导学生了解所要学习的知识内容。这些知识在今后学习中的地位和作用，以及怎样学习这些知识，让学生初步明确下一阶段的学习任务，产生学习需要，并自觉地进行预习。学生学习准备的效果在很大程度上取决于教师启发、激励的方法和技巧。如果方法得当，对学生的学习就会产生极大的促进作用。

2. 教师的讲授和学生的理解相互作用阶段

这是数学教学过程的中心环节，它对整个教学过程的效果起着决定性的作用。在这一阶段中，教师根据学生的学习需要系统地提示、讲解教材内容；学生在教师的指导下全面感知、理解教师所讲授的内容，从而把教材知识结构转化成学生的数学认知结构。这既是教师教的活动与学生学的活动发生相互作用的阶段，又是新的数学知识同学生原有认知结构建立实质性联系的阶段。这一阶段对于学生内化数学知识，扩充原有数学认知结构或建立新的数学认知结构都具有至关重要的作用。首先，从表面看，在这一阶段只是教师和学生两大要素发生相互作用，实际上对小学数学的理解都必须以小学数学教材内容为依据和对象，小学数学教材是师生相互作用赖以发生的中介；

其次，教师的讲授和学生的理解都不能离开教学目的去漫无边际地发散，必须按照既定的教学目标的指引方向展开；最后，教师的讲授和学生的理解都要借助一定的教学手段和方法。可见，这一阶段是一个受多种因素制约的复杂过程。

3. 巩固运用阶段

引导学生对已经理解的知识加以巩固和运用，使其真正掌握，这既是教师教学工作的一个重要步骤，同时也是学生学习过程中的一个基本阶段。这一阶段对于学生加深数学知识的理解、强化知识的保持、训练技能和发展能力都具有其他阶段无法替代的作用。严格地讲，巩固和运用是两种不同的活动，前者是指在理解的基础上将所学知识牢牢地记住，后者是指用所学的数学知识解决问题，但在教学实践中两者往往是交织在一起的，通常很难做出严格的划分，因此将两者综合成小学数学教学过程的一个基本阶段。从活动过程的构成来看，这一阶段虽然主要是学生的练习，但由于学生的练习始终离不开教师的必要指导，因此巩固运用阶段仍然是一个教师教的过程和学生学的过程相互适应、协调统一的活动过程。这一阶段在具体实施中要注意做好以下两方面工作：① 组织学生有效地练习。练习是在理解的基础上对已学知识的更高层次的重新认识。为了帮助学生更好地巩固知识，在教学中要特别注意搞好两种形式的练习：一是新授课教学中的巩固练习。通过这种练习及时强化新知识。二是练习课。通过集中练习进一步巩固知识，发展数学能力。② 组织数学知识的整理与复习。首先，复习要及时、经常，既要重视阶段性复习，也要重视平时的经常性复习；其次，要注意教给学生科学的复习方法，并让他们养成自觉复习所学数学知识的习惯。另外，还要特别注意引导学生加强数学知识的归纳整理，使所学知识系统化、结构化，以此提高数学知识的掌握水平。

4. 小结阶段

课堂小结是教学的重要一环，可以采用以下几种形式：① 归纳式小结。教师将本节课的内容以纲要形式进行归纳总结，使学生明确知识的重点和核心，对知识的来龙去脉有清晰的认识。② 开拓式小结。通过对本节课的总结，将所学知识从课内引向课外，给学生提出一些课后探究的问题。③ 链索式小结。[①] 教师在对本节课的总结中，暗示知识的发展趋势，为下一节课要讲授的内容打下伏笔(喻平等，1998)。

第三节　数学课堂教学基本策略

教学策略是在特定教学情境中为完成教学目标和适应学生认知需要而制订的教学程序计划和采取的教学实施措施。精彩课堂的教学策略背后是对数学本质的理解和对学生心理认知的准确把握。

1. 创设情境的策略

杜威：不断改进教学方法唯一的直接的途径，就是把学生置于必须思考、促进思考和考验思考的情境之中。教学情境是学生掌握知识、形成能力的重要平台，是沟通现实生活与数学学习、具体问题与抽象概念之间的桥梁。建构主义学习理论也一直认为，知识不是通过教师传授得到的，而是学习者在一定的情境即社会文化背景下，借助其他人(包括教师和学习伙伴)的帮助，利用必要的学习资料，通过建构意义的方式而获得的。

☞ **例 1　《平移和旋转》教学片段**

出示“苏州乐园”的图片。

师：这是什么地方？里面有好多好玩的游乐项目，想看吗？现在我们就一起去看看，请大家注意观察它们是怎样运动变化的。

出示游乐项目的动态画面，如：旋转木马、缆车、豪华波浪、大风车、小火车、青蛙跳等。

师：这几种游乐项目的运动变化方式相同吗？它们分别是怎样运动的？请大家用手势比画比画。

(学生活动。)

师：你能根据它们的运动方式把它们分类吗？先在小组里商量商量吧。

(学生小组交流。)

师：你们是怎么分的？

---

① 涂荣豹，杨骞，王光明.中国数学教学研究 30 年[M].北京：科学出版社，2011：61.

生：我们把旋转木马、豪华波浪和大风车分为一类，缆车、小火车和青蛙跳分为另一类。

师：为什么想要这样分类呢？

生：因为第一类都是转的，第二类是平平地移动。

师：像缆车、小火车和青蛙跳这三种游乐项目的运动，都是沿着直线运动的，我们把这样的运动方式称为平移（板书：平移）；而像旋转木马、豪华波浪和大风车这三种游乐项目的运动，都是绕着一个固定的点转动的，这样的运动方式我们就称为旋转（板书：旋转）。今天我们就一起来研究“平移和旋转”。

强调情境创设的形象性，其实质是要解决形象思维与抽象思维、感性认识与理性认识的关系（余文森，2007）。教学情境，首先应该是感性的、可见的、摸得着的，它能有效地丰富学生的感性认识，并促进感性认识向理性认识的转化和升华；其次应该是形象的、具体的，它能有效地刺激和激发学生的想象和联想，使学生能够超越个人狭隘的经验范围和时间、空间的限制，既让学生获得更多的知识，掌握更多的技能，又能促使学生形象思维与抽象思维互动发展。“平移和旋转”的教学中，教师在挖掘文本资源的基础上，巧妙地将学生的生活资源——熟悉的“苏州乐园”的场景自然运用其中，结合形象生动的画面，提供各种信息，以三个问题情景串联起来。教师创设的问题情景富有形象性，结合图片的观察、问题的思考，学生既能感受到数学知识就在我们身边，又把注意力放到观察物体的运动变化中，有效激发了学习动机。

2. 课堂提问的策略

课堂提问是指在教学中教师根据教学目标的要求，针对有关教学内容设置一系列问题，使学生通过思考和回答，促进思维的积极性，达成教学目标。

提问不仅是课堂教学过程中重要的教学手段，也是提高教学质量的有效手段。精心设计问题，能够使课堂教学结构更为合理，起到引导教学方向、揭示教学内容、推动教学发展的作用。教师提问的技能关系到课堂教学的实效，需要分析哪些知识用提问表达，教学过程中的各个环节如何用提问衔接，每个环节应该配置的提问的难度如何。这就要求教师掌握和运用有效提问的策略，而这是一个循序渐进的过程，教师在日常教学中，要不断地反思自己课堂教学提问策略的运用效果，分析利弊，使自己的提问技能不断进步和完善。

☞ **例 2　《认识长方形和正方形》教学片段**

教师在引导学生初步认识长方形和正方形的特征之后，组织学生开展“动手做”的数学操作活动，给每组学生提供两副三角尺、若干小棒及钉子板等学具，请学生运用所掌握的知识动手做出一个长方形或正方形。

学生在小组中开展操作活动。

教师组织学生进行作品展示并通过以下提问促进讨论交流。

师：你做出的是什么图形？你觉得做成这个图形的关键是什么？

生 1：我用小棒摆了一个长方形，我觉得关键是要根据“长方形对边相等、4 个角都是直角”选择两组两根一样长的小棒摆，而且短边和长边（也就是邻边）互相垂直。

生 2：我用小棒摆了一个正方形，我认为最重要的是要用四根一样长的小棒摆，而且这些小棒摆的时候要互相垂直。

生 3：我在钉子板上围了一个长方形，我认为在围的时候，对边上围的钉子数要相等。

…………

组织学生交流环节，教师提出了直指本课教学重点的关键问题——“你做出的是什么图形？你觉得做成这个图形的关键是什么？”这个问题引导学生在操作过后启思明理，以长方形和正方形的特征加以分析，既巩固了本课的重点知识，又进一步提升了学生的数学思维品质。

3. 利用经验的策略

经验是学生数学学习的前提、基础和重要资源，是保证数学学习质量的重要条件。有效的数学学习也是一个促进学生经验应用、提炼和再积累的过程。数学学习就是在调动已有的经验、发现和研究新问题的过程中，获得新的经验积累，进而不断深化的良性的探索过程。研究表明，当数学和学生的学习经验密切结合时，数学才是活的、富有生命力的，才能激发学生学习和解决数学问题的兴趣，激发学生思考与创造的源泉。再者，学生基于经验发现的数学概念、形成的数学思想和方法，更能促进学生在以后遇到相关问题时自觉地运用有关的数学经验去思考、解决问题。学生有与生俱来的“内在潜能”，这种潜能是积极的、活动的、发展的，具有无穷无尽的力量。教育的任务就是激发和促进学生“内在潜能”的发挥，并使之循着自己的规律获得自然的、自由的发展。因而，在教学过程中，要充分考虑学生的经验。

例 3 《分数的初步认识》教学片段

师：春暖花开，莺歌燕舞，小朋友们来到公园里春游。午餐时间到了，两个好朋友在草地上铺好垫子，拿出带来的食物一起分享。我们来看看她们带了哪些食物呢？

生：她们带了 4 个苹果、2 瓶矿泉水和 1 个蛋糕。

师：你会帮助她们分一分这些食物吗？可以怎么分？

生 1：4 个苹果平均分给 2 人，每人分到 2 个。

板书：2 个

生 2：2 瓶矿泉水平均分给 2 人，每人分到 1 瓶。

板书：1 瓶

生 3：1 个蛋糕平均分给 2 人，每人分到半个。

师：半个该用什么数来写呢？

生 1：0.5。

师：你用我们学过的小数表示了出来，不错！还有不同的表示吗？

生 2：二分之一。

师：同学们有没有听过这样的数？谁会写呢？

生 3：这是分数。

学生板书：$\frac{1}{2}$

师：对。这个数和我们以前学过的数不一样，它叫分数。今天这节课我们就来认识分数。

…………

师：想知道这个分数里的奥秘，我们还是要从蛋糕开始。想一想，我们是怎么得到半个蛋糕的呢？

出示蛋糕的图片。

生 1：在蛋糕的中间切一刀，其中的一半就是半个蛋糕。

生 2：就是把蛋糕平均分，分成 2 份，每一份就是半个蛋糕。

师：大家知道怎么把一个蛋糕平均分给 2 个人。切一刀，把蛋糕平均分成 2 份，取一块就是半个蛋糕。这个过程你能在$\frac{1}{2}$这个分数里看出来吗？

生 3：我找到了分成 2 份，就是下面的这个 2。

生 4：上面的 1，就是取出的一块。

师：那么这中间的横线就表示——

生 5：平均分。

尊重和承认“学生的生活经验是数学学习的重要资源”，可以有效地促进学生学习方式的改变。对学生已有的生活经验进行正确分析，可以准确地把握学生学习的起点。教师要善于捕捉、有效唤醒学生的生活经验，以形成教学概念和数学理解，积淀为后续学习的数学经验；教师要有效地利用这些经验，激活学生的思维，找到学生认知的起点；教师要对学生已有的经验进行类比、澄清与完善，使生活经验和数学经验在对接中相辅相成，可以让抽象的知识变得更易于理解；教师要注重引导学生反思经验，积累基本数学活动经验，渗透基本的数学思想和方法。

4. 组织探究的策略

基础教育课程改革大力倡导学习方式的变革，而促进学生开展探究性学习活动是学习方式变革的重要内容。探究性学习活动使小学数学教学焕发了活力，教师精心创设情境，引发学生的认知冲突，激发其探索欲望，并通过观察、实验、讨论等活动对学习活动进行发现、检验和证明。在这个过程中，学生学到的不仅是书本知识，更感受到数学学习和科学研究的策略、技能与方法，获得了学习成功的快乐体验，增强了求知欲和自信心，身心得到全面发展。

☞ **例 4　《认识三角形》教学片段**

出示 6 厘米、8 厘米、12 厘米、14 厘米、20 厘米的小棒。

师：你们能用小棒摆三角形吗？

生（异口同声）：能！

师：一定能吗？现在我们就来试一试。

出示活动要求：

① 在 5 根小棒中取出 3 根，摆一个三角形。

② 将取出小棒的长度和摆出的结果记录在学习单上。

③ 选出不同的小棒组合进行尝试，一一记录。

④ 小组交流自己的发现。

学生4人小组操作探究。

组织汇报和交流。

教师根据学生反馈，板书各种情况：

①	6	8	12	√
②	6	8	14	×
③	6	8	20	×
④	6	12	14	√
⑤	6	12	20	×
⑥	6	14	20	×
⑦	8	12	14	√
⑧	8	12	20	×
⑨	8	14	20	√
⑩	12	14	20	√

师：为什么有些能围成三角形，有些却不行呢？

…………

相对于讲授法而言，探究学习法对教师的要求更高。为了提高探究活动的实效，教师一定要重视探究主题的选择、探究问题的设计、探究材料的准备及探究过程的组织等。

5. 合作学习的策略

合作学习是指学生为了完成共同的任务，有明确责任分工的互助性学习。合作学习是一种结构化的、系统的学习策略，由若干名学生组成一个小组，以合作和互助的方式从事学习活动，共同完成小组学习目标，在促进每个人的学习水平的前提下，提高整体成绩，获取小组奖励。在小学数学合作学习中，首先需要根据学生实际情况对学生进行合理分组。分组方式有同质分组和异质分组两种。同质分组是指将知识基础、能力水平相当的学生分为一组，适合开展全班分层教学；异质分组是指将知识基础、能力水平不同的学生分为一组，便于学生互助合作。分组后，教师要对小组内的每个成员都要进行职责的安排。比如，组长负责组织小组成员间的讨论与合作，操作员负责动手操作或实验，记录员负责记录讨论过程和操作结果，汇报员负责综合小组意见并代表全组成员汇报等。

☞ **例 5 《年、月、日》教学片段**

师：关于年、月、日，你已经知道了哪些知识？你从哪里知道的？

学生自由交流已经知道的关于年、月、日的知识。

师：同学们真能干，从课外了解到了这么多关于年、月、日的知识，年、月、日里还有哪些知识等着我们去探索呢？这些问题都藏在年历里，请同学们带着这几个问题观察年历。谁来把这几个问题读一读？（课件出示学习目标）

指名读学习目标：

① 1 年有多少个月？

② 每个月分别有多少天？

③ 根据每个月的天数，你有什么发现？怎样给月份分类？

师：请每个组的组长拿出年历卡片和题卡，一边从年历卡里整理出与问题有关的信息，一边将题卡补充完整。

学生以组为单位自主研究年历，同时完成题卡。教师巡视指导，收集学情。

师：谁愿意把你们小组的研究成果向大家展示一下？

请一位学生展示并汇报成果。

教师根据学生的汇报及时板书：

12 个月

一、三、五、七、八、十、十二月	31 天
四、六、九、十一月	30 天
二月	28 天

师：这是他们小组的研究成果，和你们小组的研究成果比较一下，你们有不同意见吗？

生：我们小组的研究成果有一点不同，我们发现二月是 29 天。（板书：或 29 天）

师：同学们真棒，从年历里整理出了这么多信息，现在我们来观察这些信息，每个月有 31 天的月份有哪些？通常我们把有 31 天的月份叫作大月。（板书：大月）

…………

在合作学习活动中，教师需要调动学生的积极性，并促进学生有效完成合作学习的任务。教师可以通过主观评价和客观评价相结合的方式，对合作学习从自我评价、组内成员评价和教师评价三方面开展。《数学课程标准》指出：认真听讲、积极思考、动手实践、自主探究、合作交流等，都是学习数学的重要方式。教师要结合实际教学情况和学生基础进行合作学习方案的合理设计与实施，精心选择、科学搭配小组成员，及时进行有针对性的引导，开展多种方式的科学评价，让学生在合作学习的过程中学会合作、学会交流、学会学习。

6. 教学管理的策略

课堂管理指教师通过协调课内的各种人际关系而有效地实现预定的教学目标的过程。课堂里的人际关系主要包括教师和学生、学生和学生之间的关系。这些人际关系在相当大的程度上决定于教师和学生的个人行为，是影响实现预定教学目标的重要因素。

课堂教学管理的策略主要有：制定课堂教学规则、处理课堂偶发事件、管理课堂教学时间和协调课堂人际关系等。

课堂规则是指教师和学生应该遵守的基本行为准则和要求，它具有规范、指导和约束课堂行为的作用。课堂规则能使学生明白在课堂活动中应该做什么，不应该做什么，且通过训练培养，能被学生所接受、内化，变成学生自觉的行为、良好的习惯，从而形成愉快和谐的课堂气氛，促进良好班风的形成。教师对新任教的班级应制定课堂教学规则，与学生“约法三章”，保障教学秩序。对于低年级学生，教师可以用“编儿歌”“对口令”等方式规范学生在课堂中的言行，培养学生良好的听讲习惯，逐步形成课堂教学规则。

课堂偶发事件是指与课堂教学目的、教学计划无关而出乎教师意料之外突然发生的、直接影响和干扰课堂教学过程的事件。处理课堂偶发事件的常用策略有：① 正确决策。面对课堂偶发事件，教师首先要洞察事件发生的状态、程度及影响，观察学生对事件的反应、态度及言行，了解或推测事件发生的原因，预测事件的结果或发展的趋势，从而把握事件的性质、学生的思想及课堂变化的趋势。在此基础上，做出迅速准确的判断和正确的决策。② 以静制动。教师要冷静沉着，制怒戒躁，以静制动，缓解学生情绪。③ 旁敲侧击。对于影响不大的课堂偶发事件，教师应采用旁敲侧击的方法灵活处理，如变化语调、目光注视、表情暗示、动作示意、突发提问等。④ 因势利导。教师在课堂上表现出来的教育机智是反映教师的教学水平的一个重要标志。教师可以通过机智巧妙的语言引导，将学生注意力从偶发事件上转移到课堂学习中。

☞ **例6 《质数和合数》教学片段**

学生学习了质数和合数的意义后，突然窗外传来建筑工地上刺耳的响声“嘭、嘭、嘭……”，学生受到影响，纷纷朝窗外张望。此时，教师看出课堂教学就要因此被打断，灵机一动，说道：“现在大家开始数数，听到的响声有几下，请你判断这个数是质数还是合数。”听到这个指令，学生游离于课堂之外的注意力又再次集中起来，边听、边数、边思考……

教学时间不仅有量的多少，更有质的好坏。如果教学过程中低层次的学习任务较多，教师不注重学生数学思维的培养，那么教学时间就被白白耗费了。管理课堂教学时间就要求教师充分利用教学时间，提高课堂教学效率。上课后的5～20分钟是课堂教学的最佳时域，教师讲课时应精神饱满，注意力集中，通过教学方法调动学生学习的积极性和主动性。教师安排教学时应提前估计所用时间，略微留有余地，以防止时间过紧或过松，注意课堂上把握分分秒秒，面向全体，关注个体，把握课堂教学的节奏。

教师有责任协调师生之间与生生之间的关系，为学生创设民主和谐的课堂氛围，建立良好的师生关系，保持课堂的良性互动，尽量满足各类型学生的学习需求。教师在课堂上应做到“目中有人”，尊重、关注和爱护每一位学生，珍视学生的每一个想法，以平等的态度对待后进生，以诚相待，以情动人，师生共同探索、真诚相待、教学相长。

7. 回顾反思的策略

回顾反思就是学生在教师的引导下，重温数学知识的学习历程，巩固知识、明晰方法、积累经验、感悟思想的过程。这个过程有利于抽象的数学知识系统化、清晰化，有利于主动建构和完善数学认知结构，有利于反思学习过程中遇到的问题，有利于升华学习情感，培养理性精神。

☞ **例7 特级教师华应龙《我不是笨小孩》教学片段**[①]

课末，华老师引导学生回顾全课。在逐一确认学生都能够正确解答之后，华老师提出：“掌声送给自己！要知道你们刚开始的时候，个个都很茫

① 郭庆松.谈数学教师的眼光——以华应龙老师“我不是笨小孩”一课为例[J].小学数学教师，2018(6)：31.

然，现在可都是‘英雄’哦！”继而走到一开始就会解答的学生身边，有了如下的对话。

师：（走到雨桐身旁）华老师有个疑惑，为什么雨桐一开始就做出来了呀？让你憋了这么久，真难为你了，现在你可以解密了。

雨桐：（摸摸头，怪不好意思地）其实我之前学过类似的问题，然后一眼就看出来了。

（全班哄笑）

师：让我们用掌声感谢雨桐的诚实！雨桐原来就会，实在对不起，这节课让雨桐白上了！

雨桐：（睁大眼睛，很认真地）不，我很有收获，学到了遇到难题时很有用的方法——

生：（全班附和）投石问路！

师：试想，如果一开始雨桐就说出答案，我们是不是就没有机会感受到这份发现的快乐了？

（全班微笑，点头）

华老师在《我不只是数学》一书中提出："在随时随地都可以通过网络查询新知识的时代，在不少人满足于‘这个，我知道’的时代，教育的价值重在立德树人，培养学生的优秀品格……我们要帮助学生成为一个富有文化的全人。"作为一名数学教师，需具备洞察数学本质的眼光，但又绝不应该止于数学，更要能看到学生的全面而又有个性的发展，华老师用"我不是笨小孩"一课生动地阐释了他的观点。当课末屠呦呦的故事出现，歌曲《笨小孩》响起时，相信学生都受到了心灵的震撼。华老师通过回顾反思的环节，让学生的学习情感得到了升华，这样的课也就具有了我们常说的"种子课"的意蕴。

8. 积极评价的策略

《数学课程标准》指出：学习评价的主要目的是全面了解学生数学学习的过程和结果，激励学生学习。评价既要关注学生数学学习的水平，也要重视学生在数学活动中所表现出来的情感与态度，帮助学生认识自我、建立信心。

有效的课堂教学评价，能够对学生的学习起到及时的引导作用，让学生明确学习的方向，学会有效反思，以不断促进自身的发展；能够对学生的学习起到很好的激励作用，激发学生的学习兴趣，使学生体会到成功的喜悦，乐于求知，积极向上。

☞ **例 8　特级教师贲友林《圆的认识》教学片段**[①]

师：大家说了这么多，那用圆规画一个圆，会不会画？

生（齐）：会。

（教师邀请王若骐到前面画圆，并利用多媒体实时展示画圆过程。）

师：大家看画圆过程的“现场直播”。如果他画得好，我们就思考他为什么会画得好；如果出现了问题，就分析问题是什么。

（王若骐画圆。）

生（李欣怡）：我觉得王若骐画得很好，因为他把圆规中间的那根针定在纸上作为圆心，然后他一拧就画出了很标准的一个圆。

…………

生（柯欣怡）：我觉得王若骐画得很熟练，不像有的同学需要画好几次。只是圆画得比较淡，可以画得深一点，让大家看得更清楚。

…………

师：哈哈，如果把圆规中的铅换成深一点的，可能要好一些，是吧？颜色深浅，不是我关注的。我关注的是，刚才柯欣怡发言时说到的“熟练”。还有，我觉得之前李欣怡的发言有一处特别好，她在王若骐画圆这个动的过程中看到了不动的地方。

生（李广威）：我发现画圆的半径要比画直径难，因为画半径我们不仅要找一个点在圆上，还要找出圆的中心；而画直径的话我们只要找两个垂直的……哦，不，两个在一条直线上的点，一起在圆上就可以了。

…………

师：我觉得这个问题没有讨论价值。为什么呢？只要理解了什么是半径、什么是直径，半径、直径都好画。（示意李广威）你说一下，什么是半径？

生（李广威）：半径是一条线段，一个端点在圆上，另一个端点在圆中心上。

师：说“圆中心”，我想大家一定不满意。

---

① 丁爱平.“学为中心”，从何而“教”？——贲友林老师《圆的认识》教学片段赏析[J].教育研究与评论，2019(4)：70.

生（齐）：圆心。

师：接着说直径。

生（李广威）：直径的两个端点都在圆上。

（其他学生提示）而且要经过圆心。

…………

教学中，教师要用真诚、友善、富有感染力的语言对学生进行适时、适度的评价，并引导学生学会评价他人和自我。贲老师的一句“如果他画得好，我们就思考他为什么会画得好；如果出现了问题，就分析问题是什么”把评价的权力交到了学生的手中，因此学生会更加认真地观察同学画圆的过程，并提出自己的见解。评价时，教师应关注学生的情感体验，调动学生的内驱力，激发学生的学习热情，为学生打开思维的通道。当学生将“圆心”说成“圆中心”后，贲老师直截了当地为他指出错误，但是他的说法比较婉转：“说‘圆中心’，我想大家一定不满意。”这时，学生并没有对该生有任何看法，而是齐声帮助他改正了过来。

教师要善于把握课堂教学的评价时机，充分发挥评价的激励、促进、引导、激趣等作用。当学生的表现精彩时，教师不要吝啬激励的话语；当学生需要点拨和帮助时，教师要及时给学生以引导；当学生之间出现分歧时，教师要善于组织学生互评；当学生还处于思考过程时，教师对学生的错误可以延迟评价，静待花开。

第四节　数学课堂教学艺术

课堂教学是教师有目的、有计划、有组织地对学生传道、授业、解惑的行为，其基本理念和一般方法可以看作是教学科学。然而，教学过程不仅是一个传授知识、发展能力的过程，也是一个艺术创造的过程，可以看作教学艺术。

课堂教学艺术是指教师综合运用教育学、社会学、心理学、美学及语言艺术，以达到最佳教学效果的知识、方法、技巧和创造能力的综合表现。一方面表现在教师通过自己的语言艺术和激情，激发学生的求知欲、学习兴趣和思维的积极性，把形与理、知与情结合起来，使学生的知识、能力、情感和品格得到和谐发展；另一方面表现在教师运用教学方法的灵活性和创造性。

同样的三尺讲台，同样的数学教材，同样的教学对象，不同的数学教师产生的教学效果可能是迥然不同的。数学课堂教学艺术有赖于数学教师的思想素质、专业素养、个人修养、知识经验、生活阅历、语言技巧、气度风格等。教学艺术来源于教师个人长期的教育教学实践经验，反映了对教学规律的深刻理解和掌握，不仅能提高教育质量，而且能给学生以智慧的启迪、美的享受和情感的熏陶。具有课堂教学艺术的教师，能自如地驾驭整个教学活动过程，使之臻于和谐、完善；能得心应手地运用各种教育方法和技巧；能恰到好处地配合使用语言手势和情感；能巧妙应用教育机智处理教育过程中的偶发事件；善于用自己的心灵去感化学生的心灵。听这样的老师上课是一种享受，学生能遇上这样的老师是一种幸运。

为了更好地认识数学教学艺术的特征，我们不妨通过表 5-4-1 做出比对。

表 5-4-1　数学教学科学与数学教学艺术对比表

数学教学科学	数学教学艺术
以数学科学的内容和存在方式为载体解决人们对数学的认识问题	以创造性和审美性的特质达到最佳教学效果的知识、方法、技巧和创造能力的综合表现
回答数学教学的本质与规律的问题	回答数学教学效果如何优化的问题
具有一般的、普遍的、必然性的共性特征，没有风格的区别，表现为相对稳定的规则、程序，教学主体必须遵循	具有具体的、特殊的、因人而异的个性特征，可形成独特的风格，表现为一套灵活的技艺，教学主体可以充分发挥自身的理想与创造
产生于人的理性活动	产生于人的情感活动
直接涉及认知因素	直接涉及非认知因素
求“真”	求“美”

数学课堂教学艺术的作用主要有以下五个方面：

① 激发学习兴趣。心理学的研究表明，学生对某学科的认知内驱力或兴趣，主要是从外界获得的。数学教学艺术能使课堂产生吸引学生的强烈磁场，让学生对数学学习从心理上处于高兴而紧张的期待，从而大大地激发他们的内在学习兴趣。再者，亲其师，信其道，具有教学艺术的教师备受学生喜爱，学生也因此对数学学科产生浓厚兴趣。

② 提高学习效率。课堂上，学生所获得的信息量取决于两个方面：一个是教师的信息输出量，另一个则是学生的实际吸收率，而后者更为重要。一个掌握教学艺术的优秀教师，在课上的表现是思维缜密、深入浅出、条理清

楚,语言精确简约、重点突出,板书设计优美,能把抽象的数学知识讲得有声有色、娓娓动听。这样,教师能在规定时间内完整有效地输出大量信息,同时学生在教师创设的学习氛围中积极主动、思维活跃,各种认知功能都被有效调动起来,对数学信息的接收效果更佳。

③ 感受数学之美。成功的数学教学艺术融语言、视觉、听觉艺术于一体。教师在教学中把握数学概念的简单美、统一美,数学结构的协调美、对称美,数学命题的概括美,数学模型的典型美和数学构思的奇异美等。这些充分呈现在学生面前,使学生在数学学习中产生强烈的数学美感体验。这种体验的持续,势必发展师生的审美知觉并丰富他们的审美情感,健全他们的审美能力。反过来,审美情感的丰富和审美能力的健全会促使他们形成对数学美的强烈追求,并有可能再创造出数学美。教师在教学过程中表现出来的语言艺术、板书艺术和个人形象的魅力,都会给学生以美的享受。

④ 培养必备品格。数学是严谨的科学,数学解题讲求实事求是、一丝不苟,数学学习中遇到的困难需要学生以坚忍的意志去克服,因而数学学科不仅发展学生的关键能力,同时也培养学生的必备品格。首先,优秀的数学教师自身具备这些品格,能在教学过程中自然而然地表现出来,学生以其为榜样必定受其熏陶;其次,具有教学艺术的数学教师会在教学过程中关注学生必备品格的形成和发展,潜移默化地点拨和引导,加深他们对数学优秀品格的认同感,规范学生对待数学的认识和行为,培养意志品质和理性精神,发展学生的核心素养。

⑤ 发展创造能力。艺术的本质是创造。教学艺术是教师个人才华在教学过程中的体现。优秀的数学教师,在教学中不仅有严密的逻辑推演,还会创设问题情境,启发和诱导学生的直觉思维,鼓励学生进行数学猜测和自由想象,激发学生的创造情绪,点燃学生的智慧火花,让学生在实践的过程中,根据自己的体验,用自己的思维方式重新再创造出各种思考方法、各种运算法则,发现数学中的诸多规律。学生的创新意识得到启发,创造能力得到开发,创新精神得到升华。

数学课堂教学艺术集中体现在教师的语言美和教态美,体现在课堂的和谐美和节奏美,体现在思维的启迪美和灵动美。语言美体现在口头语言美和板书语言美;教态美体现在自身形象美和动作态势美;和谐美体现在教学组织艺术和教学方法艺术;节奏美体现在把控教学节奏;思维的启迪美和灵动美是优秀数学课堂的共同特征。

1. 口头语言美

教育人是艺术中的艺术，教育人使用的语言是艺术的语言。（夸美纽斯）教学语言是教师用于向学生传递教学信息的符号系统。口头语言，是教师在课堂教学中最重要、最基本的一种教学语言，学生能否接受和领会学习的内容，在很大程度上取决于教师的口头语言的表达能力。因此，课堂教学语言应该有课堂教学语言的艺术，而这种语言艺术很大程度体现在口头语言上。数学学科具有高度的抽象性、严密性和逻辑性，有一套形式化的符号语言系统，这就决定了数学课堂教学语言有自身的教学语言特征，即抽象性与具体性的统一、严密性与描述性的统一、逻辑性与现实性的统一、规定性与启发性的统一。具体而言，数学课堂教学语言有以下几个方面的特征和要求。

（1）语言的科学性

语言的科学性是指语言的准确性、逻辑性和系统性。准确性要求用词恰当准确，表达清楚而不是模棱两可、含糊不清；逻辑性要求言必有据、语言严谨；系统性要求语言条理清晰、前后连贯。

☞ **例 9　特级教师刘德武《亿以内数的认识》教学片段**[①]

师：我们还认识什么了？

生：还认识了它们之间的进率。

师：对！它们两个单位之间的进率是？

生：十！

师：谁跟谁的进率是十？

生：十位和个位的进率是十，百位和千位的进率是十……

师：对不起，小伙子，刘老师要打扰你一下。你说个位和十位的进率是十，对吗？应该是？

生：个和十的进率是十。

师：进率是指两个计数单位之间的关系，两个单位之间的进率是十，而不是两个数位，数位之间没有进率，就像两个位置，两个小椅子，椅子之间有什么进率啊，是不是，它只是位子。而计数单位有大有小，它才有进率。谁再来说说谁和谁之间的进率是十啊？

---

① 周芳丽.赏名师课堂 品评价艺术——特级教师刘德武《亿以内数的认识》课堂评价语言赏析[J].小学教学设计，2016(3)：54.

生：个和十之间的进率是十，十和百之间的进率是十。

师：好，请坐！谁接着说？

生：百和千之间的进率是十，千和万之间的进率是十……

这个教学片段中，学生回答“十位和个位的进率是十”时，刘老师便意识到了学生回答中存在的问题，但他并没有马上打断学生的回答，而是等待学生继续说，给予纠正的机会。当发现学生对于本质的数学知识搞混时，刘老师以幽默风趣的语言，及时、恰当地说道：“对不起，小伙子，刘老师要打扰你一下。你说个位和十位的进率是十，对吗？应该是？”以此来点拨学生的错误，并补充道：“进率是指两个计数单位之间的关系，两个单位之间的进率是十，而不是两个数位，数位之间没有进率……”一语点破学生的错误，进一步帮助学生厘清数位、计数单位、进率这三个知识点之间的区别和联系。严谨的数学语言和缜密的逻辑思维的培养需要在课堂教学中点滴渗透，面对学生表达出错，刘老师循序渐进地引导学生接受正确的观点。可见，语言的科学性不仅仅体现在教师语言中，当学生语言发生科学性错误时，教师也应及时指出并加以纠正。

(2) 语言的启发性

语言的启发性是指教师要利用语言启发学生的思维，提高学生的主观能动性。教师要善于用语言创设一个富有启发的思维环境，使学生的思维豁然开朗或逐渐明朗，或引起学生兴趣而刻意探求，或是思维进入高度注意状态。语言的启发性要注意层次性，即教师应利用语言艺术为学生创设一个思维的台阶，使学生的思维由初级向高级逐步提高。

☞ **例 10　特级教师华应龙《找次品》教学片段**[①]

师：这个问题确实有点难，81 个球太多了。你有什么好方法吗？（生面面相觑）

师：请看屏幕——（课件出示老子头像和“天下难事，必作于易”）。

生齐读。

师：碰到难的事情，怎么办？从容易的开始研究。琢磨了，找到方法了，

① 华应龙，刘伟男.从一分为二到一分为三——以“找次品”教学为例[J].小学数学教师，2015(10)：22-24.

找到规律了，然后就可以解决那个难的问题。正所谓“千里之行，始于足下”。

师：最简单是从几个球中去找？

生（相当数量）：1个。

师：1个？

生：只有1个就不用你找了，因为只有1个重球。

生：2个。

师：（出示2个磁珠）请问，2个球中只有1个重球，怎么用没有砝码的天平把它找出来？

生：天平的每一端都放1个球，然后看哪一边往下沉，那个球就是稍重的。

师：确实说得特别清楚，怎么放球，看到什么，得到什么结论。哪位同学能再说一遍？

生：天平的两个盘子里各放1个球，可能不平衡，下沉的那个球就是稍重的。

师：“不平衡”这个词用得好！并且，她的回答提出了一个好问题：是可能不平衡，还是一定不平衡？

生：可能不平衡。

生：一定不平衡，只有1个是重的。

（众生点头）

师：明白了吗？一定会不平衡。不平衡，下沉的那个就是重球。称几次就找到啦？

生（齐）：1次。

师：（出示3个磁珠）请问，3个球中只有1个重球，怎么把它找出来？

生：3个球的话，先摆2个在天平上，如果平衡，就把1个球拿下来，放上第3个球，那个重球就可能是第二次的其中一个。

师：他称了几次？

生：2次。

师：有没有不同意见？

生：我觉得只要称1次就行了。因为一个盘子放1个球，另一个盘子放2个球的话，2个的是轻球，1个的是重球，天平就会平衡。所以，一边只有1个球的就是重球。

（很多学生鼓掌）

师：有没有不同意见？

生：我觉得他说得很好，但如果那 2 个轻球不等于那个重球怎么办？

师：好问题！一个盘子放 2 个球，另一个盘子放 1 个球，平衡了，那是运气好。如果不平衡呢？刚才理解题目的时候，我们没讨论“稍重”，（面向称 1 次的学生）你那个重球已经不是稍重了，已经是正常球的两倍了。是不是？

师：是稍微重一点点，就不会出现他所说的情况了。他的答案虽然错了，但是让我们理解了题目中“稍重”的重要性。掌声感谢他！你是怎么称的呢？

生：一边放 1 个球，如果不平衡，那么下沉的就是重球；如果平衡了，重球就是没有放上去的球。

师：既考虑了平衡，又考虑了不平衡，思考得真全面！（板书：如果……那么……）用上了“如果……那么……”，表达得真清楚！你能用这两个词和同桌说一下吗？

（见贤思齐，学生说得兴致勃勃）

师：3 个球中只有 1 个稍重的球，最少几次保证能称出来？（有学生说“2 次”，有学生说“1 次”）是啊，是 2 次啊（指板书）。

生：那是两种可能，只称了 1 次。

师：（恍然大悟状）我听懂了，把 3 个球中的 2 个球分别放在两个盘子里，可能平衡也可能不平衡。但是，不管平衡还是不平衡，都是只要称 1 次就能找到了，是吧？

（学生使劲点头）

师：请看——你有问题吗？没问题？谁能提出好问题？

生：为什么球的数量增加了，称的次数还是一样的？

师：好问题！你是我的知音，我想的也是这样的问题。琢磨一下，为什么 3 个球还是称 1 次就行了？

生：因为 3 个球称了 2 个，如果平衡，那么外面的那个百分之百就是重球了，所以不用再称第二次。

师：“百分之百”用得好！也就是说，有推断在里面，所以只要称 1 次。厉害！如果不平衡呢？

生：重球就是下沉的那个。

师：外面的那个球还要称吗？

生：不要。

师：能推断出来外面的球怎么样？

生：是轻的。

师：轻是相对于重而言的，也就是说那个球是正常的球。为什么能推断出来？因为题目说了"只有一个稍重"。用没有砝码的天平来找重球，会有三种可能，有可能在第一个盘子，有可能在第二个盘子，还有可能在第三个盘子。这么想来，天平有几个盘子？

生（齐）：2 个。

师：看上去是 2 个盘子，实际上有几个盘子？

生（齐）：3 个。

在这个教学片段中，"从 81 个球中找次品"的问题让学生犯了难，华老师启发性地出示了"天下难事，必作于易"。在强调第一次称量的重要性时，华老师又出示了"千里之行，始于足下"。这两句老子的名言为学生指明了解决"找次品"问题的方向，让学生茫然不知所措的情绪得以稳定下来，从最简单的、学生最能把握的情况开始思考和研究。从称 2 个球，到称 3 个球，再到后面更多的球，华老师以善于启发的语言引领学生的思维不断走向深入，从而发现一分为二到一分为三的奥秘，掌握寻找规律的方法。

（3）语言的直观性

《学记》有言：其言也，约而达，微而臧，罕譬而喻，可谓继志矣。意思就是，教师讲课，要简单明确，精练而完善，举例不多，但能说明问题，这样，才可以达到使学生自觉地跟着他学的目的。可见，语言表达的直观性体现在通俗和形象两个方面。通俗性是指数学教学语言应当通俗易懂，符合学生的知识水平和认知能力；形象性体现在使抽象内容具体化，深奥的内容形式化，深入浅出，让语言表述具有直观的效果。

☞ **例 11　特级教师张齐华《平均数》教学片段①**

师：上星期，我们班同学约我进行了一场“1 分钟投篮挑战赛”，每人可以投三次。首先出场的是小力，他三次都投中了 5 个球。……要表示小力 1 分钟投中的个数，用哪个数比较合适？

生：5。

师：接着小林出场，麻烦来了。（出示小林三次投中的个数：3 个、5 个、4 个）三次投篮，结果怎么样？

生：不同。

师：这一回，又该用哪个数来表示小林 1 分钟投篮的一般水平呢？

生 1：我觉得可以用 5 来表示，因为他第二次投中了 5 个。

生 2：我不同意，小力每次都投中 5 个，所以用 5 来表示他的成绩。但小林另外两次分别投中 4 个和 3 个，怎么能用 5 来表示呢？

师：也就是说，如果也用 5 来表示，对小力来说——

生 3：不公平！

师：该用哪个数来表示呢？

生 4：可以用 4 来表示，因为 3、4、5 三个数，4 正好在中间，最能代表他的成绩。

师：不过，小林一定会想，我毕竟还有一次投中 5 个，比 4 个多 1 呀。

生：那他还有一次投中 3 个，比 4 个少 1 呀。

师：哦，一次比 4 多 1，一次比 4 少 1……

生：那么，把 5 里面多的 1 个送给 3，这样不就都是 4 个了吗？

师：数学上，像这样从多的里面移一些补给少的，使得每个数都一样多，就叫“移多补少”。移完后，小林每分钟看起来都投中了几个？

生：4 个。

师：能代表小林 1 分钟投篮的一般水平吗？

生：能！

师：轮到小刚出场了。（三次投篮成绩：3 个、7 个、2 个）这一回，又该用几来代表他 1 分钟投篮的一般水平呢？同学们先独立思考，然后在小组里交流自己的想法。

① 雷清兰.问在恰当处，悟于须臾间——特级教师张齐华“平均数”教学片段赏析[J].江西教育，2019(32)：52 - 53.

生：我觉得可以用 4 来代表他 1 分钟的投篮水平。他第二次投中 7 个，可以移 1 个给第一次，再移 2 个给第三次，这样每一次看起来好像都投中了 4 个。

师：还有别的方法吗？

生：我们先把小刚三次投中的个数相加，得到 12 个，再用 12 除以 3 等于 4 个。所以，我们也觉得用 4 来表示小刚 1 分钟投篮的水平比较合适。

师：像这样先把每次投中的个数合起来，然后再平均分给这三次（板书：合并、平分），能使每一次看起来一样多吗？

生：能！都是 4 个。

师：能不能代表小刚 1 分钟投篮的一般水平？

生：能！

师：其实，无论是刚才的移多补少，还是这回的先合并再平均分，目的只有一个，那就是——

生：使原来几个不相同的数变得同样多。

师：数学上，我们把通过移多补少后得到的同样多的这个数，就叫原来这几个数的平均数。比如，在小林这里，我们就说 4 是 3、4、5 这三个数的平均数。那么，在小刚这里呢？

生：4 是 3、7、2 这三个数的平均数。

师：奇怪，这里的平均数 4 究竟是哪一次的个数呢？

生：这里的 4 代表的是小刚三次投篮的平均水平。

生：是小刚 1 分钟投篮的一般水平。

张齐华老师极具语言天赋，通过"我们班同学约我进行了一场'1 分钟投篮挑战赛'"这一场景的描绘，很快就将学生带入了情境之中，学生似乎已经真的来到了比赛场地，加入了一场激烈的师生投篮赛。张老师娓娓道来，循循善诱，在富有感染力和直观性的语言引导下，学生对"平均数"这一数学概念的理解逐渐深入。张老师的匠心独运，体现了他课堂的深度与厚度；张老师的生动语言，体现了他的专业素养和个人魅力。

(4) 语言的艺术性

交往学派的学者把师生互动或对话看作教育的本质和真谛，其实它源于苏格拉底的真理观，即认为真理是在对话中逐步澄清和辨明的。语言的艺术性不仅体现在语言生动、有趣、富有情感、富有感染力，更重要的是体现在通过师生高水平的互动和对话，揭示数学知识的本质，展现数学学科育人价值的丰富内涵。教师的课堂语言应具有启发性、引导性、激励性，要能够在认真倾听学生回答的基础上，做出合理的理答，将数学思维引向深入。

例 12　特级教师徐斌《画线段图解决问题》教学片段[①]

师：同学们，徐老师来给大家变魔术，看看谁的眼光好，脑子灵！（学生兴趣盎然）

师：我们在二年级时认识过“倍”，你能说出图中（图 5-4-1）红花的朵数是蓝花的几倍吗？为什么？（红花是蓝花的 4 倍；蓝花有 2 朵，红花有 4 个 2 朵）

图 5-4-1　红花和蓝花的倍数关系示意图

师：如果用两种颜色的正方形分别表示蓝花和红花（图 5-4-2），可以看清数量之间的关系吗？

图 5-4-2　两种颜色正方形倍数关系示意图

师：如果把正方形靠近并拼接在一起（图 5-4-3），你还能看清倍数关系吗？（这样就相当于两种颜色的带子了）如果把带子的宽度变窄一些，长度不变（图 5-4-4），你还能看清倍数关系吗？

图 5-4-3　两种颜色正方形拼接示意图

① 缪建平.慢慢走向答案——徐斌老师“画线段图解决问题”教学赏析[J].小学数学教师，2016(9)：12－13.

图 5-4-4　变化过程示意图

师：大家眼睛不要眨，再仔细看……如果把带子再变一变（图 5-4-5），这就成了什么图形？

（学生说不出来，教师介绍并板书：线段图）

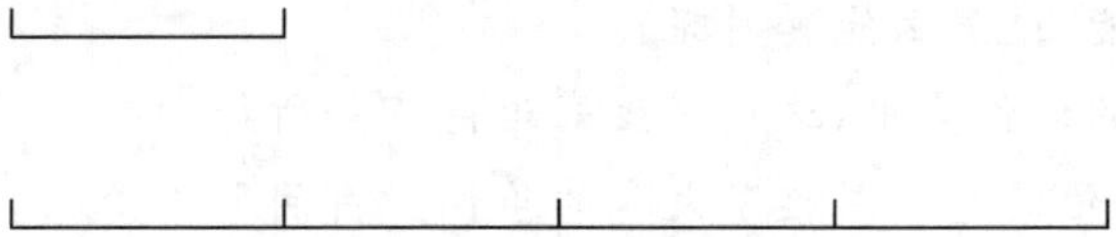

图 5-4-5　线段图

师：大家看，上面一条线段表示什么？（蓝花的数量）下面一条线段的长度有几个上面一条那么长？（4 个）

师：回答得很好。像这样由变魔术变出的图形就是线段图，你们可别小看它，它可是我们学习数学的重要帮手。从今天开始，我们正式认识线段图，学习画线段图解决问题。（揭示并板书课题：解决问题）

徐斌老师深知，线段图对于三年级学生来说还是比较抽象的，于是借助“倍数关系”实物图演示，在“不知不觉”中开始教学，通过“变魔术”吸引孩子们的眼球，慢慢地按照“花朵→正方形→条形图→线段图”进行变换，不断沟通新旧知识间的联系，打通了直观到抽象之间的“通道”。这样，学生对线段图就有了“本源性认识”，也为后继学习做好了孕伏与铺垫。这个教学环节中，徐老师始终以艺术性的教学语言深深地吸引着学生，让学生在“变魔术”的过程中认识了线段图。

（5）语言的激励性

巧妙得体的评价语言，有助于和谐课堂的生成，能给予学生轻松感、自信感，更能够诱发或唤醒学生的潜能，促进学生的自我发展。教师的评价语言应做到：准确恰当、朴实真诚、灵活多样。

☞ **例 13　特级教师吴正宪《三角形的内角和》教学片段**[①]

（学习了“三角形内角和”之后，教师引导学生思考多边形内角和。学生的回答都非常精彩，并且已经渐渐发现了多边形内角和的规律时，一位男生坚持说他还有更好的方法来计算多边形内角和。）

生：我和大家的方法有一点不一样。（将五边形从中心处向五个顶点连线，得到五个三角形）结果是 5 个 180 度，一共是 900 度。

生：不对，他的方法肯定不对！应该是 540 度，他的结果错了！

生：瞎逞能，这怎么能算对呢？

（在大家的评价声中，这位男生窘迫得不知所措。）

师：看来，他的想法引起了大家的争议。有问题不怕，也别急着否定人家，重要的是我们一起进行深入思考。他的方法真的不行吗？

（教师的话让喧闹的课堂静了下来，大家一起观察讨论。）

师：他的想法确实和刚才的方法有点不同，结果也多了好多。为什么会这样呢？多在哪儿呢？能解决吗？

生：（稍稍凝视图形之后，一拍脑袋，激动地跳起来）哦，我知道了！减去中间多出来的 360 度就行了。

师：那好，还是你来给大家讲讲吧。解铃还须系铃人，咱们一起再听听他思考后的办法吧。

（听了这位男生的讲述后，其他学生对他报以热烈的掌声。）

吴老师的课堂教学片段向我们展示出，对课堂上不合常理的回答，教师不是急于否定，而是耐心倾听，以恰当的点评给予学生自信。吴老师看似不经意的话语——“他的想法确实和刚才的方法有点不同，结果也多了好多。为什么会这样呢？多在哪儿呢？能解决吗？”不仅是对学生想法的肯定，而且引导了学生思考的方向。学生在得到吴老师的肯定和提示后，有了足够的安全感，使得思维能够走向深入。

总之，数学课堂上教师应善于运用口头语言与学生进行交流，恰当使用数学语言表达思想，在使用数学语言时适度儿童化、通俗化、幽默化和比喻化，尽可能使其成为生活语言，让学生易于接受和理解。著名特级教师徐斌老师曾经介绍自己的专业发展经历，他为了学会讲低年级小朋友听得懂的

① 吴正宪，周卫红，陈凤伟.吴正宪课堂教学策略[M].上海：华东师范大学出版社，2013：67－68.

话，适应低年级教学的风格和语气，每天听鞠萍姐姐广播节目数小时，坚持数月，硬把自己磨成了一个“儿童节目主持人”。

著名特级教师贲友林老师在著作《重新认识课堂》中写了一篇随笔《这些话，我们是否常常在说》，其中列举了一些课堂上耳熟能详的口头语言，而这些语言却经不起推敲。故而，教师应善于审视自己的课堂，反思和雕琢自己的教学语言，让教学语言更简明一些，更清晰一些，更精确一些，方能彰显出自身教育教学的专业素养。

2. 板书语言美

板书，是配合教师口头语言在黑板上留下的教学书面语言，是传授知识的重要载体，是教师课堂教学语言的重要组成部分。板书具有典型的可视化特点，应具有计划性、完整性、启发性、条理性、示范性和艺术性。有条理、有计划、详略得当的板书，便于学生理解讲授的内容，记下必要的笔记，还能给人以美的享受。板书艺术是课堂教学艺术的重要组成部分，它的基本要求是布局合理、字迹清楚、格式规范、书写适时、板书适度、文字精练。

小学数学教师的板书要能让每一个小学生看懂、看清，因而一般选用楷书字体，也可以是行楷。楷体宜工整娟秀，行楷宜流动舒展。一笔一画写好字，一生一世做真人，正所谓“字如其人”。教师在示范写字的过程中，也在将自己对汉字的尊重和敬意，无声无息地传承给下一代，让他们在学习知识的同时，感受汉字魅力；在欣赏汉字之美的同时，也能感受到数学的符号美、图形美和形式美。

(1) 书写美

粉笔字书写时，行笔讲究提按、顿挫、转折、快慢，结构讲究方正圆润、匀称一致、中宫紧凑、收放有致，字形上可以根据篇章略有变化，注意根据汉字结构的不同，处理好对称、平衡、主次、揖让、呼应、疏密、高低、变化等关系。掌握笔画匀称、重心平稳、位置变化、黄金分割等书写规律，能使粉笔字书写更加美观(图 5-4-6、图 5-4-7、图 5-4-8、图 5-4-9)。

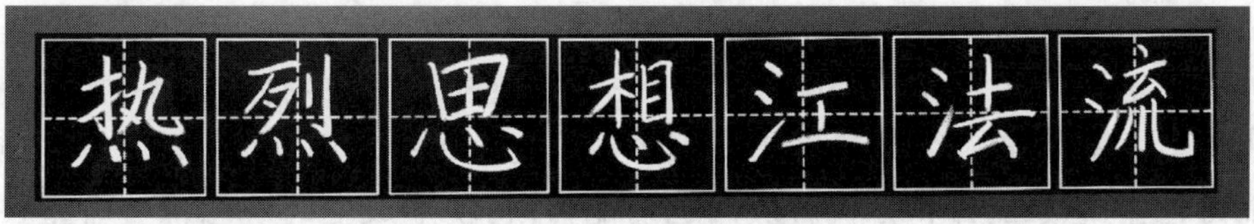

图 5-4-6　笔画匀称

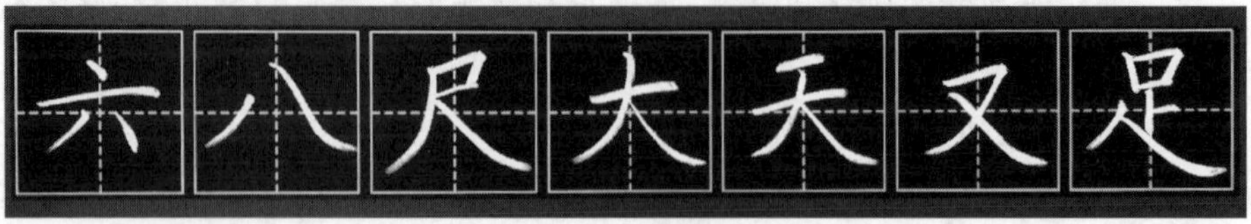

图 5-4-7　重心平稳

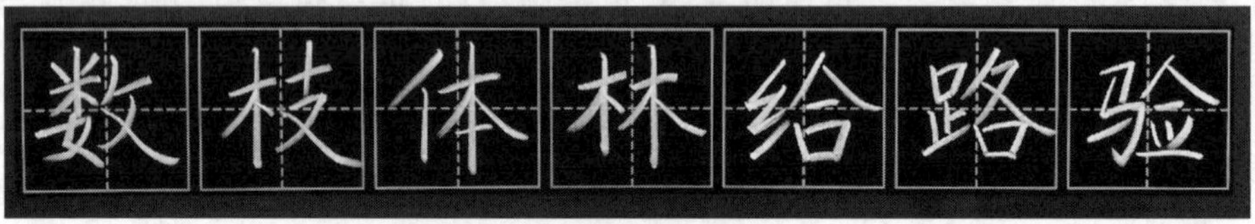

图 5-4-8　位置变化

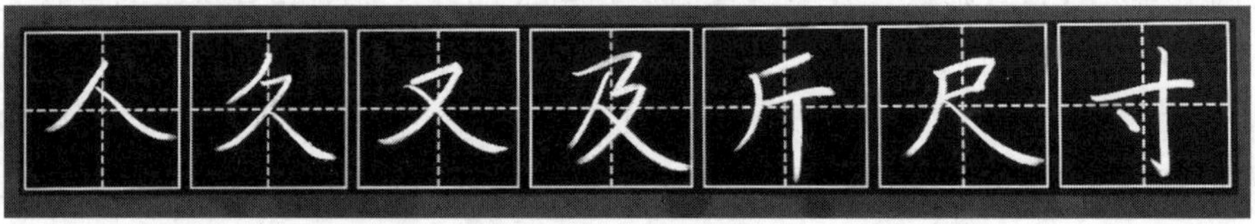

图 5-4-9　黄金分割

写好粉笔字既可延用钢笔的运笔方法，也可借鉴毛笔的运笔技巧，写出厚实而又俊逸的字来。为了使笔迹也有粗细、方圆的变化，除去利用手指、腕部和小臂的力量灵活地控制笔体的运动外，还要通过手指不断地捻动笔身，磨出一个个小的平面，形成一个个棱角，即笔锋。书写时，巧妙而熟练地利用这些平面和棱角，不仅可以写出粗细有致、转折分明、方圆兼备的笔画，而且可使字体既有钢笔字的劲挺瘦硬，又有毛笔字的丰润饱满。

(2) 图形美

数学的研究对象包括数和形。小学阶段学习的数学图形包括常见的平面图形（如直线、射线、线段、角、长方形、正方形、平行四边形、三角形、梯形、圆、组合图形等）和常见的立体图形（如长方体、正方体、圆柱、圆锥等）。板书中的数学图形应作图规范、标注清晰、体现联系，充分展现数学图形对称和谐之美、简洁严谨之美、丰富内涵之美、数学文化之美。

① 作图要求规范。

首先，使用尺规，规范作图。数学图形是现实世界中物体空间结构的直观数学描述，对于学生正确理解图形各要素之间的位置关系，发展逻辑思维能力、空间想象能力和分析解决问题的能力，初步形成空间观念都有着重要的作用。只有按照数学作图的规范要求准确地画出图形，才能正确揭示物体的空间结构，也才能使学生正确理解图形。教师使用三角尺、圆规等数学工具规范地板书作图过程，能对学生起到很好的榜样作用，提高学生观察能力、动手操作能力和审美意识。因此，规范作图对数学教学有着十分重要的意义（图 5-4-10）。

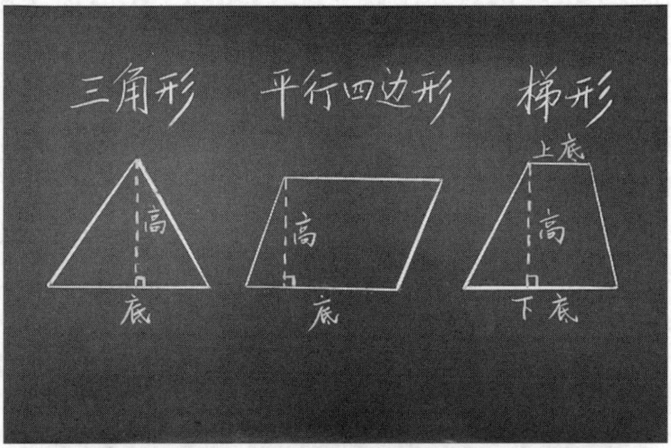

图 5-4-10　规范作图示例

其次，多个图形，注意比例。数学课上，为了让学生看清楚，教师在黑板上作图通常需要将原图放大或缩小，不能按实际长度来画，如长度为 3 cm、5 m 等。在同一个问题情境下，教师不仅要注意每个图形各条边长度的比例需一致，也要注意不同图形的缩放比例也需一致（图 5-4-11）。

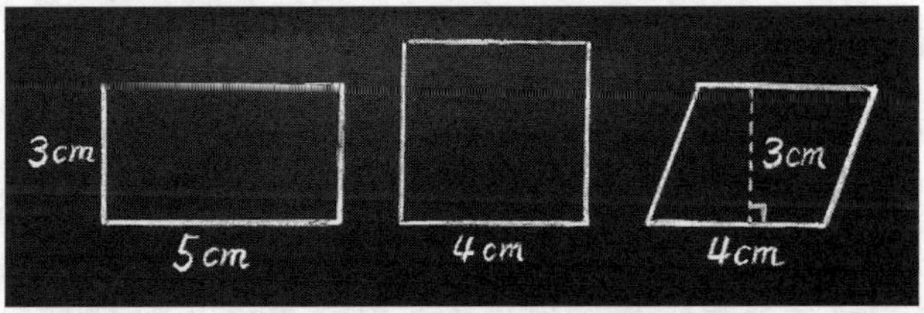

图 5-4-11　图形比例示例

最后，立体图形，讲求透视。教学立体图形时，为了让学生全面认识和了解立体图形的组成部分和特征，教师在黑板上作图时需要将立体图形看不见的面以透视图的方式呈现出来。遮挡部分的线段一般用虚线表示（图 5-4-12）。

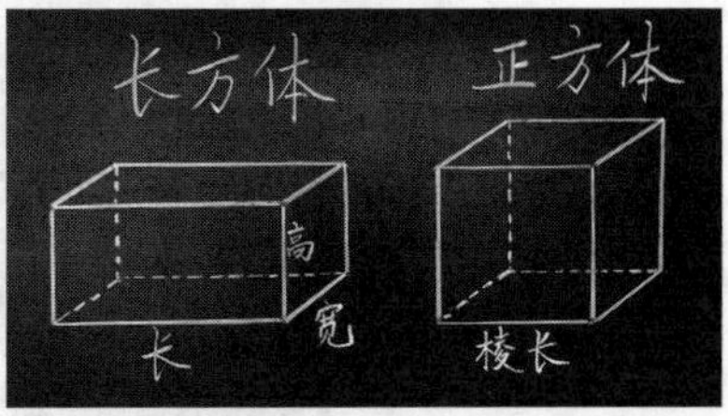

图 5-4-12　立体透视示例

② 标注要求清晰。

数学符号是数学语言的独特标志，它可以使数学思维过程更加准确、概括、简明、直观，易于解释数学对象的本质。数学符号是通往数学世界的桥梁，是学生表达数学思维的特殊语言。因而，教师在数学教学中应重视数学符号的教学，在板书中应正确标注数学符号，培养学生的符号意识。板书中所书写的数字、字母等数学符号一般采用手写体。

在解决实际问题的过程中，画图可以帮助学生理解题目中比较复杂的数量关系，而数学图形应完整、准确地呈现数学问题中的条件和问题。如图 5-4-13 所示，原来的长方形长 8 m，长增加了 3 m 后，面积增加了 18 m^2，以阴影部分表示增加的面积，求原来长方形的面积为多少。像这样通过画图，学生不需要阅读题目中的文字，只需要看图就能知道所有信息，并且能从直观的图形中发现隐含的数量关系，即增加的长方形的长就是原来长方形的宽。

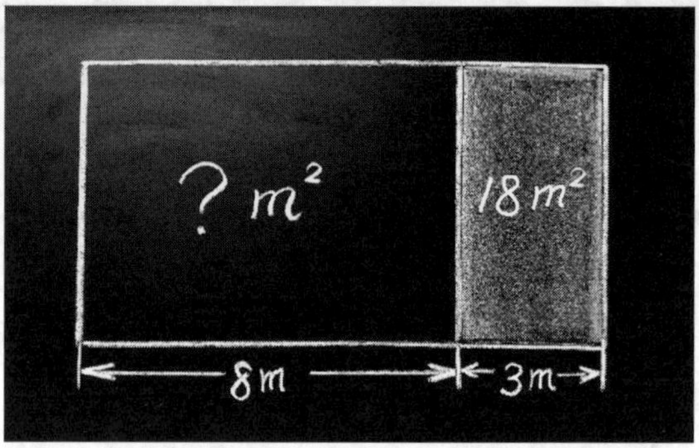

图 5-4-13　标注清晰示例

③ 体现内在联系。

有时，图形的特征及其关系无须用文字表述，在图上就能表示得一清二楚。如图 5-4-14 所示，几个三角形都有一条共同的底边(用红色标注)，并且它们都画在同一组平行线之间。根据图上的这些信息就能知道这些都是同底等高的三角形。

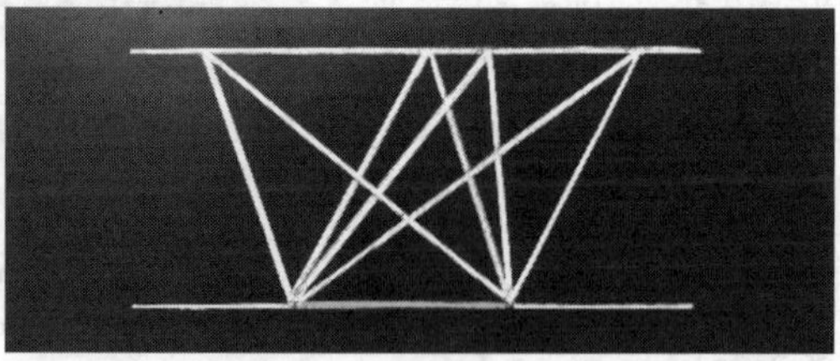

图 5-4-14　特征关联示例

韦恩图、树状图、气泡图、框图等结构图方式，能帮助学生厘清关系，建构知识框架，提高抽象概括能力和逻辑思维能力，促进对数学本质的理解（图 5-4-15）。

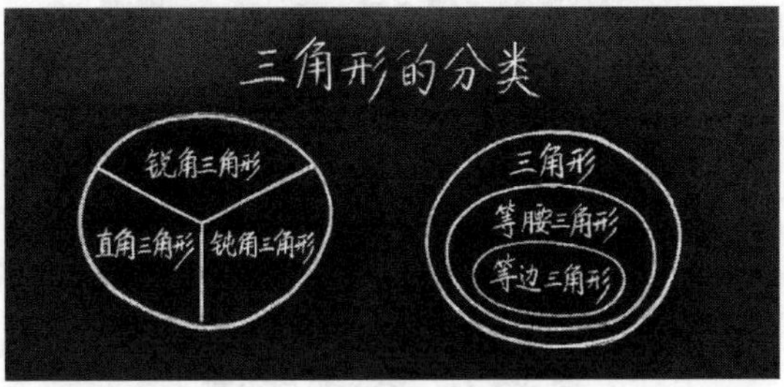

图 5-4-15 知识结构示例

图形与图形之间有着密切的关系，通过转化，能解决图形问题。在板书中一般可以运用“箭头”“虚线”“虚线框”“阴影”等表示图形的转化关系（图 5-4-16）。

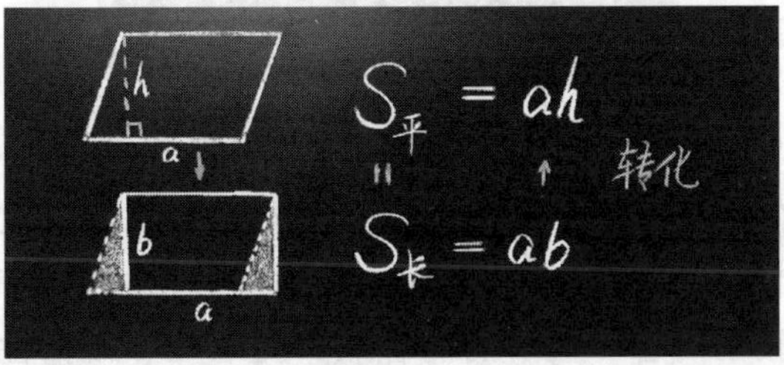

图 5-4-16 转化关系示例

（3）布局美

板书伴随着教学过程动态呈现，为了起到更好地教学效果，教师不仅要精心设计板书内容，也要充分考虑板面的布置、书写内容的条理性、书写内容与口授内容的协调性等。在连字成句、形成整幅板书时，需有章法，否则即使单个笔画、单个字写得漂亮，板书依然会散乱无章、缺乏布局构图上的美感。

比如，教师在小黑板上书写内容时，注意整体应居中，上有天头，下有地脚，左右留有边距，不能太满，太满则气促神拘；也不能留白过疏，太疏则气懈神散。除此之外，还应注意字距相等，行距相当，行距比字距稍大，字体一致，行列齐整，做到整体和谐统一，美观舒适。这就要求书写板书之前，教师要对所有板书内容有一个通盘考虑，安排好文字、符号、图形、表格等的具体位置（图 5-4-17）。当文字比较多时，可以先估计一下书写的行数及每行文字的个数，再确定字的大小。如果分为几行书写，应特别注意断句的位置，如公式、符号、英文单词等不宜中间断开(图 5-4-18)。书写整行文字时,往往会向右下方倾斜,练习时可以用铅笔打线后书写,待熟练后自然能够写得齐整。

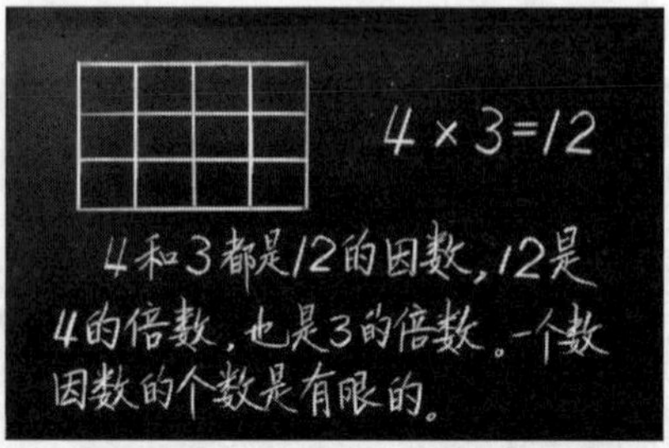

图 5-4-17　图文布局示例

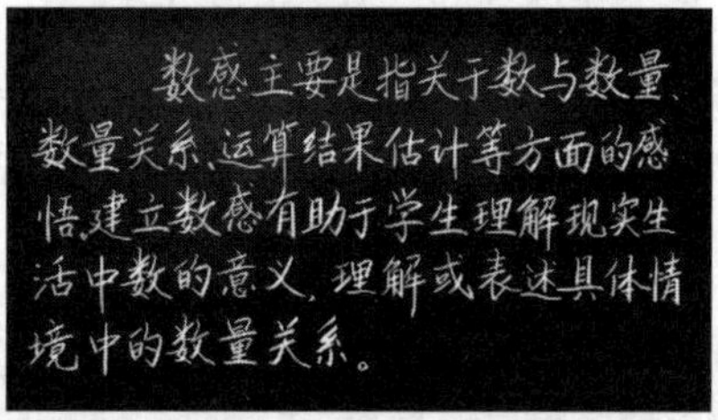

图 5-4-18　文字布局示例

教学时教师使用教室中的黑板板书。数学课的板书虽然文字不多,但也应正确设计、合理利用这个“长方形”。好的板书章法会让学生提纲挈领地、关联性地理解和掌握教学内容。板书的内容兼具提示性和概括性,再加上清晰、美观的粉笔书法,更能使学生印象深刻,回味无穷。教师除了设计板书内容以外,还要考虑板书各部分的书写时机,什么地方书写什么内容,什么时间书写什么内容,都要详细设计好,以便课堂教学时有的放矢。板书可以分为主板和副板两部分。主板块居于黑板中间醒目位置,规范地书写课前预设的板书内容,清晰工整、结构严谨、层次井然,把提纲性、艺术性、直观性融为一体,既起到纲举目张的作用,又便于学生记忆抄录,一般在教学过程中逐步形成并一直保留到教学活动结束。而副板块则是生成性的、临时性的板书,通常写的是解释、说明性的文字,或是复习旧知时帮助学生回忆的概念、公式等,也可以是学生在学习活动中创生的作品。这些内容由师生在教学过程中交互生成,是原生态的学习成果,可能有错误或偏差,教师可以通过引导及时修改、调整,有些内容可以由教师书写,有些内容也可以由学生自主上台书写(图 5-4-19)。

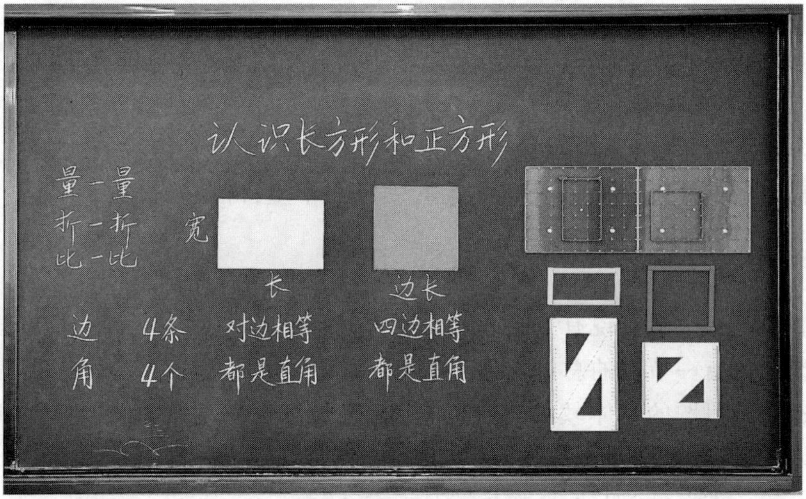

图 5-4-19　板书布局示例

3. 自身形象美

教师自身形象美不是说教师长相有多么漂亮或帅气，而是要在教育教学的过程中做到仪表、表情、姿态、语言、动作等各方面的规范，符合教师形象。教师是教学艺术的创造者，其形象和行为参与教学艺术的创造，具有审美教育作用。为此，教师在设计自身形象时，应力求做到：仪表的优雅美、表情的自然美、眼神的神韵美、举止的从容美。无论是衣着打扮，或是发型配饰，都应符合人民教师形象，不穿奇装异服，不化浓妆，不佩戴夸张的饰品，等等。教师的形象本身具有教育性。教学过程中，教师应面向学生端正站立，板书、走动时也应稳重大方，精神饱满，表情自然，面带微笑，声音响亮。教师与学生交谈时，应亲切和蔼；给学生指出问题时，应语气中肯；批评学生时，严肃而不粗暴。教师应始终明确自己的身份和教育职责，不仅仅教给学生知识，还应通过自己的示范作用渗透仪表美、礼仪美的审美教育。

4. 动作态势美

课堂教学的口头语言、板书语言属于语言符号系统，态势语言则属于非语言符号系统，这两个传播符号系统在教学中是相辅相成、缺一不可的。态势语言包括眼神、面部表情、体态动作、手势及足部运动等，它具有情意功能、直观功能及暗示功能。教师在课堂上应该做到仪态大方，精神饱满，配以简练、自然、协调的手势，充分发挥态势语言的作用，以达到最佳的教学效果。

态势语言的情意性要求“以目传神”，教师的眼神把他的情意、学识、心理变化和审美观等都毫不掩饰地传达给学生，而学生总是从教师善于变化的眼神中，见其丰富的思想内容，展开广阔的联想，受到深刻的启示。讲课时，教师配合适当的手势，柔缓舒徐的动作，往往会增加态势语言的直观效应。态势语言的暗示性可以提高学生的注意力，增强学生自信心。

5. 教学组织艺术

教学组织一般来说有三个方面或层次：宏观设计、微观设计和情景设计。宏观设计是指一节课的总体考虑和安排；微观设计是指对一个概念、命题、公式、法则、例习题的具体教学过程的设计，这是课堂教学中直接操作的部分；情景设计是指创设宽松、和谐、探索进取的课堂教学气氛，旨在激励、激活教学过程的一种设计，如“问题设计”“对话设计”等。

因此，教学组织的艺术性在于以下三个方面：宏观设计注重备课素材的丰富、传授知识的有序、讲授技巧的灵活；微观设计注重概念导入的自然，命题、公式、定理证明的思想表现，例习题讲解的逻辑衔接；情景设计注重教学环节的齐全、课堂气氛的活跃、心灵的沟通；等等。

一堂课的教学组织是对教学内容经过反复研究，从全局整体把握所授的信息量，并经过重新整合、优化，从而形成相对独立的数学内容板块，教学组织的艺术性是对教师备课过程中把握的深度、广度和新度的全面检验。

教学组织艺术还具有动态性和生成性。课堂教学中，不仅是教师对学生施加影响，同时教师也受学生行为的影响。教师在教学过程中不断观察学生的行为，调整自己的教学组织，创设愉快和谐的教学环境，建立真诚交流的师生关系和生生关系，形成“学习共同体”。

6. 教学方法艺术

教学方法是指师生为完成某一个教学任务，在共同活动中所采用的教学方式、途径和手段。选用的依据是：① 教学目的、任务和要求；② 课程性质和教材特点；③ 学生特点；④ 教学时间、设备和条件；⑤ 教师个人条件。教学方法是教学过程中的核心，是完成教学内容、体现课堂教学质量的一个重要因素。教学方法的使用有其独特的教学艺术和教学效果。最能体现教学艺术的教学方法有启发法、发现法等。教学方法既有传承性也有创造性，是教师教学思想、教学艺术特点的综合表现，带有个人特点和格调的教学方法逐渐会形成教学风格和教学流派。

☞ 例 14　特级教师徐斌无痕教育艺术[①]

儿童是一个个鲜活的生命体，而生命的成长是无时无刻不在变化着的，真正的教育是像呼吸一样自然而然的发展过程。有痕，体现的是基础知识和基本能力的显性变化；无痕，体现的是必备品格和关键能力的隐性提升。要达到无痕的境界，需要经历有痕的阶段。教育的最终目的是让学生获得带得走、看不见而又用得着的东西，如当下都在研究与提倡的核心素养。核心素养其实是学生发展的"隐形的翅膀"，具有"无形的力量"，如同武侠小说里面的"无招胜有招"的境界。

在数学学科如何实施无痕教育呢？以下是数学课堂中的具体实践策略：

① 不知不觉中开始。良好的开端是成功的一半，儿童课堂学习活动的开启，应该在自然而然中出发，而不是赤裸裸地灌输和强制性接受。只有引发了对新知的内在需要，才能激发起儿童学习的内驱力。而要做到不知不觉中开始，前提是教师对所教内容的整体把握。因为每一门学科的教学内容都具有整体性和系统性，每册教科书、每个教学单元、每一节课时、每一个知识点的内容之间都有着内在的联系。优秀的教师总是能够瞻前顾后，迁移渗透，把握所教内容与以前学习内容及将来学习内容之间的实质性联系，为学生选准合适的认知起点，让学生在不知不觉中开始新知学习。不知不觉中开始的策略，从教育心理学角度看，是确立合适的学习起点，即明确学生"现在在哪里"。有了对教学内容的整体把握，就有了对学生原有认知与学习状态的准确了解，就有了对学生生活经验与思维体验的适度理解。有了这样的教学前提，就能够进一步明确把学生"将要带向哪里"及"如何走向那里"，从而无痕地将学生引向新知的边缘，让学生油然而生对新知学习的需求。

② 潜移默化中理解。"为理解而教"是课堂教学的重要目标，而理解知识的关键是顺应儿童的思维特点和认知规律。课堂的本体是儿童的学习，有效的数学学习必然建立在对儿童学习心理准确把握的基础之上。小学阶段儿童的认知属于皮亚杰指出的具体运算思维阶段，其最大特点是思维离不开具体事物的支持，这也导致小学儿童的感知觉、观察力和记忆力均处于初步发展水平，其学习数学的动机和兴趣很不稳定。在这样的前提

① 徐斌.数学无痕教育的实践特征[J].江苏教育研究，2019(13)：16－19.

之下，儿童学习数学的过程，需要充分借助形象直观的教学手段，充分利用新旧知识的相互作用，以顺应儿童的学习心理，让儿童在不露痕迹中获得新知意义。在潜移默化中理解的策略，需要的是对儿童学习心理规律的深度洞察。基于儿童学习心理的数学教学，是在儿童数学学习的过程中，尤其在新知理解阶段，在学科元素中融入儿童认知特点，能够使新知学习更适合儿童的认知发展，为学生深度理解知识、发展技能和形成能力打下坚实的基础。

③ 循序渐进中掌握。学生学习数学的过程，既是在教师引导下的意义建构过程，也是在自身需求发展中的自主建构过程。无痕教育视野下的学生数学学习过程，更主要的体现为教师精心设计学生的学习进程，从某种意义上说是一种“进”与“退”的艺术。通过适当的“退”和必要的“进”，能使得学习过程成为学生潜移默化地掌握知识和技能的过程。从某种意义上说，“退”是“进”的准备和基础，“进”是“退”的发展与提升。在课堂上，“进”“退”之间体现的是一种行云流水般的从容节奏，是一种水乳交融般的无痕状态。在循序渐进中掌握的策略，需要教师能够把握学生技能形成的规律，通过“进”与“退”的过程设计，从简单出发，向本质迈进，从而引领学生逐步地掌握知识技能，在不露痕迹中培养思维能力，在淡墨无痕中发展数学思想。从这个意义上说，数学教学的智慧就在于教师能在“进”与“退”之间游刃有余。

④ 春风化雨中提升。众所周知，比知识重要的是方法，比方法重要的是思想，比思想重要的是精神。数学知识的教学，要注重知识的“生长点”和“延伸点”，把每堂课的知识教学置于整体知识的体系中，引导学生从知识的理解到技能的掌握，同时要透过知识技能的学习帮助学生感悟数学思想，积累数学活动经验，进而培养学生积极的情感态度和价值观。

7. 把控教学节奏

课堂教学节奏是指在教学中各种可比成分连续不断地交替，在时间上以一定的次序有规律地重复出现的形式。这些可比成分主要包括教学的密度、速度、难度、重点度、强度和激情度。教学节奏可通过重复、高低强弱的规律变化实现。简而言之，即形成一种有层次的、螺旋上升的、张弛有度的学习进程。课堂教学节奏的把控要根据学生的情绪和对知识的反映情况随时调整。

☞ **例15　特级教师俞正强《用字母表示数》教学片段**[①]

师:我这有一个信封,里面装了几支粉笔?

生:没有。

师:你怎么知道没有?

生:我看见里面什么也没有。

师:确定吗? 那用什么数来表示?

生:用0来表示。

师:你呢? ……

学生分别说用0来表示。

师:为什么用0来表示?

生:一支也没有就用0来表示。

师:那我现在往里面放粉笔了(让学生看清是往里面放进了1支粉笔),现在里面有几支粉笔? 用什么数来表示?

生:现在里面有1支粉笔,用1来表示。

师:你怎么知道里面有1支粉笔?

生:我看见你往里面只放进了1支粉笔。

师:确定吗?

学生一一肯定,教师板书:看见。

师:那我第二次往里面放粉笔了,现在里面有几支粉笔? 用什么数来表示?

生:现在里面有3支粉笔,用3来表示。

师:你怎么知道里面有3支粉笔?

生:我看见你往里面只放进了3支粉笔。

师:确定吗?

学生一一肯定。

师:那我第三次往里面放粉笔了,猜猜看,接下来我会放几支?

学生回答4支、5支、6支、5支、5支、5支……

师:好多人说5支,为什么?

生:有规律,1、3、5、7、9、11……

师:观察得真仔细,还会找规律,很好! 那我到底放几支呢?

---

①　吴和英.在等待中绽放精彩——俞正强老师"用字母表示数"教学片断与赏析[J].小学数学教育,2019(5):70-71.

教师这次蹲在讲台下面放，故意不让学生看见，然后举起信封并抖动信封，使信封内的粉笔由于碰撞发出声音。

学生回答5、6、7、9、11、a、无数……

师：对于这些答案，你认为哪一个最不合理？

生：无数。

师：为什么？

生：因为信封就这么大，还只放了一小部分，里面粉笔的支数应该数得清，还没到无数。

师：能确定是5、6、7、9、11中的哪一个吗？为什么？

生：不能，因为我没有看见你放进了多少支。

师：（板书：看不见）哪一个答案比较合理？

生：a。

师：a是什么？

生：英文字母。

师：用字母表示有多少种表示方法？为什么？

生：有26种，因为只有26个英文字母。

师：猜一猜，a比什么小，又比什么大？

学生回答比11小、比9小、比1大。

师：是啊！不知道它是谁，但知道它不是谁。现在我用第二个信封装粉笔（这次又蹲在讲台下面放，故意不让学生看见，然后举起信封并抖动信封，使信封内的粉笔由于碰撞发出声音）现在这个信封内有多少支粉笔？

生：a支。

师：我们是在上数学课，是要动脑子的。

此时，教师举起两个信封让学生看，两个信封装的粉笔的支数都看不见，但鼓起来的程度明显不同。

师：（对着一个学生）你呢？

生：a支。

师：你呢？

生：a支。

师：你呢？

生：b支。

师：这两个答案哪个合理？为什么？

生：b 支，因为这两个信封里装的粉笔不一样多。

师：还可以是——

生：c、d、…

师：有多少种表示方法？为什么？

生：25 种，因为共有 26 个英文字母，除了 a 以外都可以。

师：a 和 b 比，谁大？

生：不知道。

师：可能是——

生：$a>b$、$a=b$、$a<b$。

师：是啊，不能说不知道，应该说有三种情况：$a>b$、$a<b$、$a=b$，以后我们会说吗？一起说一说。

师：现在我们知道什么时候用字母表示数了吗？怎样用字母表示数？

生：知道的就用数来表示，不知道的就用字母表示，不同的对象用不同的字母表示。

五次猜粉笔的活动，可谓浓墨重彩，俞老师在这里非常舍得花时间，教学节奏也很慢，不厌其烦地让学生看了说，说了再看。为什么呢？因为他要让学生全过程地参与体验，通过观察、思考、碰撞、对比，自我感知“看得见的”“知道的”“已知的”就用数表示，“看不见的”“不知道的”“未知的”就用字母表示。从他前三次让学生清晰地看到信封里分别是空的、有 1 支粉笔、有 3 支粉笔，让学生感到很容易、很简单、很放松，再到后两次蹲在讲台下面放粉笔，然后举起来让学生看，让学生感到“月朦胧，鸟朦胧”，似看见，非看见。教师巧设悬念，在这个“慢”节奏的过程，不仅是学生感悟、唤醒、收获、绽放、升华的过程，也是持续激发学生挑战欲望，激活思维的过程。俞老师组织的教学游戏使学生感觉轻松、愉快。一会儿对，一会儿错，一会儿又错；一会儿掉进“坑”，一会儿又“爬”出来；一会儿清晰，一会儿糊涂；一会儿情绪高昂，一会儿又低落。学生思维波澜起伏，俞老师却只是静静地倾听、耐心地等待。数学课堂教学节奏的把控对于点燃学生数学思维、引发深度思考、推进高阶思维有着至关重要的作用。

8. 数学思维教学艺术

数学的本质在于数学思维。数学思维是数学世界最重要的根基，不管是纯粹的数学学习与数学研究，还是把数学工具应用到其他领域，数学思维都发挥着重要作用。具体来讲，数学思维包括逻辑思维、形象思维、空间抽象思维等。数学之美主要体现在它的思维之美。当学生面临一个数学问题时，他们会调用自己已有的数学思维尝试解决问题，同时解决问题的过程也能提升数学思维能力。因而，数学教学的最高艺术就在于启迪学生的数学思维，发展学生的数学思维能力。

孟子认为："资之深，则取之左右逢其源。"只有自身素质高的教师才有可能"左右逢源"。我们常常可以从卓越教师的教学活动中体会到他们的教学艺术的魅力，但向他们学习的绝不是"招数"，而是思想和观念。"大匠诲人，必以规矩"，然而"大匠能与人规矩，不能使人巧"。从古人的名言中可以看到教必有法，但教无定法。所以大法必依，小法必活。数学教师要创造适合自己的个性的数学艺术。为了成为卓越教师的理想，我们需要不断地积累学习、修炼基本功，真可谓"欲致鱼者先通水，欲致鸟者先树木，水积而鱼聚，木茂而鸟集"。只有这样，才能水到渠成，功夫不负有心人。

【导读书目】

[1] 吴正宪，王彦伟，韩玉娟.吴正宪给小学数学教师的建议[M].上海：华东师范大学出版社，2012.
[2] 贲友林.重新认识课堂[M].北京：教育科学出版社，2019.
[3] 邱学华.邱学华怎样教儿童学数学[M].上海：上海教育出版社，2021.
[4] 吴正宪，张秋爽，贾福录.听吴正宪老师上课[M].上海：华东师范大学出版社，2012.
[5] 吴正宪，周卫红，陈凤伟.吴正宪课堂教学策略[M].上海：华东师范大学出版社，2013.
[6] 徐斌.无痕教育数学课堂18例[M].北京：开明出版社，2019.
[7] 华应龙.我就是数学[M].上海：华东师范大学出版社，2009.
[8] 华应龙.我不只是数学[M].北京：中国人民大学出版社，2018.
[9] 俞正强.种子课2.0：如何教对数学课[M].北京：教育科学出版社，2020.
[10] 顾志能.创新照亮课堂：一位小学数学特级教师的思与行[M].北京：中国人民大学出版社，2017.

第六章

说课评课

——教师综合素养

6

从智慧的土壤中生出三片绿叶：好的思想，好的行动，好的语言。

——希腊谚语

赠人以言，重于珠玉；伤人以言，重于剑戟。

——孙子

思想就是力量，哪里有思想，哪里就有威力。

——雨果

真正的语言艺术总是朴素的，很生动的，几乎是可以感触到的。

——高尔基

说话周到比雄辩好，措辞适当比恭维好。

——培根

说话是一项能力，更是一门高超的表达艺术，教师的教育教学工作是离不开"说话"的。本章围绕"说"字展开，说课——将自己备课的意图加以说明，让他人知道你是如何教学的；评课——对他人执教的一节课进行点评和分析；演讲——针对某个具体问题表达自己的教学观点或教育主张。因为评课之前必先听课，故而将听课这一重要的教学研究活动也纳入本章。

第一节　说　课

说课就是在备课或上课的基础上，面对其他人讲述自己的教学设计及其理论依据，在课堂教学中是否达到预期效果等。说课的表现形式以口头语言为主，也可以适当采用板书和教学用具演示。说课这种常用的教研活动方式，给教师提供了公开交流的机会，使不同的观点得以碰撞与交锋，易于大家对某个问题的认识更加深入，理解更有深度。实践证明，说课能有效调动教师投身教学改革、学习教育理论、钻研课堂教学的积极性，是提高教师素质，培养造就研究型、学者型教师的最优途径之一。

按所说内容范畴，说课可以分为三个层次：整体说课，如就一册教材的内容进行说课；单元说课，如就某一主题或一章进行说课；课时说课，如就某一节课进行说课。不同层次的说课，其重心和目标是不一样的。按所说的时间可分为两种类型：课前说课，重心在于设计意图的分享，展示说课者对所授内容的认知、理解，教学理念的认同、渗透，教学活动的设计、意图，教学环节的建构、意境等，然后共同体一起进行深度研讨，就课论课，获取建构教学的思路、方法和建议，共享建构智慧；课后说课，重心在于反思课前设计与课堂实施之间的差异，展示预设与生成之间的真实情况，对课堂教学的得失进行评析，从而结合说课者的自我诊断与听课者的真实观察在理性思考的基础上就课论课，深度挖掘设计课与实施课之间的差异，在汲取智慧的基础上建构更有生命活力的数学教学。

1. 说课的意义

说课有利于提高教师备课的质量。说课的形式促使教师认真思考怎样去教，为什么要这样教，从理论与实践两方面反复推敲琢磨，精心准备教学设计，寻求教学依据，从根本上提高教师备课的质量，提高课堂教学效率。说课有利于提高教研活动的实效。通过说课，教师阐述教学设计的意图和设想，解说自己处理教材的方法和目的，让听课教师更加深入地理解课堂教学，从而提高听评课活动的实效。说课有利于促进教师的专业成长。为了能够说清教学内容、学生学情、教学设计及设计意图等，教师必须深入钻研教材、钻研学情、钻研教法和学法，学习教育教学理论，提高自身的理论水平。说课、上课、评课与教学改进相结合，使教师的教学行为由实践上升到理论，促使教学研究进一步深入，从而切实提高教师教学素养和研究能力。说课是考核评价教师的有效形式之一。通过说课可以了解教师对教材、教法、学情及课程标准的把握能力，了解教师的教育教学理论水平，了解教师的教学实践经验等。说课用时较短，不受时间、地点、教学进度的限制，在一定程度上可替代上课以评价考核教师的教育教学能力。

2. 说课的要素

教师在说课时必须说明教学设计的总体思路、具体内容及其理论、实践依据，简单来说，就是要向听者说清三个问题：教什么？怎样教？为什么这样教？说课的具体要素如下。

（1）说教材

说教材要说清课题、教学内容、本课在教材中所处的地位与作用等。“教材的地位和作用”说得恰当与否，直接反映说课者对教材的理解程度，并影响到教学目标的制定。具体说来，其包括：本课之前已经学习了哪些知识；本课包含哪些内容，这些内容之间有何内在联系；该内容与后续学习有怎样的关系；本课要让学生掌握哪些方面的知识、训练哪些方面的技能、发展哪些方面的能力和建立怎样的情感、养成怎样的态度和形成怎样的价值观等；本课内容的学习对学生的后续学习和终身发展有什么作用；等等。只有分析透这些内容，教学目标的制定才有基础，否则教学目标将成为无源之水、无本之木。

（2）说学情

说学情主要说明所教学生的整体情况和特点及其对教学方法选择的影响。由于学习不仅受学生原有的知识基础和技能水平制约，而且还受学生的认知风格、能力状况和学习兴趣等影响，因此，说学情应尽可能从学生的“已知”“未知”“能知”“想知”“怎么知”五个方面综合分析学生情况，这些方面都是因材施教的基础。“已知”是指学生已经具备的、与本课内容相关的知识经验和能力水平等；“未知”与“已知”相对而言，它既包括通过学习应该达成的目标中所包含的未知知识与技能等，还包括实现目标之前的过程中所涉及学生尚不具备的知识与技能等；“能知”就是通过这节课教学，学生能达到怎么样的目标要求;“想知”是指除教学目标规定的要求外,学生还希望知道哪些目标以外的东西;“怎么知”反映学生是如何进行学习的,它体现学生的学习方法和习惯等。

(3) 说目标

教学目标是教学设计的出发点和归宿,它对教学活动具有很好的导向作用和监控作用。应依据教材和学情来确定教学目标,运用可操作、可实现、可检测的行为动词来描述学生知识、能力、情感等素养目标的达成。

(4) 说重难点

依据目标析理出教学重点(相对于知识体系而言)与难点(相对于学习过程而言)。确立教学重难点是教学设计的一个关键,也是说课活动必须阐述的一个内容。教学难点一般来自以下几个方面:学生不具备相应的知识基础或者知识基础很薄弱;学生原有的经验是错误的或者模糊的;学习内容需要转换思维视角;学习内容较为抽象、过程复杂、综合性强;等等。说课时,要将教学重难点加以理性分析。

(5) 说教法与学法

应说明本课教学中拟采用的教学方法、教给学生什么学习方法、培养学生哪些学习能力及实施途径等。

(6) 说教学过程

这是说课活动的主要环节,要说清教学设计的主要环节,同时也要说明这样设计的依据。

主要包括:① 教学活动在怎样的情景下开展,怎样导入新课;② 怎样呈现相关材料,怎样讲解,设计怎样的问题引导学生进行探究,如何迁移与内化;③ 设计哪些练习巩固知识,练习的层次是如何考虑的;④ 如何引导学生回顾反思提升;⑤ 设计怎样的板书;⑥ 采用怎样的手段来测量或评定学生的学习效果;等等。

(7) 说教学反思或教学预设

一般说来,教学反思就是教师以研究者的心态或视角,审视自己教学实践的过程。它包括两个方面:教师对教学中的缺点和错误的反省与批判;对教学中的优点和长处的肯定和坚持。

3. 说课的建议

必须深入研究、全面分析,说课才能说出品位、道出精彩。

(1) 教材解读要凸显深度,指向重点

说课的第一部分,一般是教材解读,也就是要对本课的知识内容、前后联系、地位价值等进行阐述。好的说课,要基于教材和教参,基于自己的理论积淀,深刻而独到地解读出教学内容的内涵与价值,瞻前顾后来说明数学知识发展的历程和学习要求的递进变化,剖析数学知识的本质和背景,聚焦数学知识所承载的数学思想方法,揭示育人价值与目标追求等。

(2) 学情分析要有理有据,突出难点

说课的第二部分是学情分析。所谓学情,就是学生的认知状况和学习心理。对学情的把握是备好课、实现有效教学的重要前提。说课就是对课堂教学的解说,虽然没有学生参与,但设计与实施的理念应与真实上课相一致。

怎样才能准确把握学情呢?可结合教育教学理论(如同化、顺应等),站在学生的角度,分析学生面临新知时可能产生的理解上的困难;也可采用更科学的方法,如前测、访谈等,了解学生的经验水平和心理世界。

(3) 目标定位要层次清晰,用词准确

需要注意的是,教师对行为动词的使用常常不够严谨,如混用"了解、理解、掌握、运用";对行为动词的修饰比较随意,如"理解"前随意加"初步、深刻、真正"等词。不同的词有着不同的含义,反映对教学目标达成度的不同要求,说者需根据教学设计的真实意图细细斟酌,准确使用。关于教学目标表述中行为动词的意义和正确使用参见本书第三章第二节。

(4) 创新设想要大胆展现,明确表达

教学有创新,能让学生更好地掌握知识、发展思维,能让学生得到创新意识的激发和创造能力的培养,还能展现出教师的教学风格和教学智慧。说课者应积极探求课堂教学的创新点,如目标定位的创新、学习任务设计的创新、教学路径的创新、练习设计的创新等,将这些方面作为说课中的亮点,大胆、鲜明地表达出来。

除此之外,说课时的语言表达也十分重要,力求生动形象,增强感染力。生动是指说课过程中教师的语言应当有轻重缓急,重要的地方说得慢一点,还可以配合运用恰当的体态语言。形象是指说课过程中教师可以借助简洁合理的板书,以及贴片、图片、实物模型等教学用具,增强说课的丰富性。

(5) 过程展开要详略得当,形式灵活

教学过程的介绍不要事无巨细,面面俱到,要详略得当,淡化(甚至舍弃)次要环节,放大主要环节(如重难点之处、创新之处);要适当呼应前面讲过的观点,让听者感受到课的内涵及整体性,切忌理论归理论,实践归实践。说的形式，不能一味地旁白式讲解，或全部模拟正式上课的师生对答，而要解说、模拟、演示等多种形式灵活使用。需要特别指出的是，说教学过程时，避免空洞、抽象地讲述，应多借助直观手段，如图片、贴纸、学具、板书等，引发听者注意，促使听者更好地理解、接受说者的观点。黑板上各类材料的呈现，要注意顺序、时机、变化及美观。

4. 演课

演课，也叫“模拟上课”，它与“真实上课”的主要区别是没有学生的直接参与，要求教师把教学过程中的一部分具体化，通过模拟上课表现出来，把原来40分钟的实际课堂教学在8～10分钟之内展现出来。整个过程是教师在唱“独角戏”，因而教师要做好充分的预设并在相应的学生活动环节中巧妙过渡。演课不能像真实上课那样从头开始，应演绎最精彩的课堂教学片段；演课也不能平均分配时间，应抓住本节课中的重难点加以重点突破，详细阐述。具体要求如下：

① 身份定位明确。演课没有学生，教师自编自演，因而不但要演得有板有眼、像模像样、生动有趣、形象逼真，而且要能够比较全面地体现该教师的教学理念新、教学手段佳、教学评价恰当、教学机智灵活等优异素质。

② 教学思路清晰。要有清晰的教学思路，情境创设需直观，问题要突出，主要问题的解决过程要实效；忌面面俱到，蜻蜓点水。

③ 把握演课时间。由于演课时间短暂，一般引入要开门见山，1～2分钟后就马上进入学习新课的内容，巧妙地模拟学生获得知识过程。在短时间内能够通过深刻、生动的阐述让听者听得明白、听得清楚。

④ 呈现师生互动。一般有两种表现方法：一是教师模仿学生说出学生的回答；二是用教师的评价语言、小结语言等对学生活动或发言做概括性的介绍。

第二节　听　课

教学活动是一个极其复杂的过程，存在许多相互联系、相互影响、相互作用的因素，其中包含教师自身的因素（如教师的智力、教学能力、教学风格、自我概念等），也包括教学环境方面的诸多因素（如学生状况、班级环境、学校风气、社会环境等），还包括教学媒体方面的因素（如教学任务、教学内容、教学手段等)。在实际教学中,这些因素能否合理有效地发挥作用是达到理想教学效果的关键。他山之石,可以攻玉。听课,可以让教师以观察者、学习者和研究者的身份进入课堂,发现、思考、研究这些因素的联系与作用,学习先进经验,促进上课者、听课者和评课者互相学习、改进教学,提高课堂教学水平,促进教师专业成长。因而,听课是教师必须具备的一项基本功。

1. 听课听什么

教学活动是师生积极参与、交往互动、共同发展的过程。因而,听课既要听“教师怎么教”,也要听“学生怎么学”。

(1) 听教师怎么教

听——教学过程。① 关注引入部分。教师能否调动学生学习兴趣?是否充分利用旧知激活认知经验?是否创设认知冲突引发学生思考?② 关注数学思维。教师是否为学生创设了自主思考的空间?对于学生的想法,教师能否较好地加以引导?教师对学生的思维过程是否有充分的预设?教师如何面对学生的生成?教师能否引领学生的思维活动走向纵深?教师能否及时、有效地评价学生的思维活动?③ 关注练习环节。教师设计教学时是否考虑到了练习的层次性、多样化和丰富性?练习内容能否起到巩固新知、促进认知的作用?教师是否根据学生学习情况对练习进行了选择和调整?④ 关注回顾反思。教师如何引导学生通过回顾反思,积累基本的数学活动经验,体悟基本数学思想方法?如何引领学生从“学会”到“会学”?听完整节课后,再整体梳理这节课的教学结构,了解各环节的时间分配、过程展开和衔接过渡等。因而,听课一定要听授课教师从开始到结束的全过程,也就是说,要听完整的课,并需要完成对课堂教学流程的原始观察和记录。

观——教学效果。一节课的教学效果如何,主要是看重点如何体现,难点如何突破,目标是否达成。要实现这三点,主要看教师的教学活动是否贴近学生的“最近发展区”,是否基于学生的认知经验和生活经验展开教学;也要看教师能否将教学内容的知识逻辑与学生的思维逻辑合理对接,使学生能够在学习活动中自主建构认知结构。

品——教学水平。精彩课堂的背后必然有着先进教育理念和深厚教育思想的支撑。听课者要善于捕捉课堂“闪光点”,从中品味和思考授课教师的数学观、学生观和教学观。优秀教师的一个眼神、一个表情、一个动作、一句言语,都是教学理念和教学素养的体现。我们能从教学设计、教学技能、教学组织等方面了解授课教师的教学水平。比如,教师是否明确所教课程的内容、学生的兴趣和需要、学生的发展水平、教学目标、教学任务及教学方法手段，并预测教学中可能出现的问题与可能的教学效果；教师能否激发和保持学生学习的主动性和积极性；教师能否自如地驾驭课堂并有效应对课堂上出现的偶发事件；教师的教学方法是否适合学生；教师的语言是否简洁、明了、富有感染力；教师的板书设计是否合理、美观；多媒体技术的运用是否恰当；等等。

(2) 听学生怎么学

听课不仅仅是听教师如何进行教学，还可以转换身份，以学生的角色沉浸于课堂中，感受课堂、审视课堂。授课教师指导下的课堂探究活动是不是有学习的价值？师生之间的思维交流是不是触及了知识学习的本质？这些都需要在听课中通过“听学生”加以关注。

听——学生“说什么”。语言是思维的外衣。从学生的语言中，我们可以了解到学生“已经知道了什么”“学会了什么”“怎样学会的”。学生的语言能反映班级学生的学习素养，但更为重要的是，我们能从学生的语言中“听”出教师教得如何。课堂中，学生的发言主要有这些情形：回答教师问题、同桌交流、小组讨论、活动汇报等。不管学生是在哪种情形下进行的发言，任何精彩的发言都源于教师精心的设计和巧妙的引导。

观——学生“做什么”。听课时应注意观察学生的课堂表现：学生是以一种怎样的情绪投入学习的？学生的课堂参与度如何？学生自始至终都在学习过程中吗？教师创设的活动环节学生是否感兴趣？学生在学习活动中是否遇到了困难，他们是如何解决困难的？学生是否从同伴的学习中获得更多经验？学生是如何评价自己和他人的？

品——学生“想什么”。数学课堂注重数学思维能力的培养，因而有“数学味”和有深度的数学课堂中“思考”这一要素从不会缺席。学生有独立思考的时间吗？教师通过哪些手段引发学生的思考？学生有表达自己想法的机会吗？听课者甚至可以通过计时的方式记录学生有效思考的时间，通过课后测评来检验学生思维能力提升的水平。

2. 听课怎么听

听者，“聽”也。望形生义，不难看出，听，不仅仅关乎耳朵，还与眼睛和心灵有关，甚至关乎“德”。一个优秀的听者，不仅要带上耳朵倾听，还要带上眼睛，带上思维，带上对倾听对象的尊重、理解与道德感。倾听，是一场全感官参与的思维盛宴。[①]

（1）带着准备来听，做一个思考者

听课前，需要做好“功课”。首先，需要研究教材，结合课程标准理解这一内容在学科本质把握、课程目标确立、教学路径规划与教材编写建议等方面的要求。这样，听课者会有一个俯瞰全局的视角。在此基础上，建议梳理出一个属于自己的简要教学框架。在这样有准备的听课过程中，能真切感受到自己与执教教师在理解教材、解读文本、理解学生、规划路径、设计活动、组织评价、师生互动、板书设计、动态把控等方面所存在的差距，通过各方面的对照和反思促进自身专业成长。

（2）带着眼睛来听，做一个观察者

听课过程中，我们固然需要关注教师是如何创设情境、设计活动、组织学习、展开评价的，但我们更需要了解：面对这样的情境，学生是如何受情境驱动而卷入学习的；面对这样的活动，学生是否感受到了思维的挑战，能否够胜任这样的活动；面对教师的学习规划，学生究竟是如何投入具体的学习任务之中的；他们如何启动思维，如何表征自己的思考，如何检验并反思自己的学习成果，如何与同伴表达分享自己的观察，如何倾听同伴的想法，如何与拥有相同、不同、相似观点的同伴展开充分的交流和对话，如何在学习与对话过程中提出新的问题，如何有序、有效地与同伴展开合作，如何在交流过程中体现批判性思维……所有这一切，仅仅靠远观、聆听，显然已远远不够。[②] 这时，走近学生或学习共同体，在不打扰、不影响学生学习的基本前提下，通过深度的观察与倾听，辅之以录音笔、照相机等现代工具，我们可以搜集到更多有研究价值的教学信息。

（3）带着纸笔来听，做一个记录者

听课记录是我们进行评课、议课的一手资料，也是听课者借鉴学习的宝贵资源。如果听课者记录详尽、得当，无论经过了多长的时间，只要打开听课记录本，当时课堂教学的景象立刻栩栩如生地再现在眼前。

听课记录不是要把上课教师及学生的每一句话都记录下来，而是要学会有选择地记录。一是关于本节课的基本情况，如年级、课题、上课教师、学生所在学校、听课性质、听课时间等信息；二是记录本节课的主要程序、主要教

① 张齐华.听课：不能只带上你的耳朵——写给新入职教师的几点听课建议[J].江苏教育，2020(62)：30－33.

② 同①。

学活动及活动形式;三是记录教师的重要提问、活动要求等,这些重点的教学语言尽量要记录教师的原话;四是记录本课重点、难点的关键处理环节;五是记录本课的精彩之处、生成之处、不足之处及本人对此的思考;等等。

要做到记录完整、详尽并不容易。比如,教师出示的例题图片,我们可以用简笔画的形式加以描绘。如果教师出示的例题、习题是教材中的原题,我们也可以只记录页码和序号,以便过后补充。再如,练习环节,我们可以重点记录教师设计的习题,而省略解答过程。文字内容较多时,可以简化记录,也可以使用一些特定的符号标记加快记录速度,如用字母“T”表示教师的活动,用字母“S”表示学生的学习活动,用符号“★”表示精彩之处,用符号“?”表示困惑之处,等等。如今电子设备日趋盛行,听课者也可以使用先进的电子设备记录听课过程,比如,教学场景可用拍照的方式记录,师生对话可用录音的方式记录,也可以直接录制课堂教学片段的视频等,这样的听课记录就更加全面而准确了。

为了提高听课效率,许多教研团队自己设计听课记录表格或课堂观察记录表等。比如,袁晓萍团队设计了听课、评课“导研单”,听课前就发给教师,听课过程中或结束后填写,根据不同的研讨内容和形式设计了“主题式听课议课导研单”“诊断式听课议课导研单”“单元连续课听课议课导研单”“异课同构听课议课导研单”“同课同构听课议课导研单”“同课异构听课议课导研单”等。“导研单”的设计和运用,使听课和议课有了抓手和方向,让教师以一种交往互动、开放的心态和合作的姿态深度参与听课和议课的全过程,悉心体察课堂中的冲突与矛盾,及时将“问题、困惑、欣喜”记录下来。

(4) 带着宽容来听,做一个理解者

教学有法,教无定法。不同的教学方法背后,都有其科学、合理的一面。听课者所认为的好,只是因为执教者的某一个教学行为,恰恰符合了听课者的心理预期或价值判断。同样,听课者所认为的不好,或许只是因为执教者的教学行为正好与听课者的价值判断存在差异。但是,没有人敢说,自己就真的真理在握。我们能做的,恰恰是对他人课堂的理解与宽容。如果他们的课堂表现出某一种令人心动的要素,那么,我们需要思考:究竟是怎样的教学行为带来这样的教学效果?从这样的教学行为中,我们能否提炼出更具一般性的教学原则或技巧,以便于未来在自己的课堂上也能够借鉴或迁移?如果他们的课堂表现出令人困惑的某种局限,那么,我们首先需要思考的是:这样的所谓局限是如何产生的?它们的背后是执教者怎样的价值观念?面对有可能存在的路径差异与价值冲突,真正有益的选择一定是,多一些换位思考后的揣摩与理解，多一些心平气和的设想与假设，多一些听课后的询问与对话，多一些对异己观点的尊重与宽容。

第三节　评　课

顾名思义，评课即评价课堂教学。评课是听课的延续，是在参与者共同感受和收集课堂教学信息的基础上，围绕大家共同关心的话题进行对话、反思和探讨。评课应对课堂教学做出准确判断和合理评估，并且能够从教育理论的高度做出正确解释，从而加强教学常规管理，开展教育科研活动，深化课堂教学改革，促进学生发展，推进教师专业水平的提高。

传统意义上的评课更多侧重于对教师的评价，侧重于对教材教法的评价，侧重于对课堂教学效果的评价。随着课程改革的深入，随着教与学方式的优化，评课的方式和作用也随之发生了变化。评课不仅要研究教材教法，更要研究教育思想；不仅要研究教师的教，还要研究学生的学。评课不是一个人说了算，而是要引发教师们共同参与，互动评课，从多角度来思考课堂教学。此外，教师还要用心研究学生，通过学生的需求来反思课堂教学。因此，评课应该成为促进教师交流、共享智慧的重要手段，以帮助教师更新教育理念、研究教学方法、提高执教能力和教学质量。①

1. 评课的主要功能

很多教师有这样的体会，参与了评课分析，听课后的点滴感悟会更加清晰，甚至豁然开朗。有时听课后因故不得不匆匆离去，深以为憾。确实，同行聚在一起，头脑风暴，各抒己见，收获自然比个人听课、独立思考多得多。评课的主要功能，可以从参与活动的三方主体加以探讨。

(1) 对执教者

① 得到中肯评价——激励功能。

教师执教公开课，经常反复磨课，其间的经历甚至终生难忘。在这个过程中执教者的教学理念、教学方法与教学策略得到了集中的检验与修正，从中生成许多新的感悟，因此期待听到评课者中肯的评价。评课者应充分肯定教师的教学努力与优点，发挥评课的激励功能，稳固其专业思想，唤醒其“胜

---

① 吴正宪，武维民，范存丽.听吴正宪老师评课[M].上海：华东师范大学出版社，2012：1.

任内驱力”。

强调评课的激励功能，并不排斥评课时坦陈不足、探讨问题。友善地、有理有据地指出不足之处和问题所在，合情合理地出主意、给建议，完全有可能激发教师改进自身教学的“创新内驱力”，同样具有激励功能。

② 引发回顾分析——反思功能。

在评课过程中，听课者的评析，常常唤起执教者再现亲历的课堂场景、教学事件，品味得失。虽然教后自己也能知困、知不足，但还是有可能存在“当局者迷，旁观者清”的情形。课前考虑再周全，课中应对再稳妥，仍还可能有本人尚未意识的地方、没有觉察的纰漏。即便发现别人评价失当，意见不符实际，也同样能促进自己回顾、对照、分析和反思。因此，评课可以起到启发、帮助执教者反思教学的功能。

③ 吸取有益建议——集思功能。

评课，作为一种聚焦课堂的同伴互助研讨活动，集思广益是它的题中之意。听课教师经常会联想自己的教学实践，对执教者的教学设计与实施，提出种种不同的处理方式或应对方法，从而使执教者获得许多可贵的启示。

(2) 对观摩者

① 感悟教育理念——理解功能。

评课在很大程度上是一种教学的案例分析，若能在案例分析过程中恰如其分地渗透教育理念的阐述，则对案例观摩者理解原本抽象、空洞的教育理念是非常有效的。感悟教育理念最好的方式之一就是在真切观摩之后，通过听取理论联系实际的分析，形成自己的看法，这样的认识因为有了鲜活的感性见闻支持而更容易内化，同样因为有了可供借鉴的行为模式而更容易转换为自己的教学行为。

② 启发钻研教材与研究学生——点拨功能。

课堂教学具有很强的个性色彩，相同的课题，不同教师在因班制宜地展开时，都会呈现不同的效果和特点，让听课者受到启发。那些众人扶持、多次打磨的公开课，具有信息浓缩效应，能在相当程度上比较集中地展现执教者与其背后团队日常教学研究的水平，通过客观分析，观摩者能获得更多启示。

③ 借鉴成功经验与有益教训——吸纳功能。

虽然整节课的师生活动不可能再在其他班级中复制、重现，但教学的方法和策略还是可以通过观摩得到共享的。特别是教师对于日常课堂教学难点的解决方法与策略、经验与做法，要善于借鉴。

评课时，在挖掘“闪光点”的同时，还应注意这节课的“瑕疵”、存在的问题,真实记录下来,留给自己思考:假如自己来上这节课,会不会出现同样的问题?我又将怎样设计这堂课?用什么样的方法可以突出重点、抓住关键、攻破难点?通过思考,使自己在今后的教学中避免类似的失误,从经验与教训的吸纳中,达到充实、提高自身的目的。

(3) 对评课者

① 引起深入思考——思辨功能。

有了评课的意愿或任务,听课自然更加投入,边记边思,并联想、分析、评价。以评析教材处理为例,必须随着课堂观察,联系课程标准、联系教材与教参、联系学生的表现不断思辨:教学内容这样加工符合课程标准的理念和要求吗?切合学生实际吗,效果如何?等等。听课时的一系列思考,对于评课者而言,无疑是一个教学思辨的过程。

② 促进整理归纳——梳理功能。

为了理出评课的头绪,必须及时整理、归纳要讲的内容,还应当尽可能地概括、提炼执教者的特点、亮点、缺点等。这一过程,正是评课者基于案例的理论与实践相结合的梳理过程。

③ 提高专业水平——提升功能。

在整个评课前的准备过程中,无论是细致入微的观察,还是深刻透彻的思辨、富有逻辑的梳理,都有赖于评课者的专业功底、素养。在此基础上,一次次评课历练的反作用力,对于提升评课者的专业能力,尤其是专业的观察能力、分析能力和专业的评价能力具有显著的功效。

2. 评课的基本理念

(1) 评课的目的在于"增值"

评课的主要目的不是水平甄别,不是打分数、分等级、贴标签,而是为了促进教师改进教学实践,提高教学质量,实现学生学业发展和自身的专业发展的双"增值"。促进学生和教师的发展,是评课这项教学专业活动的根本价值所在。

(2) 评课的标准趋向"多元"

通常,对于不同的执教者,对于不同的教学环境,对于不同的课型,评课的标准自然有所不同。不同的评课标准,会导致不同的评判结果。一般来说,评课时侧重以下几个方面:教学目标是否定位准确、落实到位;教法学法是否符合课改理念;师生关系是否融洽,学生是否敢于发表意见;数学活动参与度是否较高;是否较好地体现了学生学习的自主性;教学评价是否较好地体现了激励、引导的作用，评价主体是否多元；整体教学效果如何；教师素质怎样，是否充分展示了教师的教学个性、风格，是否具有教学特色；等等。

评课标准多元化的本质是为了促进教学与师生的个性化发展。因而，评课标准多元化的一个重要体现就是评课者应持宽容的心态，允许教师展现、保留、发展自己的教学风格。

(3) 评课的指向重在“切磋”与“诊断”

评课的过程应该是一种同行间相互切磋的学习过程或针对课堂教学的会诊过程。既然是相互切磋，就应该少说一些客套话，并且避免教研员或研究人员“一言堂”，提倡各抒己见、百家争鸣。而作为教学会诊，就应当摈弃不痛不痒的场面话，敢于、善于“直面问题”，说出“病症”，找出“病灶”“病因”，最好再开出“处方”。

(4) 评课的方式强调“对话”

评课的过程还应该是一种沟通、交流的专业对话过程。有时评课者不一定能真正把握执教者的教学意图而出现误解，因为执教者的选择，常常基于本班特有的学情特点，这是课堂教学的复杂性和情境性所决定的。所以，评课者需要通过与执教者的对话，明了教师的考虑与意图，才能有的放矢地评课。也正是为了提高评课的有效性，我们应努力创设民主、平等、包容的评课氛围，重视必要的解释和相互倾听。此外，听课教师之间，活动组织者、教研员或研究人员与听课者、执教者之间同样需要对话。

(5) 评课的成效需要“行为跟进”

通过评课，教师在与同行切磋、争辩、研讨等过程中不断反省所获得的种种启发，即所谓“建构性反思成果”，必须付诸实践，转化为行动，才能收到改进教学行为，提高教学质量的实效。作为听课、评课的后续环节，行为跟进的过程也是教师不断将自己的隐性感悟逐渐外显，实现自我超越，进而丰富自己的教学实践理论，提升教学智慧，获得专业成长的过程。而且，这个过程越及时越好。否则，评课当时所生成的一些强烈感触很容易随时间推移而淡化，甚至消失。因此，听课、评课的教研活动，提倡“知行合一”的认知方式，强调评课后及时的“行为跟进”“行为改进”。执教者如此，听课者亦如此。这也是评课成效的真正体现。

3. 评课的分析视角

(1) 教学分析的视角

通常，我们首先分析、判断教学的目标与效果，以及实际达成情况如何。

然后从教学的内容与加工、教学的重点与难点，以及教学的过程与结构、教学的方法与媒体运用等方面，分析、探讨目标实现与否、效果良好与否的原因。这些都是教学分析视角的切入点。

① 教学目标与效果分析。

当前的课堂教学，基本上是一种以目标为导向的教育活动，因此评课从分析教学目标的适切性与达成度切入，是十分自然的。评课时，要看教师能否根据教学内容的特点和学生的实际情况，确定恰如其分的课时教学目标，教学过程中的活动是否围绕着教学目标展开，意图、指向是否明确，实际的教学效果如何。而实际教学效果的评判标准可简化为“少教多学”和“学得愉快”。“少教多学”具体评议：学生该听的听了没有？该做的做了没有？该想的想了没有？该说的说了没有？“学得愉快”可以从学生的表现和语言推测：有多少学生对这节课感兴趣？学生兴趣盎然的持续时间有多长？学生是否体验到了学习的成功？等等。实际上，学生学得是否愉快也是课堂教学氛围的主要评价内容，体现人文关怀的课堂应当将其纳入教学效果的观察指标系统。

② 教学重点与难点分析。

把握教学的重点、难点对于实现有效教学无疑是至关重要的。一般认为，教学的重点是指学科或教材某一部分内容中最基本、最重要的知识、技能、方法、过程，教学重点具有相对的稳定性；教学的难点是指教师较难讲清楚、学生较难理解或容易产生错误的那部分学习内容，教学难点则具有相对的差异性。评课时，要分析重点、难点内容是怎样有效落实的，落实的重点放在何处。

③ 教学过程与结构分析。

这里所说的教学过程指一节课从开始到结束的实施过程。教学过程是认识、实践、交往、发展兼而有之的过程。

任何教学过程都有一定的结构。在评课时，特别是在已经分析了教学内容与加工、教学重点与难点的情况下，可以侧重从师生活动的时空关系切入分析。比如，分析这节课教学过程中各个教学环节、各项教学活动的设计与实施、内在逻辑联系、时间分配等。

教学分析视角的各个切入点，也可以结合起来。最常见的是在过程与结构的分析中联系教学的方法与手段，对照教学的目标评价学习效果等。

(2) 学科分析的视角

① 科学性与通俗性。

科学性，主要是指学科意义上知识的正确性，把它与通俗性相对，是期望数学教学既能确保准确无误，又能以通俗易懂的语言使小学生听得懂、看得清、学得进、感兴趣。显然这是课堂教学的一个基本要求，一节数学课如果概念不清、原理讲错，即使形式再美、手段再新，也不是成功的课。数学的科学性不仅反映在结论的确定性上，还反映在逻辑的严谨性上。违背逻辑基本要求的课堂教学，即使学生发现不了问题，也应力求避免。评课时应将科学性与通俗性相统一，要防止片面理解科学性原则，既不能丢弃结论的正确性与逻辑的基本要求，又不宜过分追求严谨、严密，从而脱离学生的认知实际，对教与学产生误导。一旦师生的注意力都集中在吹毛求疵上，势必影响对数学知识本质的揭示与理解。

② 历史性与人文性。

数学，有着悠久的历史，其中有不少有价值的教学资源。学科教学的人文性体现在两个方面：一是教学氛围的人性化；二是教学内容的人文化，或者说学科文化。学科的历史性和人文性在评课时也应予以关注。比如，教师是否能以数学史的眼光设计教学，是否能在教学中适时介绍数学史料、引用经典名言等。此外，还可以从学科的角度分析课堂教学的趣味性及思维训练的价值等。

(3) 专题分析的视角

这里所说的“专题”，主要是指那些由理论与实践相结合，或者由理想与现实相碰撞生成的具有明确指向的教学专业话题。

专题分析的切入点，比教学分析、学科分析要多得多，比如，探究与接受、预设与生成、认知与情感、群体与个体、现实情境与数学意义、数学建模与数学应用、深度学习与数学素养等，都是评课时经常讨论的热点话题。此外，传统的话题，如因材施教、温故知新、教学对话，以及练习的设计与实施等，在课改背景下，也都可以与时俱进，增添新的内涵，作为评课时的分析专题。比如，“温故知新”的专题，可以考量：这节课是否设计复习环节？教师的导入环节能否通过再现或再认等方式激活学生头脑中已有的相关知识？教师为探究铺设台阶或者分散新授的难点？教师是否通过复习以旧引新？等等。

总之，我们要改变过去按照实际教学顺序评课的模式，打开思路，有意识地结合各种角度透过课堂现象找到评课的切入点，既就课论课，又就课论理；既基于学科，又依据理论，把普适性理论置于具体学科、具体课堂的背景中来诠释，分析就能更加深入，评课的收获也会更大。

第四节 演讲

演讲,又叫讲演或演说,是指在公众场合,以有声语言为主要手段,以体态语言为辅助手段,针对某个具体问题,鲜明、完整地发表自己的见解和主张,阐明事理或抒发情感,进行宣传鼓动的一种语言交际活动。演讲者想要表达的思想、情感、信息等能够得到听众的认可,那么他就成功了。

林肯曾说,演讲就是讲故事,就是通过吸引人的故事来说明观点。然而,演讲与讲话是不同的,演讲的语言介于口头语言和书面语言之间,不仅带有口头语言的随和性与感染力,同时也具有书面语言的缜密性与逻辑性。教师参与的演讲活动一般有两种形式,即主题演讲和即兴演讲。

1. 主题演讲

主题演讲要求教师围绕一个规定的演讲主题展开演讲,演讲时长一般为5～8分钟。演讲准备包括“撰写演讲稿—试讲—修改润色—背诵讲稿—计时试讲—调整完善”这几个步骤。主题演讲要获得成功,除了演讲者的文字语言功底这一关键因素以外,我们还要做到以下几点。

(1) 言之有物

言之有物,即演讲要有中心论点。中心论点阐明了演讲内容的核心与求证的目的和方向,是演讲的灵魂所在。观点明则道理清,观点暗则道理昧。因此,提炼中心论点,加以锤炼,选择论述角度,组织内容结构,是演讲成功的关键。

① 论点正确。试想,如果演讲者的言论建立在一个错误的论点上,那么无论说得多么精彩,都是假话、空话,所有的言论都无法成立。唯有揭示客观事物本质和科学道理的正确论点才能让听者信服。

② 论点集中。中心论点应把握主要矛盾,用一句话或几句有关联的话表达出来,这样才能使听者明白你真正需要阐述的意图。这一句话可以浓缩为演讲题目,几句有关联的话可以成为演讲内容各部分的小标题。

③ 论点真实。教师围绕教育话题展开的演讲,要讲真话、实话,切记讲大话、空话。教师演讲的主题来自教育工作的真问题,演讲的内容来自教育实践的真实素材。这样的演讲才会有血有肉,才能与听者产生情感的共振和心灵的共鸣。

④ 论点新颖。没有人愿意花时间听陈词滥调，因而演讲主题应尽量独辟蹊径，提出新见解，论述新观点，给人以耳目一新的新启迪和新收获。论点新颖，并不是只有面对新事物时才有新论点，面对旧事物，我们转换观察和思考的视角，同样能产生新的观点。

(2) 言之有理

一个论点是否成立，关键看它是不是"有理"，也就是说看它在道理上讲不讲得通，这主要取决于演讲者的逻辑。演讲者应具备一定的逻辑分析能力，把道理颠过来倒过去加以解说，追根溯源，头头是道，让听者信服。

演讲时，语言要凝练、有逻辑、有条理。如果演讲者滔滔不绝、信马由缰、杂乱无章，说明对演讲内容没有进行整体思考，没有清晰的思路，于是信口开河，说到哪里是哪里。演讲内容应条理清晰、逻辑性强，使人听起来有层次感。构思时，首先要做到"准"，即合理、正确、有效；其次要做到"全"，即全面、完整、系统。组织演讲内容时应沉着冷静，确定好逻辑线索，或分或总，或平行或递进。提升个人的逻辑思维能力非一日之功，应注重积累和运用。古人云："一日无书，百日荒芜。"意在要多读书，从文章中学习他人的思想，提高自己的思维水平，这样才能使自己的逻辑思维更加清晰，才能成就演讲台上的旁征博引、应对自如。为了增强演讲内容的说理性和可信度，我们常常运用引经据典、引用数据等方法，作为理论和实践的论据，使听者信服。

(3) 言之有文

孔子曰："言之无文，行而不远。"演讲要注重文采。也就是说，话不但要说得有道理，还要让人听得顺耳，做到流畅、自然、优美，像一首歌，如一壶酒，似一杯茶，品之芳香甘饴，余味不绝。

① 语言的形象化。说话的目的是让人能够听懂、听明白。因而，演讲时不能只注重自己的表达，而应关注听众的感受。形象化就是把抽象的理论用具体事物表达出来。让人更容易听懂你的话也是一种智慧。

② 语言的具体化。把抽象的语言用具体事物表达出来，能够使语言更具体，也更具有说服力。通常，使语言具体化常用的方法是举出案例，以增强观念的可信度，带给听众强烈的感受力。

③ 语言的口语化。深刻的道理可以用平实的语言表达出来，更易使人接受。许多伟大的思想家说的富有哲理的话，浅显易懂、简洁平实，读起来朗朗上口，让人回味无穷。比如，"学而时习之，不亦说乎？有朋自远方来，不亦乐乎？人不知而不愠，不亦君子乎？"能做到言之有文，便会让人觉得演讲者谈吐不凡，能言善道。而语言功底源自个人智慧。想要说话有文采，先要丰富

自己的头脑，多看、多听、多想，努力让自己成为一个智者。当你拥有了学识与智慧之后，优美的词句往往“就在嘴边”了。

(4) 言之有情

情感是人与人之间联系的纽带，如果你有意识地将情感加入你的观点传达中，听众将更容易也会更乐意接受这些观点。用情感打动观众并不是意味着让听众感动得泪流满面，而是尽量让他们“感同身受”。亚里士多德曾经说过：当演讲激起了情感的共鸣，劝说就真正进入了听者的心里。人是有灵性、有感情的动物，因此，说出的话也应当是富有灵性和富有感情的，而不能像一杯白开水一样平淡、无味。演讲时的情感，不仅体现在语音语调和肢体动作上，从体态、表情甚至是眼神中也能迸发出无尽的情感。

① 声音传情。正所谓“先‘声’夺人”。声音是演讲者表情达意的主要途径，演讲者首先应做到精神饱满、吐字清晰，时而抑扬顿挫，时而铿锵有力。演讲者随着情绪的变化不断改变语音语调，让演讲具有充沛的生命力，带动听众的情绪，让大家的心情与演讲者一起起伏。演讲到重点内容时，要注意加强语气，反复强调，这样才能将演讲者的思想更加直观、清晰地传达给听众，让众人对演讲者的印象更加深刻。

② 动作传情。演讲时不能没有手势动作，也不能有太多手势，要根据演讲的内容决定。当内容富有激情时，可以将手抬高，一般不超过额头；当内容平缓时，应把手放在和胸部齐平的位置；当内容有些低落时，可以把手放在齐腰的位置。向听者发出倡议或号召时，可以握拳轻挥，但要注意适度。

③ 体态传情。美好的体态可以显示出一个人的气质和风度。演讲，讲是有声语言，给人听觉享受；演则是无声语言，给人视觉享受。光讲不演或者光演不讲，都不能构成演讲之美。只有将动静相结合，才能真正构成完整的演讲。拥有良好的体态是一个优秀的演讲者传递给听众的第一信息。心理学“晕轮理论”认为：一个人给别人的第一印象往往是人们对其做出判断的依据。所以，当你站在演讲台上的时候，你一定要如松柏般挺拔，这样会使你看起来精神饱满；你的双手应该自然地放在讲台上或者垂落在身体两侧，这样的你会让人看起来舒适放松；你的神态应保持安然自若，这样才会使你的信念传达给听众。

④ 表情传情。演讲中，不能太过严肃、不苟言笑，这样会使人们对你产生古板、顽固不化的印象。当然也不能嬉皮笑脸、手舞足蹈，这样会使人觉得你轻浮幼稚。演讲时要控制好自己的情绪，放松心态，不扭捏做作，也不肆意妄为，需对观众报以亲切舒心的微笑。微笑作为一种美好的面部表情，最能反

映出一个人的内心世界，它是自信的标志，是礼貌的象征，是涵养的外化，也是情感的体现。微笑，能拉近演讲者与听众之间的心理距离，令人感到亲切、友好和真诚。

⑤ 眼神传情。眼睛是人类心灵的窗户，当你表情达意的时候，眼睛也会流露出你的心境。善用眼神与听者交流，能增强演讲的效果。

著名作家高尔基曾经在观看过列宁的演讲之后，这样评价道：在他的脸上，你总能够感觉到那双眼睛是如此熠熠发光，与他对视，你能够看到一名顽强的战士对于谎言的深深憎恶，以及对生活的无限憧憬。当他将眼睛微微眯起的时候，你能够从中读懂他的讥讽及愤怒。他的眼睛的光泽能够给每一场演讲带来一种冲击的力量，让大家更容易被他的热情所感染。……很多时候，他甚至能够让周围的人感觉到，有一种看不到，但却真实存在的力量从他的眼睛中喷射而出，这种力量甚至让他的言语都好像带了光芒一样。看着他的演讲，你能够感受到：他说的都是真理，是无法反驳的。

(5) 言之有礼

从一个人的言行可以看出他的品德。说话粗鲁、无礼自然不会受到别人的尊重；相反，讲话谦恭有礼、温文尔雅，就可以取悦人心。演讲者应善于塑造自己有礼有节的演讲形象，包括穿着打扮得体，声音抑扬顿挫，手势恰到好处，气度优雅脱俗，再加上自信而优美的微笑。

得体的着装打扮代表着一个人的性格和修养。合理的着装打扮不仅让观众赏心悦目，而且给演讲者本身增加信心，举手投足自然流畅，不生硬，不呆板，在一定程度上减轻了演讲者的心理负担。演讲者选择服饰的原则是整洁大方、庄重朴素、轻便协调、色彩和谐，还应符合教师形象，不化浓妆，不穿奇装异服。

演讲时要具有一定的气度，双眼炯炯有神，坚定地注视听众，注重和听众的眼神交流，做到"稳站立，脚抓地，扫一眼，再表意"。

开场时，演讲者要与听者适度寒暄，比如：大家好，我是几号选手，非常荣幸能和在座各位分享我的演讲内容，等等。谦虚随和的自我介绍和礼貌合适的问好能一举赢得听众的好感。演讲结束时也应向听者表示由衷的感谢，感谢他们的聆听和指导。

例 1 “数学文化”主题演讲

尊敬的领导，亲爱的老师们：

大家好！

我是 25 号选手，今天我演讲的主题是：数学文化的魅力。

我相信很多人一听到数学就会感受到无穷无尽的公式、定理、概念，背背背、算算算，特别无聊、特别无趣，对吧。但是，我今天站在这里，就是想跟大家讲，其实这是一门无比美妙的学科，而且它伴随着伟大的力量。

数学就是一个卓越的工具。

著名的哲学家笛卡儿说过：数学是知识的工具，亦是其他知识工具的泉源。所有研究顺序和度量的科学均和数学有关。因此，当数学成为一种文化的时候，我们应该明白：数学知识是重要的，数学方法是需要的，掌握数学的美学价值是必要的。

数学既是好玩的，又是有用的。

陈省身曾经为青少年题词：数学好玩。数学好玩体现在哪里？数中有趣吸引人，学中有味启发人。数学启蒙阶段所接受的教育对一个人一生的思维方式、生活方式、情感表达方式都会产生深远的影响。我还记得小时候，刚刚开始认识数，老师就教我们背一首诗：一去二三里，烟村四五家，亭台六七座，八九十枝花。而那些曾经解答的数学趣题，也让我们回味无穷，心生愉悦。

数学的作用无处不在。著名的数学家、哲学家毕达哥拉斯说过：数，是万物之源。伽利略也曾经说：宇宙这本书就是用数学语言写成的。天不生仲尼，万古如长夜。我现在想说，天不生数学，同样万古如长夜。假如没有牛顿发现微积分，我们就不知道曲线运动的轨迹和速度，也就不可能有今天便捷的交通和对宇宙的探索。因此，马克思曾说，一种科学只有成功地运用数学的时候，才能达到真正完善的地步。培根也说：读史使人明智，读诗使人聪慧，数学使人精密，哲学使人深刻，伦理学使人有修养，逻辑修辞使人善辩。因此，数学不仅是好玩的，而且是有用的。

数学教学既要激发兴趣，还要培养美感。

什么是教育？教育就是在现实中创造未来。什么是好的教育？好的教育一定是适合学生发展的教育。教育的使命到底是什么？就像皮亚杰所说的那样，就是最大限度地开发学生创造性的潜能。教师的有效教学体现在哪里？体现在学生学习兴趣的增强和学习效率的提高。因此，没有兴趣就没有学习，没有兴趣就没有数学学习。爱因斯坦认为：在一切伟大的精神创造者身上，都鲜明地保持着两种特质：一种是神圣的好奇心，一种是内在的自由。而这种神圣的好奇心和内在的自由靠什么来保证？靠外界的自由来保证。好的数学课堂就是要保护学生神圣的好奇心和内在自由，也要让学生体验、感悟数学之美。法国作家福楼拜曾说：科学和艺术在山麓分手，回头又在顶峰汇聚。其实，数学和艺术对美呈现的形式——几何之美、对称之美、和谐之美、黄金分割之美、透视之美等都有异曲同工之妙。毕达哥拉斯认为，在一切平面图形中，最美的是圆；在一切立体图形中，最美的是球。因为数学中富含美学思想：简洁、和谐、对称、有序、统一。

数学是一种文化，源远流长。从屈指计数，量天文地，到寻理求真，格物致知，数学伴随着人类文明的步伐，展现了理性的光华，智慧的力量，文化的魅力。成大事，必有缘；行大道，必有助。数学教育要传承数学文化，要传递智慧力量，要传播理性精神，让数学有趣、有味，让数学如诗、如画！

我的演讲到此结束，感谢大家的聆听！

2. 即兴演讲

即兴演讲，是教师在没有事先准备的前提下，不凭借文稿就某一主题或某一教学片段发表自己的观点。比如，2018 年江苏省基础教育小学数学青年教师教学基本功大赛中，要求演讲者现场观看一段 10 分钟以内的教学视频，再进行针对性的点评，点评主题自拟，准备时间 2 分钟，演讲时间 3～5 分钟。由于准备时间极短，所以演讲者必须用最短的时间组织好自己演讲的内容，演讲过程随想随说、有感而发，对演讲者的教育教学理论水平、教学功底、胆量、记忆力、思维能力等方面有着较高的要求。

（1）即兴命题：精准

演讲主题是一次成功演讲的灵魂，也是演讲者主要想表达的观点。因此，选好角度，确定主题，是即兴演讲成功的关键。演讲主题提炼得深刻与否，反映了一位教师对教育教学理念的把握，对教学改革动向的把握，表明了教师对数学教育的立场、理解和主张，因此古人云“工于命意”。

首先，如前所述，演讲主题要正确。其次，演讲主题要恰切。即兴演讲，关键之处就在于“借题发挥”，无论是有明确题目的命题式演讲，还是没有明确题目只有情境的点评式演讲，演讲者必须敏锐地抓住演讲的关键处——题眼，也就是演讲主题的切入点。比如，一次区级基本功竞赛活动中，参赛者首先观看了一段三年级上册《认识长方形和正方形》教学片段，然后根据听课内容进行即兴点评演讲。有老师选取主题为“儿童数学，让课堂充满活力”“立足生本课堂　提高数学素养”，这样的主题犹如空中楼阁，适用于任何教学，针对性不强，过于空泛。也有老师选题为“合理运用信息技术　激发学生学习兴趣”，这一选题显然过于边缘化，没有抓住评课演讲的重点。而“操作：步入深度学习之门”这一主题抓住本课操作活动亮点，具体阐述教师引导学生通过动手操作，认识图形特征并积累数学活动经验的优势，以及由此引发的数学课堂的深度学习，由表及里，体现了演讲者对数学教育的深刻认识和整体把握。再次，演讲主题要明确。演讲者应在一开始就亮出演讲的题目，即演讲主题。演讲的题目要立意精当而深刻，文字新颖而优美，要能让听众“一听便知，印象深刻，回味无穷”。这就要求题目简洁、新奇、意远。题目太长，记了后面忘了前面；题目太旧，让人提不起兴趣。比如，计算教学既要讲清算理，也要说清算法，如何在算理和算法之间建立联系，提高学生运算能力呢？这里，笔者给大家演讲的题目就是“计算教学的‘理’与‘法’”。俗话说得好“题好文一半”，作文如此，演讲亦是如此。一个好的演讲题目也就是一个好的构思，选好题目也就是选择了一种好的构思方法。

(2) 即兴组织：精巧

确立了主题就要抓住不放，进而紧扣主题精心组织材料进行论证。即兴演讲无法在事先做充分准备，完全依靠即兴抓取材料，其来源，一是平时的知识积累，二是眼前的人和事，又应以后者为主。如过多的引用间接材料，往往失掉即兴演讲的现实感和针对性，起不了应有的作用。只有多联系现场中的人和事，才能紧紧抓住听众的注意力。教学点评式演讲就应紧扣教学视频中的教学片段展开。

即兴演讲时间非常有限，必须短小精悍。短小，指篇幅而言；精悍，指内容而言。即兴演讲不能像主题演讲那样讲究布局谋篇，但也要结构合理，详略得当，要有快节奏风格和一气呵成的气势，切忌颠三倒四，离题万里，拖泥带水，重复拉杂。

① 先声夺人的开场。大文学家高尔基说过：最难的是开场白，就是第一句话，如同在音乐上一样，全曲的音调，都是它给予的。演讲的第一句话至关重要，它的作用如同音乐的“定调”，规定着“全曲”的基本面貌和基本风格。独具匠心的开场白，才能给听众留下深刻印象，才能立刻控制住场上气氛，在瞬间击中听众注意力，从而为接下来顺利演讲铺路搭桥。开场的类型可以分

为：开门见山的开场、诙谐幽默的开场、设置悬念的开场、提出问题的开场等。

② 引人入胜的中段。一次成功的演讲，中间部分一定是具体生动的，时而低沉、时而高亢。作为精彩的段落，必定是叙事最生动处，抒情最激昂处，说理最深刻处。

围绕演讲主题，演讲者要对主题在深度上和广度上进行剖析阐述。深，要到底，就是理解深刻透彻，不仅说清现象，更要分析原理；广，要到边，要求演讲者比较宏观地把握事物，能居高临下地看待问题，全面深刻地思考。以此为原则，演讲者应梳理提纲、组织腹稿，通常的准备方法是"点的分布法"。"点"可以是主题剖析的一个方面，教学片段的一个亮点，或是一个与主题相关的核心词语等。然后就要马上考虑这些"点"之间的联系，围绕着主题，将其分布在恰当的位置上，再用实例来具体说明，体现丰富性和层次性，最后连贯成文。

③ 画龙点睛的收尾。"编筐编篓，重在收口；描龙画凤，难在点睛。"演讲的结尾，就是演讲的"收口""点睛"。如果说，好的开场是"曲径通幽"，那么精彩的收尾应该就是"余音绕梁"。比如，严谨型收尾是对演讲内容和思想观点做一个高度概括性的总结、强化主题；哲理名言型收尾可以使演讲的内容丰富充实，具有启发性和感染力；声情并茂型收尾以慷慨激昂、扣人心弦的语言，对听众的理智和情感进行呼唤，或提出希望，或发出号召，或展望未来，以激起听众感情的波涛，传递蓬勃向上的正能量；幽默型收尾给人留下深思的空间，并让听众在美的享受和回味中，带着愉悦的心情离开。收尾时要有条理地把内容进行整合，加深听众感受，也可以有一些适当的互动，了解听众对你的演讲的感受，让情感再一次升华，最后要对听众的认真聆听表示感谢。

(3) 即兴发挥，精彩

即兴演讲最考验一名教师的综合素质。临场发挥的因素会让人备感紧张，因而，演讲者要保持良好的心态，以一颗平常心对待。演讲者可以采用心理暗示法，给自己积极的心理暗示，以"我一定能行""我是最棒的"这样的话来树立自信，停止想象负面状况，减轻心理负担，轻装上阵；也可以采用深呼吸法，上场前做几次深呼吸，调节气息和心跳，可以起到静心安神的作用；还可以采用视线转移法，视线漂浮不定会给人不自信的感觉，你可以试着把视线放远，看后面的几排座位，然后把视线放宽，无论会场的哪个方向，都试着扫视一下，让自己产生一种"控制全场"的优越感。

调整好心态后，演讲者要注重语言的魅力。言不在多，语贵在精。即兴演讲应尽量运用短句，避免冗长繁复的长句。精致简练的语言更能让人听懂、想听，引经据典、妙语连珠，更能深入浅出地分析事理，阐述理念应铿锵有力，让人振聋发聩。

人非圣贤，孰能无过，尤其是在演讲的时候，面对众人，偶尔出个小差错是难免的，不要放大自己的错误。以大局为重，出了错误，要学会原谅自己。如果演讲过程中出现意外或忘词了，应立刻调整思路，减少顾虑，从自己印象最深刻的事情说起，让观众产生共鸣。

要实现以上的演讲效果，演讲者必须要有充足的专业知识储备、丰富的即兴演讲经验和良好的心理素质。

① 专业知识的广度。演讲者必须对课程、教材、课堂教学及学情等掌握透彻，能立刻将教学片段中的教学内容在整个课程体系中准确定位，善于发现和捕捉到教学片段中教法、学法的亮点之处，并能以一定的教育教学理论加以阐释。也就是说，演讲的内容必须紧紧围绕教学片段中的内容，不能信马由缰、自说自话。

② 教学思想的深度。这是指即兴演讲者对教学片段纵向的分析认识能力。演讲者对内容应能宏观地把握，通过表层迅速深入学科本质及教育教学的本质上去认识，形成一条有深度的主线，围绕着这条主线丰富资料，连贯成文，以免事例繁杂、游离主题。

③ 材料组织的速度。即兴演讲要求演讲者在很短的时间里把符合主题的材料组合、凝练在一起，这就使演讲者应具备较强的综合能力，有效地发挥出其知识的广度和思想的深度。

④ 现场表达的效度。即兴演讲没有事先精心写就的演讲稿，临场发挥是特别重要的。演讲者在构思初具轮廓后，应注意记住与演讲主题相关的教学场景，恰当地加以运用，做到夹叙夹议，有血有肉，丰富演讲内容。演讲时要声情并茂，使演讲更具感染力。

⑤ 即兴发挥的灵活度。即兴演讲由于演讲前无充分准备，在临场时就容易出现意外，如怯场、忘词等现象。遇到这种情况，只有沉着冷静，巧妙应变，才能扭转被动局面，反败为胜。

☞ 例2　义务教育教科书苏教版小学数学五年级下册第六单元《扇形的认识》教学片段与即兴演讲

[教学片段]

① 建立概念。

师：想象一下，如果把折扇继续打开，会得到什么图形？（扇形）如果使折扇的边旋转一周，最终会得到什么图形？（圆）你觉得扇形与什么图形有着密切的联系？为什么？

学生自由回答，相互补充。

师：如果把这些扇形放到圆形中来观察，你能发现它们有哪些共同的特点？同桌互相说一说。

生1：扇形中有两条线段，它们都是圆的半径（突出显示半径）。

生2：还有一条曲线，这条曲线在圆上（突出显示弧）。

师：来指一指你说的曲线，说说它有什么特征？

学生操作、交流，师生共同讲评。

师：像这样在圆上定两点，两点之间的曲线叫作弧。弧是圆的一部分。扇形的两条半径组成一个角，它的顶点在——圆心，像这样顶点在圆心的角叫作圆心角。（边说边指）这条弧就是这个圆心角所对的弧。看另外两个扇形，你能指出每个圆心角所对的弧吗？

请一位学生上台指一指，说一说。

师：（在圆内任意指一点）如果角的顶点在这儿，它是圆心角吗？

生：不是，圆心角的顶点在圆心。

师：你还有什么发现？

生：每个扇形都有一个对应的圆。

师：闭上眼睛想一想，扇形是什么样子的？能用自己的话说一说吗？

学生想象、交流，教师小结，并在扇形上标上圆心“O”，半径“r”。

② 强化认识。

a. 完成“练一练”第1题。

课件出示图6-4-1。

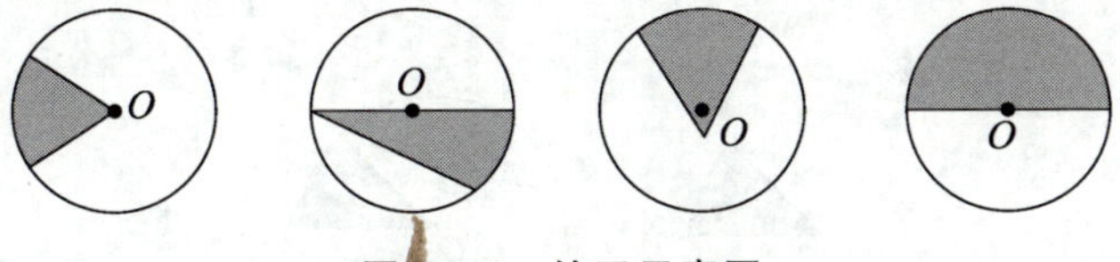

图6-4-1　练习示意图

师：观察每个图中的涂色部分，哪些是扇形？为什么？

生1：第一个图中的涂色部分是扇形。因为它由一条弧和经过弧的两个端点的半径围成。

生2：对的！弧在圆上，半径经过弧的端点，角的顶点在圆心。

生3：第二、第三个图形中的涂色部分都不是扇形，因为这两个图形中角的顶点都不在圆心。

生4：如果角的顶点不在圆心，围成图形的两条线段就不可能是圆的半径。

师：是的，虽然第二、第三个图形中的涂色部分也是由两条线段和一条弧围成的，但由于角的顶点不在圆心，就不符合构成扇形的基本条件，它们都不是扇形。能把它们改一改，使它们变成扇形吗？

请一位学生比画，教师用课件演示，同时强调扇形由两条半径、一条弧围成。判断一个图形是不是扇形的关键是看图形中有没有圆心角。

师：只剩第四个图形了，谁来说？

学生中出现不同意见，引起了争论。

师：有不同意见，说明大家都在积极思考！真理越辩越明，请大家把自己的想法在小组里交流。

学生讨论，教师巡视，然后组织交流。

生1：我认为不是，因为它是一条直径和圆弧的一半围成的，是一个半圆形。

生2：半圆形也是扇形，因为它的直径也可以看作两条半径，角的顶点在圆心，它是一个圆心角是180°的扇形。

根据学生回答，课件突出显示扇形的各个部分及圆心角。

b. 变式练习。

师：仔细观察，这个图形是扇形吗？

学生中再次出现不同意见，教师让不同意见的学生说明各自的理由，并启发他们根据扇形的构成要素来判断。同时，课件做相应的演示（图 6-4-2）。

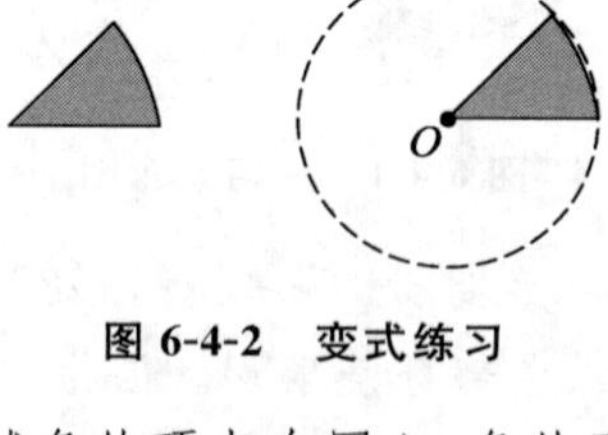

图 6-4-2　变式练习

师：上面的图形，虽然角的顶点在圆心，角的两条边是圆的半径，但曲线并不是圆心角所对应的弧，所以它不是扇形。现在，你能说说怎样判断一个图形是不是扇形了吗?

生:要根据扇形所在的圆来判断,看角的顶点是不是在圆心,角的边是不是圆的半径,曲线是不是圆的一部分。

③ 制作扇形。

师:我们已经认识了扇形,你能自己做出一个扇形吗?(能)想一想,要做一个扇形,你希望老师提供哪些材料?

生 1:有一张纸就行,用这张纸剪一个圆形,再找到圆心,画出扇形并剪下来。

生 2:要是用圆形纸片就更方便了。

师:说得都很好!下面请大家拿出课前发给你的圆形纸片,做一个扇形,标出扇形的半径、弧和圆心角,量出圆心角的度数,并把你做出的扇形与同桌交流。

学生活动,教师巡视,然后组织展示和交流,重点说说是怎样找到圆心的,所做出扇形的圆心角、半径、弧分别在哪里。同时,从学生展示的作品中选取 3 个半径相等、圆心角不同的扇形。

师:比较这 3 个扇形,想一想,在同圆或等圆中,扇形的大小与什么有关? 先在小组里互相说一说。

学生在小组里交流后,组织反馈,明确:在同圆或等圆中,扇形的大小与圆心角有关。

师:对此,我们还可以借助折扇来说明,(边说边演示)扇子打开得越大,圆心角就越大,扇形也越大;扇子合拢得越小,圆心角就越小,扇形也越小。

师:请同学们再想想,同一个圆中,弧的长短与什么有关?

生:圆心角。同一个圆中,圆心角越大,弧越长;圆心角越小,弧越短。

…………

[即兴演讲]

尊敬的评委老师:

大家上午好!

我是第 12 号选手。

刚才观看的是苏教版小学数学五年级下册《扇形的认识》一课的教学片段,教师紧扣扇形与其所在圆之间的关系,引导学生开展一系列的探究活动,探寻和感悟扇形的本质特征。今天我演讲的主题是"紧扣关系,探寻本质”。

① 在比较中感知关系。

著名教育家乌申斯基说过，比较是一切理解和思维的基础，我们正是通过比较来了解世界上的一切的。本节课中，教师十分重视通过比较揭示扇形的本质特征。引入新课环节，先出示一把生活中常见的折扇，并随着折扇打开的过程，呈现 3 个大小不同的折扇图。再通过描出折扇图的轮廓，抽象出新的图形——扇形，从而很自然地引入新课的学习。接着，启发学生想象：如果把折扇继续打开，会得到什么图形？如果使折扇的边旋转一周，最终会得到什么图形？并在想象与交流中自主构造出扇形所在的圆。这里，让学生经历由折扇抽象出扇形的过程，借助生活经验，领悟概念的内涵；让学生想象扇形所在的圆，有利于学生直观感知扇形与其所在圆的关系，即“‘扇’不离圆，圆中有‘扇’”，以及同圆或等圆中，扇形的大小与圆心角的大小有关。这样设计，更有利于学生集中地、具体地研究这些图形的特征。在这一过程中，学生不仅能对概念“心领神会”，还能初步体验到认识几何概念的过程和方法，感受数学抽象的魅力，积累认识图形的经验，提升数学素养。

② 在辨析中发现关系。

几何概念的教学，不仅要突出标准图形的作用，还要提供丰富而典型的变式，帮助学生排除非本质属性的干扰，逐步聚焦图形的本质特征，建立正确、清晰的表象。为此，在初步建立概念之后，教师安排了两个层次的变式练习。这里，有正例，有反例，还有特例，有利于学生在观察、比较、推理、判断的过程中，不断丰富对扇形的感性经验，感受扇形的基本特征。特别是对题中的半圆形，课堂上有不少学生认为不是扇形，因为它与其他扇形“长”得不同。对此，教师没有急于讲解，而是让学生去思辨、去争论。在此过程中，有学生借助折扇的打开过程，说明半圆形也是扇形；有学生根据扇形的构成要素去说理，即由一条弧和两条半径围成的图形是扇形。经历这样的过程，其意义不止在于学生对扇形的认识得到了深化，更在于学生获得了运用概念展开思考与辨析的经验。

③ 在操作中明晰关系。

学生建立几何概念离不开操作，教学要为学生提供动手、动眼、动脑、动口的机会，使多种感官协同参与学习活动，这是学生探究图形特征的有效途径之一。教师让学生用圆片做一个扇形，操作前，先让学生思考操作所需要的材料及操作的方法。这既能增强操作活动的计划性，又可以帮助学生体会操作的关键，如找圆心的方法等，有利于学生进一步强化对扇形特征的认识。同时，教师还有选择地展示了用同样大的圆形纸片做出的3个大小不同的扇形，引导学生通过观察和比较，直观地发现：同圆或等圆中，扇形的大小与圆心角有关，圆心角越大，扇形也越大。这就使学生更直观地体验了圆心角的含义，以及扇形与圆之间的关系。

总之，这位教师的教学能准确把握教学要求，从扇形与所在圆的关系入手，让学生充分经历探究的过程，逐步发现扇形的本质特征，并从中感受到数学研究的过程和方法，是一节值得借鉴的好课！

以上这场点评式演讲，主题鲜明突出，开门见山；观点明确，紧扣教学；夹叙夹议，短小精悍，将教学片段中的亮点充分提炼，并通过三个方面说透说清，体现了较好的演讲水平和数学教学基本功。

【导读书目】

[1] 方贤忠.教师专业发展的4项基本技能：备课、说课、观课、评课[M].上海：华东师范大学出版社，2013.

[2] 苏鸿.高效课堂：备课、上课、说课、听课、评课[M].上海：华东师范大学出版社，2013.

[3] 迈尔斯，尼克斯.高效演讲：斯坦福最受欢迎的沟通课[M].马林梅，译.长春：吉林出版集团有限责任公司，2013.

[4] 卡耐基.卡耐基魅力口才与演讲的艺术[M].半夏，译.北京：北京联合出版公司，2015.

[5] 臧宝飞.演讲与口才：22堂自我训练课[M].北京：中国国际广播出版社，2018.

[6] 吴正宪，武维民，范存丽.听吴正宪老师评课[M].上海：华东师范大学出版社，2012.

参考文献

[1] 柯朗，罗宾.什么是数学[M].左平，张饴慈，译.4 版.上海：复旦大学出版社，2017.
[2] 彭刚.职前教师数学观发展研究：数学史的视角[D].上海：华东师范大学，2017.
[3] 中华人民共和国教育部.义务教育数学课程标准[S].2011 年版.北京：北京师范大学出版社，2012.
[4] 波利亚.怎样解题：数学思维的新方法[M].涂泓，冯承天，译.上海：上海科技教育出版社，2007.
[5] 波利亚.数学与猜想：数学中的归纳和类比[M].李心灿，王日爽，李志尧，译.北京：科学出版社，2001.
[6] 波利亚.数学与猜想：合情推理模式[M].李志尧，王日爽，李心灿，译.北京：科学出版社，2015.
[7] 克莱因.古今数学思想[M].张理京，张锦炎，江泽涵，等译.上海：上海科学技术出版社，2014.
[8] 解延年，尹斌庸.数学家传[M].长沙：湖南教育出版社，1987.
[9] 米山国藏.数学的精神·思想和方法[M].毛正中，吴素华，译.成都：四川教育出版社，1986.
[10] 史宁中.数学思想概论：数量与数量关系的抽象[M].长春：东北师范大学出版社，2008.
[11] 史宁中.数学思想概论：图形与图形关系的抽象[M].长春：东北师范大学出版社，2009.
[12] 史宁中.数学思想概论：数学中的演绎推理[M].长春：东北师范大学出版社，2009.
[13] 史宁中.数学思想概论：数学中的归纳推理[M].长春：东北师范大学出版社，2010.

[14] 史宁中.数学思想概论:自然界中的数学模型[M].长春:东北师范大学出版社,2012.
[15] 李文林.数学史概论[M].2 版.北京:高等教育出版社,2002.
[16] 史宁中.基本概念与运算法则:小学数学教学中的核心问题[M].北京:高等教育出版社,2013.
[17] 吴正宪,刘劲苓,刘克臣.小学数学教学基本概念解读[M].北京:教育科学出版社,2014.
[18] 伍鸿熙.数学家讲解小学数学[M].赵洁,林开亮,译.北京:北京大学出版社,2016.
[19] 郑毓信.数学教育哲学[M].成都:四川教育出版社,2001.
[20] 郑毓信.小学数学教育的理论与实践:小学数学教学 180 例[M].上海:华东师范大学出版社,2017.
[21] 郑毓信.数学深度教学的理论与实践[M].南京:江苏凤凰教育出版社,2020.
[22] 张奠宙,李仕锜,李俊.数学教育学导论[M].北京:高等教育出版社,2003.
[23] 罗新兵,罗增儒.数学教育学导论[M].2 版.西安:陕西师范大学出版总社有限公司,2014.
[24] 喻平.数学教学心理学[M].北京:北京师范大学出版社,2010.
[25] 曹才翰,蔡金法.数学教育学概论[M].南京:江苏教育出版社,1989.
[26] 喻平.数学教育基本问题研究[M].南京:南京师范大学出版社,2019.
[27] 喻平,连四清,武锡环.中国数学教育心理研究 30 年[M].北京:科学出版社,2011.
[28] 施良方.学习论[M].北京:人民教育出版社,2001.
[29] 吴正宪,武维民,范存丽.听吴正宪老师评课[M].上海:华东师范大学出版社,2012.
[30] 教材编写委员会.小学数学教学概论[M].2 版.北京:开明出版社,1998.
[31] 曹一鸣,黄秦安,殷丽霞.中国数学教育哲学研究 30 年[M].北京:科学出版社,2011.
[32] 涂荣豹,杨骞,王光明.中国数学教学研究 30 年[M].北京:科学出版社,2011.

[33] 上海市教育委员会教学研究室.小学数学单元教学设计指南[M].北京:人民教育出版社,2018.
[34] 威金斯,麦克泰格.追求理解的教学设计[M].闫寒冰,宋雪莲,赖平,译.2版.上海:华东师范大学出版社,2017.
[35] 丁家永.小学教学心理与教学设计[M].苏州:苏州大学出版社,2001.
[36] 张国红,等.基础教育教学基本功:小学数学卷[M].北京:首都师范大学出版社,1997.
[37] 加涅.教学设计原理[M].皮连生,等译.上海:华东师范大学出版社,1999.
[38] 王永春.小学数学与数学思想方法[M].上海:华东师范大学出版社,2014.
[39] 陈桂芳.计算机辅助教学与课件制作技术[M].北京:人民邮电出版社,2011.
[40] 倪彤,许文静,张伟.信息化教学技术[M].北京:清华大学出版社,2020.
[41] 顾小清,等.从辅助教学到重塑生态:教育信息化发展之路[M].上海:华东师范大学出版社,2018.
[42] 曹一鸣,冯启磊,陈鹏举.基于学生核心素养的数学学科能力研究[M].北京:北京师范大学出版社,2017.
[43] 北京教育科学研究院基础教育教学研究中心.学科能力标准与教学指南:小学数学[M].北京:北京师范大学出版社,2015.
[44] 徐斌艳,等.数学核心能力研究[M].上海:华东师范大学出版社,2019.
[45] 吴正宪,张秋爽,贾福录.听吴正宪老师上课[M].上海:华东师范大学出版社,2012.
[46] 吴正宪,周卫红,陈凤伟.吴正宪课堂教学策略[M].上海:华东师范大学出版社,2013.
[47] 徐斌.无痕教育数学课堂18例[M].北京:开明出版社,2019.
[48] 华应龙.我就是数学[M].上海:华东师范大学出版社,2009.
[49] 华应龙.我不只是数学[M].北京:中国人民大学出版社,2018.
[50] 俞正强.种子课2.0:如何教对数学课[M].北京:教育科学出版社,2020.

[51] 顾志能.创新照亮课堂:一位小学数学特级教师的思与行[M].北京:中国人民大学出版社,2017.
[52] 王浩.黑板上的韵律:粉笔字帖[M].南京:江苏凤凰少年儿童出版社,2018.
[53] 王明军.粉笔字教程及板书书写技法[M].长春:吉林文史出版社,2013.
[54] 王贵喜.粉笔字实用教程[M].北京:北京燕山出版社,2012.
[55] 方贤忠.教师专业发展的4项基本技能:备课、说课、观课、评课[M].上海:华东师范大学出版社,2013.
[56] 苏鸿.高效课堂:备课、上课、说课、听课、评课[M].上海:华东师范大学出版社,2013.
[57] 迈尔斯,尼克斯.高效演讲:斯坦福最受欢迎的沟通课[M].马林梅,译.长春:吉林出版集团有限责任公司,2013.
[58] 卡耐基.卡耐基魅力口才与演讲的艺术[M].半夏,译.北京:北京联合出版公司,2015.
[59] 臧宝飞.演讲与口才:22堂自我训练课[M].北京:中国国际广播出版社,2018.